児玉誉士夫
巨魁の昭和史

有馬哲夫

文春新書

904

児玉誉士夫　巨魁の昭和史◎目次

プロローグ

河野訪ソの大壮行会

一九五六年（以下西暦の下二桁のみを記す）九月二〇日、児玉誉士夫が主催する盛大なパーティがとり行われていた。日ソ共同宣言の交渉のためにモスクワに赴く農林大臣河野一郎のための壮行会だ。出席者は河野と関東一円のやくざの親分、右翼団体のリーダーだった。ＣＩＡ文書（五六年一二月一〇日付）によると、その顔ぶれは以下のような豪華なものだった。

吉田裕彦（または彦太郎、元児玉機関副機関長、児玉の右腕）、関根賢（関根組元組長）、阿部重作（住吉連合組長）、渡辺国人、入村貞次（破笠組組長）、石井初太郎（大師組組長）、久野益義（関根組幹部）、菊池貞雄（関東兄弟会幹部）、西村修（関東兄弟会幹部）、橋本雄三、高橋義人（義人党党首）、小川春信（関根組幹部）、加賀美正、海老沢分太郎、金子弥太郎、東五郎、力道山（プロレスラー）、東富士（元相撲力士）、永光、内山、岩宮、今井孝吉（銀座のやくざ）、芝山益久（東京路上販売協会会長）、奥戸、永田貞夫、並木量次郎（住吉連合幹部）、藤田卯一郎（松葉会組長）、木津正雄（松葉会副組長）、小林清（松葉会相談役）、岡孝（落合組幹部）、本多赤太郎

（落合組幹部）、磧上義光（丈万組幹部）、小久保勘太郎、岡村吾一（関東兄弟会幹部）、吉田秀吉（関東兄弟会幹部）、内呂博（関東兄弟会幹部）、舟木正二（関東兄弟会幹部）、豊田隆重（殉国青年隊隊長）

なお、このCIA文書はこのときの児玉の挨拶を間接話法で記述しているが、それを直接話法に直すと、この席で児玉は、おおよそこのようにいっている。

河野大臣、ここにいる親分衆は、いわば大臣の護衛隊だ。日本にはソ連を骨の髄まで恨んでいる人間は山ほどいる。だが、大臣にはだれにも指一本させはしません。だから、どうか安心してお国のために頑張って、ソ連との交渉をまとめてきてください。

児玉がいわんとしていることは、河野に右翼主義者が手出ししたら、自分の配下のやくざが黙ってはいないということだ。

このときの児玉の得意やいかばかりだっただろう。河野に対しては、日本のやくざに自分がいかに力を持っているか誇示することができた。一方、親分衆に対しては、自分が単に政界に顔がきくというレヴェルにとどまらず、河野のような次期総理大臣候補者さえ抱きこんでいることを誇示できた。しかも、この当時総理大臣の座にあったのは、彼が自由党立ち上げのときからパトロンとなって支援してきた鳩山一郎だった。

脳溢血に倒れたあと、健康問題を常に抱えていた鳩山に代り、実質的に総理大臣のように振舞っているのが、彼の右腕である河野だった。河野にとってモスクワでの交渉は、次期総裁レースにおいて、岸信介をはじめとする他の有力者に差をつける絶好の機会だった。河野が総理大臣になれば、この壮行会は大きな意味を持ってくるはずだった。

五六年のこの時点で、児玉は現総理大臣と次期総理大臣候補者を自分の影響下に置いていた。なおかつ、彼はやくざや右翼団体など裏社会をも支配していた。表と裏の社会の両方を総合的にプロデュースしている。こんな人間がかつて日本の歴史にいただろうか。

後のことになるが、児玉はこの壮行会に出席した親分たちを中心とする「やくざ軍団」を、日米安全保障条約（以後安保とする）改定と、アメリカ大統領アイゼンハワー訪日に反対するデモ隊の鎮圧に動員しようとした。このとき、岸総理は自衛隊の出動も断られ、警視庁にも匙を投げられていた。公権力が動けないなかで、岸が唯一頼りとしたのは、児玉率いる「やくざ軍団」だった。

児玉は政治プロデューサー

この壮行会はいくつもの意味において象徴的だ。

第一に、これは日本の戦後レジームをよく表している。つまり、日本の戦後の政治、経済、社会の基本的枠組みだ。敗戦後、表の政府が十分機能できなかったため、さまざまなことを舞台裏で処理しなければならなかった。それが「裏と表」という社会の二重構造として残った。この壮行会の席に、表社会と裏社会の支配層が連なっているのも、そのためだ。

第二に、児玉のような政治プロデューサーとはどういう存在か、を示している。筆者がいう政治プロデューサーとは、表社会と裏社会のはざまに身を置き、双方の連絡と利害調整を行いながら、自らの政治目標を達成しようとする人間だ。戦後の日本は、このような人間を必要としていた。

第三に、児玉という人物のどこが、他の人より秀でていたのかをよく示している。児玉は政治の表に出る人間たちを裏で支える人物だが、その存在と貢献は一般の人々は知らないし、支えられている表の政治家本人さえ忘れがちだ。ところが、児玉は壮行会に見られるような巧みなプロデュースと演出とによって、支えられている本人と一般社会に、自分の存在と貢献を強力にアピールすることができた。しかも、それを可能にするチャンネルとメディアを持っていた。第一級の秘密工作員にしてプロパガンディストなのだ。

このような児玉の動きを逐一把握することは、アメリカの戦後対日政治インテリジェンスにとってきわめて重要だった。政治インテリジェンスとは、政治に関わるさまざまな情報を収集・分析・評価したうえで、政策を立案し、それを実施していくために必要な「知識」をアメリカの政権幹部に供給することだ。この目的のために、CIA局員が児玉に張り付いて、膨大な量の文書を「児玉誉士夫ファイル」に蓄積することになった。

それらの文書を読むと、これまで日本で彼について書かれたものから私たちが作り上げてきたイメージとは、まったく違う児玉像が浮かびあがってくる。そこで本論に入る前に、これらの文書がどのようなもので、児玉についてどのようなことを記録しているのか、そして児玉自身の自伝的著書とどう関係していて、どのような信憑性を持っているのか、を見ていこう。

本書が基づいている資料

児玉には自伝的著書が多い。代表的なものでも『獄中獄外』、『われかく戦えり』、『悪政・銃声・乱世』などがある。前の二点はほとんど戦前・戦中のことを書いているが、最後の一点では戦後のことも書いている。

これらは、大枠において事実であるとしても、児玉の視点から、彼にとって都合のいいところだけを記述したものといえる。そこで他の文書資料に書かれてあることと照らし合わせたうえで、比較、評価、分析する必要がでてくる。

児玉についての公開文書資料は、アメリカに大量に存在する。その多くは、国務省やCIAの専門の分析官の評価と分析を経たあとまとめられたものだ。だが、いくつかの例外を除き、これまで日本の研究者やジャーナリストが使用することはなかった。

もっとも現在、児玉は学術的歴史研究の対象とは考えられていない。しかしながら、筆者はこれから明らかにしていくように、政治プロデューサーとしての児玉とその活動は、その歴史的重要性に鑑みて、十分歴史研究の対象たりうるし、対象にしなければならないと考えている。

児玉は四六年一月から四八年一二月まで、およそ三年間の長きにわたり巣鴨プリズンに収監された。その間、ＣＩＣ（Counter Intelligence Corps、対敵諜報隊）、ＣＩＳ（Civil Intelligence Section、民間諜報課）、ＣＩＤ（Civil Investigation Division、民間調査課）、Ｇ－２（連合国軍総司令部参謀第二部）、国際検察局（International Prosecution Section）などの機関から、生い立ち、少年時代、青年時代、児玉機関時代についてなど、洗いざらい訊かれていて、文書資料として残されている。

戦後の児玉の政治・プロパガンダ・経済活動についても、ＣＩＣ、ＯＳＩ（Office of Special Investigations、空軍情報局。四八年設立）、ＣＩＡ（Central Intelligence Agency、中央情報局）などがかなり詳しく把握している。彼の活動がアメリカの国務省や国防総省、ＣＩＡの日本での活動と関連していたからだ。これらは、ＳＣＡＰ（Supreme Commander for Allied Powers、連合国軍最高司令官）文書、国際検察局尋問調書、ＣＩＡ文書のなかに、大量に蓄積されている。

残念ながら、そして当然ながら、七六年に明るみにでたロッキード事件関連の文書資料は少ないが、それでもＣＩＡと国務省が世界中の新聞や雑誌から集めた記事などが、電子テキスト化され、データベース化されている。ただし、このデータベースは限られた施設においてのみ利用でき、インターネットに公開されるには至っていない。

これらの関連文書中でもっとも大部にわたる資料は、児玉と巣鴨プリズンで対峙したフランク・G・オニール連合国軍総司令部法務局検察官などが、取り調べ資料として児玉に書かせた『われ敗れたり』(*I was Defeated*)だ。この著書は児玉が調査官や検察官の尋問を受けて話した内容がもとになっている。

これを読むと児玉という人間がよくわかるだけでなく、GHQや国際検察局の関係者にとっては、日本の戦前・戦中の国粋主義・国家主義運動史のガイドブックの役を果たしていたことがわかる。現在でも、欧米では児玉に対する関心はきわめて強い。

CIAは児玉が死去するまで経歴(Bio-Data)の更新を続けたが、そのベースになっていたのがこの著書だった。この著書は、のちに日本語でも出版されたが、児玉はこのタイトルでは具合が悪いと考えたようで、『われかく戦えり』に変更している。

ほかに自伝的メモでまとまった内容を持つCIA文書は、「児玉が『週刊サンケイ』五八年新春号のために経済評論家の三鬼陽之助と対談して記事にした」とされるものの英訳だ。これは児玉の半生を通時的に、詳細にわたって記述していて、『われ敗れたり』に次いで分量がある。だが、国会図書館で調べてみたが、この記事の存在は確認できなかった。つまり、CIA文書のなかにのみ存在する文書だ(以下、「週刊サンケイ文書」とする)。

さらに、G－2、CIC、OSI、CIAが児玉を工作に使用したり、調査対象として調べたりしたときに添付される経歴にも、伝記的事実が多く含まれている。

これらアメリカの情報機関が蓄積した大部分の資料のソースは児玉自身なので、大枠では児玉の著作の内容と一致する。国際検察局やCICやG－2の文書を読むと、前述の『われ敗れたり』のみならず『悪政・銃声・乱世』なども、児玉がこれらの機関の係官や調査官に話した内容をかなり含んでいることがわかる。調査官の尋問に答えることで児玉の頭のなかで、自伝的著書の骨格ができたのではないかと思われるほどだ。もともと児玉にはストーリーテラーとしての才能があったが、それをさらに開花させたのは、皮肉にもアメリカの情報機関や国際検察局の尋問だったといえる。

しかしながら、児玉の著書とこれらの資料は、重要な点で違いがある。前述のように前者はストーリーテラー児玉の主観をそのまま書きとめたものであるのに対し、後者は児玉を尋問し、聴取したアメリカの情報機関のエキスパートが、他のソースからの情報と照らし合わせて評価し、分析してまとめた文書資料だということだ。

この違いはきわめて大きい。

これらの文書資料は現在、アメリカ第二公文書館（メリーランド州カレッジ・パーク）に所蔵されている。そのなかの国際検察局の児玉関連の尋問調書は、七四年にアメリカ公文書館（当時はワシントンDC近郊のスートランド、現在はメリーランド州のカレッジ・パーク）ですでに公開されていた。つまり、ロッキード事件が起きた七六年より二年も前に、児玉の戦前・戦時中の活動をアメリカの公文書で知ることができたということだ。

しかしながら、ロッキード事件が連日メディアを賑わすようになっても、日本人の誰一人として、これらの文書資料にあたることはしなかった。したがって、これまでの児玉に関する日本の報道や記事は、こうした文書資料を踏まえずに、伝聞や憶測で書いたということになる。しかも、皮肉なことに、事実と一致している部分の多くは、児玉の自伝的著書がソースというありさまだ。

例外として挙げるべきは、読売新聞ワシントン支局の高濱賛《たとう》特派員だが、これもアメリカの「関係筋」から文書を入手したとしていて、本人が直接公文書館で資料に当たったわけではない。しかも、筆者が調べた結果、この資料は当時すでに公開されていた国際検察局尋問調書の一部であることがわかった。現在、国際検察局尋問調書とSCAP文書（中身はGovernment Section, Legal Section, Military. Information Section の文書など）は、アメリカ公文書館だけでなく、日本の国会図書館でも公開されている。前者にいたっては、資料集として日本図書センターから出版までされている。

ロッキード事件前後にCIAが収集した児玉関連記事のデータベースは、アメリカ第二公文書館二階のコンピュータを使用することによってのみアクセス可能で、ウェブサイト上には公開されていない。このような特殊な公開方法をとっているのは、クリントン政権下で成立した情報自由法改正に迫られ、やむなく公開することになったためだ。ただし、この場所へ行きさえすれば、コンピュータに備え付けられたプリンターで、自由に文書をプリントできる。内容こそ雑誌と新聞の記事なのだが、CIAがわざわざファイルに残したというほかに、他のCIA文書と照らし合わせるとわかってくることも多いので、貴重な資料だ。

この他、ロッキード事件前後のことについて知るうえで重要なのは、七二年のハワイ会談前後の外交文書をまとめたリチャード・ニクソン大統領図書館所蔵のニクソン文書だ。これによって、ロッキード社の航空機売り込みがアメリカの外交政策上どのように位置づけられていたかがわかる。CIAファイルからはこの時期の児玉関連の文書がでてこないので、重要な補完資料になっている。

本書は、以上のような従来日本で使用されることのなかったアメリカ側の文書資料をもとに、これまで伝聞や推測で書かれたものとは差別化しつつ、児玉の自伝とも違う客観的スタンスをとり、児玉と彼の政治的プロデュースを昭和史のなかに明確に位置づけたい。

このため、第一章では、テロなどに使われる「鉄砲玉」からインテリジェンス工作員への脱皮、第二章は「児玉機関」の機関長としての活動、第三章からは巣鴨プリズンでの試練を経てアメリカの情報機関の工作員から日本政界を動かす政治プロデューサーへの変貌、第七章からは政治が金権化するなかでの政治プロデューサーから政治ブローカーへの堕落、そして第一一章以下ではその堕落した児玉のロッキード事件による破滅を描きたい。

なお、本書がアメリカ側の文書資料に基づいて記述している部分の多くは、今回初めて明らかにされるものだということを断っておく。

第1章　「鉄砲玉」変身す
──国粋主義青年からインテリジェンス工作員へ　戦前期

児玉の生い立ち

　児玉誉士夫は一一年年二月一八日、福島県安達郡本宮町（現本宮市）に生まれた。前述の「週刊サンケイ文書」によれば、父は山田酉四郎といい、代々二本松藩の槍術の指南役を務める山田家の出身だったが、児玉家に養子に入ったのち、児玉姓を名乗るようになったという。児玉家の方は二本松藩の御典医の家柄で、養父も医学を修めていたとされている。

　ちなみに、彼の自著『悪政・銃声・乱世』では、父・山田酉四郎は武士の家から御典医の児玉の家に養子に入ったとしている。仙台に出て医学を修め、そこで後藤新平と学友になったとも書いている。

「週刊サンケイ文書」で、児玉は、家が裕福でハイカラだったと述べ、福島で最初にカメラを買い、自転車を買ったのは父だった、と自慢している。

　父はやがて医者をやめ、自由党福島県支部の事務局長になり、いまの副知事にあたる副参事になったという。会津藩と同じく、二本松藩も薩長軍に抵抗して敗北したことから、福島県では藩閥政治打倒を目指した板垣退助の自由党が支持されていた。

後年のことを考えると、これは暗示めいている。児玉は戦後、鳩山一郎の政党立ち上げに資金を出し、その後も金銭的支援を続けるが、その党の名前がくしくも自由党だからだ。もちろん、鳩山の自由党は戦後結成された政党なので、板垣のものとは関係ない。

また、戦後、とくに政治と関わる必要はなさそうなのに、児玉が湯水のごとく政治に金をつぎ込み、その結果ロッキード事件で破滅するのは、この父の影響ではないかと思われる。一種の政治マニアだ。父は、幼い児玉に、政治への熱情をすりこんでしまったのだ。

豊かで満ち足りた児玉の少年時代だったが、生活は一変する。父が政治に金を使いすぎて、零落してしまったからだ。落ちぶれた児玉一家は、東京へ引っ越した。どん底に落ちたところに、さらなる追い打ちがかかった。母の死である。児玉はまだ七歳だったという。

母親の死後、子供たちの面倒を見きれなくなった父は、児玉を、朝鮮の京城（現ソウル）にある竜山駅の駅長を務めていた横手（児玉の三男の守弘によれば「宮崎」）某に嫁いだ腹違いの姉娘のもとに預けた。この姉は、父が前妻とのあいだに儲けた娘で、しかも父は児玉の母と結婚するために、前妻を離縁している。この姉にとって児玉は、腹違いであるばかりか、自分の母から父を奪った憎い女の連れ子ということになる。

児玉は後年この姉のことを「きつい姉だった」と述べている。たしかに、年端もいかないのに児玉を働かせたり、河野という家に養子に出したり、「丁稚奉公」にやったりしている。これは、この姉と児玉のこのような複雑な事情のためかもしれない。

にもかかわらず、幼くして母を失った児玉少年にとっては、この年の離れた姉は母も同じだった。「きつい」仕打ちを受けても、しばらくするとこの姉のもとに帰ってきている。ほかに行くあてがないからといえばそれまでだが、やはり幼くして母を失った児玉はこの姉に母を求めていたのだろう。児玉はこの竜山時代に善隣商業学校の夜間部に二年間通っていて、これが児玉の最終学歴になっている。

若きプロパガンディスト

児玉少年はこのまま姉のもとにいても将来はないと思い定めて、日本に戻ることにした。長兄が東京に、次兄が西宮にいて、ともに一家をかまえていたので、彼らのもとへ行けばなんとかなると思ったのだ。

結局、彼は長兄のいる東京に落ち着いたが、兄も生活が苦しいので、向島の鉄工所で働いた。「週刊サンケイ文書」によると、早朝から夜まで働いても、中華そば一杯食べるのにも困る生活だったという。このとき搾取され、虐げられた経験が、彼の金持ちに対する根強い反感を育んだ、と四七年五月二四日に作成されたＣＩＳの文書は分析している。にもかかわらず、彼は共産主義を奉じる左翼団体には入らなかった。苦しんでいるのは日本の労働者なのに、共産主義者はなにかというと赤旗を掲げ、ソ連がすばらしい国であるかのようにいうので反感を持ったという。朝鮮にいて、ソ連の脅威を常に実感していたことも、この国のイデオロギーや社会制度が日本の労働者や貧困者を救うことなどありえないと直感した一因になったのだろう。

児玉は二九年、赤尾敏の国粋主義団体「建国会」に入り、青年部の部長となる。そして、左翼団体（新労働農民党など）の集会の妨害や、政府攻撃のビラ貼りなどに精をだすようになる。

同年、赤坂見附を通過する天皇の車に駆け寄り、「二〇〇万人の失業者と不作に苦しむ東北農民をお救いくださるように」としたためた直訴状を突き出した。たちまち彼は憲兵に取り押さえられ、三〇年二月に懲役六ヵ月の刑を宣告された。

出所したあと、津久井龍雄党首の「急進愛国党」を経て、その翌年、全日本愛国者共同闘争協議会に入り、五月には井上準之助（当時大蔵大臣）邸の爆破事件に関わったことで、四ヵ月の懲役刑になった。

このようなビラ貼りやアジ演説、集会妨害に携わっていたのは、なにも国粋主義団体ばかりではなかった。れっきとした政党も同じことをしていた。あとで児玉と深い関係になる、のちの自由党（ついで、自由民主党）の領袖大野伴睦も、政友会の議員になる前は院外団の一員として活動していた。院外団とは、党や政治家の雑用をこなす人々だ。やはり、選挙のビラ貼り、アジ演説、対立政党の集会妨害などを行っていた。

後年、児玉は大野などの党人派の政治家と仲良くなるが、それは同じような経験と苦労をしていたからだろう。ただし、後に児玉の盟友となる辻政信（ノモンハン事件、マレー作戦などで作戦立案にあたった）は、大野を蛇蝎《だかつ》のごとく嫌っていた。

あとで詳しく述べるが、戦後G－2やCIAが児玉に目を付けたのも、児玉が保有する巨額の資金もさることながら、彼が戦前・戦中・戦後に「政治戦」（政治工作）と「心理戦」（思想戦、プロパガンダ）において示した卓越した能力のためだった。

「鉄砲玉」からインテリジェンス工作員へ脱皮

児玉がいた急進愛国党は、日本国民党、国民戦線社などとともに全日本愛国者共同闘争協議会を経て大川周明の「神武会」に参加し、「錦旗《きんき》革命」による「昭和維新」を目指すことになった。「錦旗革命」や「昭和維新」とは、要するにこういうことだ。

大資本家は労働者を搾取し、貧困者を生みだしても、恬《てん》として恥じない。これを糾《ただ》すべき政治家は、党利党略に走り、利権をむさぼり、むしろ大資本と結託している。これでは貧しい農民と労働者は救われず、大局的に見ても、日本という国が立ち行かない。そこで、明治維新のときに薩長軍が「錦の御旗」を掲げて幕府を倒したように、天皇を奉った軍部が、腐敗し、国を誤らせている財閥や政治家を一掃しなければならない。

たしかに、大恐慌以来の不景気で日本の農民と労働者の貧困と疲弊はひどく、それが一部の国粋主義者を絶望的な気持ちに駆り立てた。その証拠に、このころ血盟団事件や五・一五事件などの政治テロが頻発している。また、彼らをテロに駆り立てた絶望感や危機意識が、多くの国粋主義団体を大川周明や北一輝の率いる団体との合流へと促した。

クーデター未遂事件も発生していて、三一年三月には、軍人の政治結社である桜会（橋本欣五郎中佐、長勇《ちょういさむ》少佐、田中清少佐、重藤千秋大佐など）が武力によって浜口内閣を打倒し、宇垣一成陸軍大臣を首班とする軍事政権を樹立しようとしたが、土壇場になって宇垣らが躊躇したために未遂に終わった。これがいわゆる三月事件だ。

同年の一〇月には、同じグループが柳条湖事件に対する政府の不拡大・局地解決の方針を不服として、大川や北とともに「錦旗革命」を実行しようとしたが、情報が陸軍参謀本部に漏洩したために実行不能となった。これは十月事件と呼ばれている。

さらに二年後の三三年の七月には「神兵隊事件」が起きている。これは五・一五事件によっても目指す国家改造が達成できなかったとして、天野辰夫らを中心とする愛国勤労党・大日本生産党が計画したものだ。

これに、児玉とつながりがある神武会も関わっていた。計画では、彼らはまず首相官邸、警視庁のほか、牧野伸顕内大臣邸、政友会総裁鈴木喜三郎邸、民政党総裁若槻礼次郎邸を襲撃したのち、臨時政府を打ち立て、皇族とともに政権を運営していくというものだった。

このような政治の激動のなかで、児玉はいっぱしのテロリストとなっていった。思ったことをすぐに行動に移す果断さは持ちながらも、政治闘争や投獄体験などでもまれたためか、彼は賢明さも身につけるようになっていた。つまり、日本のため、大義のために捨て石になるのはいいが、上のほうの人間の都合で使い捨てにされたり、犬死させられないようにする用心深さがあったということだ。だが、国粋主義団体の上層部のインテリにとって、児玉は基本的に「鉄砲玉」だったことには変わりない。

そんな児玉を脱皮させたのは、中国渡航だった。

刑期を終えて出所した三二年二月、児玉は神武会の前身である「行地社」の幹部であった狩野敏に頼み、笠木良明を紹介してもらい、三ヵ月後に満州に渡った。五四年三月四日付CIA文書によれば、満州事変が起こるまで南満州鉄道の人事部にいた笠木は、事変後は「自治指導部」という「満州全土の治安確保」と「新国家建設の基盤づくり」にあたる組織のトップになっていた。児玉の『悪政・銃声・乱世』にも同じ記述がある。

この「自治指導部」には、事変の前から活動していた国粋主義団体「大雄峯会」に加えて「満州青年同盟」も合流するようになった。同文書は児玉が短期間、この自治指導部に加わっていたと伝えている。児玉の自著も笠木とのなれそめについて書いているが、ここまで詳細な事実はさらけ出していない。

一〇月クーデターに失敗

児玉は自治指導部に長くはいなかった。「錦旗革命」が切迫していると感じたからだ。三二年二月九日には血盟団の小沼正が前大蔵大臣の井上準之助を暗殺し、三月五日には同じく血盟団の菱沼五郎が三井合名会社の理事長団琢磨を暗殺した。彼らは「青年前衛隊」に属し、児玉とは同志といえた。

彼の心中はまさしく帰心矢の如しであった。笠木も児玉の帰国を許すことにして、児玉に日本の同志に満州がどのような状態にあるか伝えることを託した。児玉は、自身の帰国が四月のことだったとしている。

五月一五日には、日本の運命を左右した五・一五事件が起こった。それは児玉の人生をも大きく変えた。事件は、大川周明を信奉する海軍を中心とする軍人の一部と民間人とによって起こされた。ロンドン軍縮体制に対して募らせた不満と危機感が動機なので、本来ならばロンドン軍縮条約の交渉にあたった若槻礼次郎が狙われるはずだが、若槻内閣は前年三一年一二月に閣内不一致で崩壊し、犬養毅内閣がこれにとって代わっていた。犬養はほんらい軍部との関係が悪くなかったが、孫文とも親交があり、満州での権益拡大に消極的だと急進的軍人からみなされたため、テロの標的にされてしまった。

実行部隊は首相官邸、内大臣官邸、立憲政友会本部、三菱銀行、警視庁を襲撃した後、別働隊が変電所を襲撃して、東京を停電にし、その混乱の間に天皇を戴いた臨時政権を打ち立てるつもりだったが、首相官邸の襲撃以外は失敗に終わった。

注目すべきは、暗殺実行者の一人に当時海軍中尉だった三上卓がいたことだ。戦後、この三上は児玉と「台湾義勇軍」に関わり、かずかずの密輸事件でも共に名前を挙げられることになる。児玉は五・一五事件とは直接的には関係なかったようだ。むしろ、このあとに計画されていた第二弾ともいうべきクーデターに関わっていた。

ところが、この第二弾は同年一〇月、用意した爆発物を暴発させてしまったため事前に発覚してしまう。児玉は官憲に追われたのち、逃げ切れず逮捕されてしまった。彼は「爆発物取締罰則違反」と「殺人予備罪」で有罪になり、豊多摩刑務所に収監された。

児玉のこの入獄中に、歴史上極めて重要な変化が起こった。陸軍の皇道派と統制派が表立って抗争を始めたのだ。皇道派とはいうまでもなく、大川周明と北一輝の革命思想を体現して「錦旗革命」、「昭和維新」を断行しようとした荒木貞夫を中心とする一派だといえる。思想的には反共産主義で、反ソ連だった。これに対し統制派は、軍の統制を重んじた一派だとされるが、要するに「アンチ皇道派」と定義したほうがいいだろう。統制派は永田鉄山と東條英機が中心で、ソ連に対抗することよりも中国進出を重視した。

陸軍大臣に就任した荒木が陸軍の人事を壟断《ろうだん》したので、これによって皇道派と統制派がはっきりと分かれ、相互に反発するようになったというのが、本当のところだろう。

もうひとつの派閥争いは、大川と北のあいだのものだった。五・一五事件に大川が連座したため、当然の流れとして、北が力を持つようになったが、これを快く思わないものもいた。

三六年に皇道派の影響下にある青年将校による二・二六事件が起こり、首謀者とされた北と青年将校に死刑が宣告された。陸軍の皇道派は大打撃をこうむり、その周辺にいた国粋主義団体も巨頭の一人を失い、かつ厳しい弾圧を受けることになった。彼ら「錦旗革命」の信奉者にとって望みの綱だった陸軍は、統制派の東條たちに権力を握られることになった。

インテリジェンス工作員として再び中国へ

児玉が刑期を終えたのは、皇道派が陸軍の要職から一掃されたあとの、三七年四月二九日のことだった。出所してきた児玉は、大物の扱いを受けた。未遂に終わったとはいえ、二・二六事件より以前にクーデターを企てていたからである。

三上卓や西田税《みつぎ》など五・一五事件や二・二六事件の実行犯・首謀者には及ばないものの、児玉もその類の人間として特別視されるようになった。これは、このあとの児玉の出世ぶりを見ると、やはり重要な点だったと思われる。

皇道派シンパの国粋主義団体にとって厳しいこの時期、児玉は新聞や雑誌の出版による啓発運動に力を入れた。笠木の『大亜細亜』発行に携わるかたわら、笠木と親交があった岩田富美夫の『やまと新聞』、おなじく国粋主義の三浦義一の『法律新報』なども手伝った。これらの人物、およびメディアとの関係は、こののちの児玉にとって重要な資源およびツールとなる。ちなみに、児玉機関の副機関長になる吉田裕彦（彦太郎）は、当時は岩田の門下生だった。

このほか児玉は中野正剛が講師を務めた「日本塾」にも関わっていた。中野は統制派の東條に歯向かったため自殺に追い込まれたジャーナリストで、朝日新聞主幹である緒方竹虎の親友だった。朝日新聞と緒方とのコネクションも、のちに重要な役割を果たす。

このあと児玉は、笠木の知人の外務省情報部長の河相達夫からアプローチを受けて三七年の暮れ、再び中国大陸に渡る。河相は笠木と思想的に共通性を持っていた。

児玉は河相にこういわれたという。軍部を担ぎ出せば、今の世の中を正せると思っているが、その軍部がいかに腐敗しているか中国の現地へいって見てこい。

一方の児玉は、あわせて満蒙の奥地にいって敵状視察をしてくれ、とも頼まれたといっている。河相としては、おそらく後者のほうに比重があったのだろう。というのも、河相は外務省の情報部拡張を計った人間だからだ。彼は、戦前・戦中期に対外プロパガンダ要員を育成するために、南満州鉄道総裁松岡洋右と同盟通信社社長の岩永裕吉と共同で敝之館《へいしかん》を設立してもいる。皇道派は反共産主義であると同時に北進論でもあったため、ソ連と接する地域に関する情報収集にも熱心だった。つまり、児玉は河相にインテリジェンス工作員として見込まれ、そのコマとして満蒙に送り込まれたのだ。G－2や国際検察局の関係者も、児玉はこのころから国粋主義プロパガンディストに加え、インテリジェンス工作員の性質を帯びるようになったと見ている。

児玉は『悪政・銃声・乱世』で「じぶんの大陸行は、満州から北支那へ、そして中ソ相接する奥地まで、深くはいりこみ、とどまるところを知らなかった」と抽象的に書いているが、戦後の児玉が四五年一二月一二日に国際検察局のロビンソン大尉(ファーストネームの記載はなし)

から取り調べを受けたときは、このとき中国北部のイスラム教徒たちについて調査していた、と明かしている。関東軍の対蒙古作戦立案のためのインテリジェンス収集だったのだろう。

三八年二月に、児玉はこの満蒙インテリジェンスの旅からいったん帰国するが、すぐにまた笠木の示唆で大陸に戻り、中国北部から内蒙古まで偵察している。翌年の三月には、河相の誘いで漢口・上海視察に同行している。そして上海の領事館に立ち寄り、「役人らしくない」副領事の岩井英一を河相から紹介された。岩井は東亜同文書院出身で、外務省情報部と直結した「特別調査班」のトップだった。この班は岩井と東亜同文書院出身者で固められたインテリジェンス機関で、「現実の中国を（中略）思想および経済などあらゆる面から調査し、解明し、把握する」ことを目的としていた。

このように河相が児玉を視察旅行に同行させたり、インテリジェンス機関のトップに引きあわせたりしているのは、児玉を高く買っている証拠だろう。陸軍の皇道派が大打撃を受けて勢いを失ったので、河相のような外務省の革新派が児玉を引き立てたと考えられる。

汪兆銘の護衛と三井コネクション

児玉はこの引き立てに対して、汪兆銘護衛に一役買うことで応える。この汪兆銘工作については、児玉自身も著書で語っているが、国際検察局調書のほうがより詳しい。以下では、主として国際検察局調書に基づいてこの工作の経緯を明らかにしよう。

日本に対して徹底抗戦を叫ぶ蔣介石とは異なり、国民党のなかでも汪兆銘は対日融和を唱えていた。そこで日本軍は、汪兆銘をヴェトナムのハノイから香港経由で南京まで連れてきて、親日政権を樹立させることにした。問題は香港にやってきた汪をどう護衛し、確実に南京に送るか、だった。香港は当時イギリス統治下にあるので、日本の軍や外務省が表立って動くわけにはいかない。そこで、三八年四月、児玉たち一三人にこの護衛を任せることになった。

この話を持ちかけたのは、上海副領事の岩井だった。だが、汪兆銘工作そのものが陸軍と外務省が関わったものだったため、陸軍参謀本部第八課の臼井茂樹大佐が児玉を嘱任官（Senior Civil Service Official）として採用し、王子製紙の社員を装わせることになった。児玉は、そうした身分偽装を決めたのは、梅機関を創設する影佐《かげさ》禎昭《さだあき》（第二四代自民党総裁谷垣禎一の祖父）だったとしている。

陸軍嘱託ではあっても、民間人だということにしておけば、日本の軍や外務省にとっては都合がいい。かりに児玉たちが蔣介石側の刺客に殺されたり、イギリス官憲に捕まったとしても、「知らぬ、存ぜぬ」で通すことができるからだ。

ところで、ここに王子製紙の名前がでてくるのは興味深い。というのも、ジョン・ロバーツ（グレン・デイヴィスとの共著に『軍隊なき占領』）の『三井』（*Mitsui*）という研究書の指摘によれば、児玉機関が秘密工作を行うときには、三井物産、王子製紙、東洋棉花など三井財閥系の企業をカヴァーによくつかっていたという。

かつての児玉は、財閥の代表格として三井を政治闘争の標的としてきただけに、これには驚く。だが、戦後の児玉をつぶさにみると、皮肉なことに三井との関係が目をひく。戦後、児玉の資金源となるのは北海道炭礦汽船社長の萩原吉太郎だが、萩原は当時三井合名会社の幹部だった。『読売新聞』の記事（七二年二月二二日付朝刊）によると、児玉は岩田富美夫を通じてこの三井マンを知った。三井本社が内紛で揺れたとき、児玉が調停役になったのもこのつながりからだ。

萩原との関係はともかく、児玉と三井合名会社との関係は、この汪兆銘工作のころまでさかのぼることができる。だが、財閥打倒を唱えてきた彼は、この三井コネクションのことは一切触れていない。

さて、児玉は護衛隊を「捧皇隊」と名付け、陸軍の参謀本部から武器の支給を受けたうえで、東京の赤羽にある陸軍の兵器廠で武器の使い方の訓練まで受けた。児玉たちが決死の覚悟を決めて船で香港に着くと、予定が変更された。汪は香港には立ち寄らず、直接上海に向かうという。そこで、児玉たちも上海に引き返すことになったが、上海では日本の憲兵で身辺警護が十分できるため、「捧皇隊」はここで解散された。だが、児玉は引き続き支那派遣軍総司令部と陸軍参謀本部第八課の嘱託として南京に移り、汪兆銘政権樹立工作に従事することになった。

知られざる児玉と昭和通商との関係

児玉はこの時期に中国各地を訪れている。『獄中獄外』には上海、台北、香港などに旅行したことをエッセイ風に綴っているが、何の用務だったのかは書いていない。だが、戦後、国際検察局の調査官にした話に基づけば、彼は陸軍参謀本部と昭和通商のために、来るべき戦争にそなえるべく物資調達とインテリジェンス収集のために旅行していた。

この昭和通商との関係も、児玉は自著に書いていない。なぜなら、あとで詳しく述べるように、児玉はこの商社のために、ヘロインのバイヤーとしても動いていたからだ。ちなみに、大森実著『戦後秘史1』所収の「大森実直撃インタビュー」でも、児玉は昭和通商と関係していたことは打ち明けているが、ヘロイン取引と関わったことには触れていない。

この昭和通商はきわめて興味深い商社だった。山本常雄著『阿片と大砲』に詳しく記されているが、これは陸軍が戦争準備のために作ったダミー会社で、はじめは陸軍の古くなった武器を中近東の国々へ売ることで陸軍の機密費の資金源となっていた。ところが、売る武器がなくなると、今度は阿片とバーターすることで戦略物資を集めた。児玉はここで昭和通商のためにひと働きするのだ。

さらにこの商社はインテリジェンス機関の面も持っていた。『阿片と大砲』のなかで山本は、昭和通商の社員が戦前、世界の各地で物資の買い付けをしながら、同時にインテリジェンス収集をしていたと語っている。とくに最初のころは日本軍の旧式の兵器を売っていたので、取引を通じて相手の軍事情報を引き出していたという。

またこの「商社」は、開戦前にアジアの各都市に根を張っていたため、開戦後に日本軍が侵攻する際には、現地ガイドを用意するなど、いろいろな便宜を提供した。このため、商社員でありながら、戦前でもアジア各国で国外退去を命じられたり、スパイ狩りで命を落としたりするものが跡を絶たなかった。だがその一方で、日本軍から特別の許可証や身分証明書や通行証の発行を受け、優遇されていた。

しかもこの商社には、三井物産や三菱商事、大倉商事といった、れっきとした財閥系企業も参画していた。汪兆銘護衛工作の際に児玉は三井財閥系の王子製紙の社員を名乗ったが、それは昭和通商が三井物産と関係があったからだろう。

児玉はこうした物資調達とインテリジェンス収集を行いながら、当時京都の舞鶴要塞司令官に左遷されていた石原莞爾（元関東軍参謀副長）の紹介で、支那派遣軍総司令部にいた辻政信と会っている。この出会いも、戦後大きな意味を持つ。

辻は石原の唱える東亜連盟の信奉者だった。東亜連盟とは、日本、中国、満州がそれぞれ政治的独立を保ちながら、経済と国防においては一体化し、これによってソ連やアメリカに対抗していくというものだ。

石原は満州建国の際も、満州を植民地化するのではなく、五族協和し王道楽土を建設するといっていたが、東亜連盟では、満州だけでなく、日本と中国も加えた東亜新秩序を考えており、進化した形になっている。この思想は、石原とも関係の深い板垣征四郎が支那派遣軍総参謀長になったとき、中国にいる日本軍にも広まった。板垣は辻とも連携して、南京で東亜連盟運動を推し進め、「派遣軍将兵に告ぐ」という声明文を出し、民族協和を唱えたからだ。

辻は南京で「思想戦」を担当した。国際検察局尋問調書によれば、それまで陸軍はプロパガンダや思想戦を重視していなかったが、日本の横暴に対する中国人の抵抗が強まる一方なので、これを和らげるために辻が始めたとしている。ところが、辻のプロパガンダは中国人だけでなく、陸軍幹部にも向けられた。つまり、中国人に対する態度を改め、昼から料亭に入り浸るようなこともやめよということだ。この東亜連盟運動は、辻のほかに民間人の田村真作（元朝日新聞）、朝日新聞の緒方竹虎（当時情報局総裁）などが加わり、のちに国民党と日本の和平工作である繆斌《みょうひん》工作を生みだした。

このような動きのなかで石原と辻の連絡役をしていたのが、児玉だった。彼がここで辻のほかに緒方とも接点を持っていることは、このあと第三章と第六章で重要になるので、記憶しておいてもらいたい。東久邇内閣のときと保守合同のときの計二回、この緒方とのコネは重要な役割を果たすからだ。

辻政信とともに南京を追われる

児玉はほかにも辻の要請に応えている。自身が日本国内で発行している新聞に、南京などの占領地にいる陸軍将校の乱れた生活を告発する記事を掲載したのも、そのひとつだ。時の陸軍大臣で権力を握っていた統制派の東條は、こうした東亜連盟の動きと内部告発に怒り、これを封じる挙にでた。石原を第十六師団長（衛戍《えいじゅ》地京都）に留めおく一方で、板垣を朝鮮軍司令官として朝鮮に、辻を台湾軍研究部付として台湾に送り込んだ。

東亜連盟の連絡役を務めた児玉も、支那派遣軍嘱託を解かれ、日本に追い返された。皇道派の流れを汲む児玉の出自を思えば当然ともいえるが、注意すべきは、児玉の身分が依然として陸軍参謀本部第八課の嘱託のままだったことだ。これは国際検察局尋問調書でも、四〇年当時の所属は同課だったと証言していることからも確かだ。

児玉は四一年七月、日本に帰国して「興亜同盟」という国策委員会に入った。軍人OBと官僚OBが国策を協議する委員会なのだが、大政翼賛会の傘下にあって、児玉によれば、愚にもつかない迷論を並べ立てるだけの委員会だったという。

その一方で児玉は、アメリカとイギリスに強硬な態度をとることを唱える国粋主義グループ幹部の協議会「八月会」に参加し、これらの国の圧力に屈して中国を手放すなと主張した。

児玉は口でいうだけでなく、それを実行しようともしていた。辻の要請で、アメリカとの和平会談のためにハワイに赴こうとする総理大臣近衛文麿に対して、六郷橋で爆弾テロを仕掛けることを計画していた。これは和平会談そのものが取りやめになったため、未遂に終わった。

そのあと、「八月会」に参加していた西山直（勤皇まことむすび所属）は、やはり対米関係修復のために動いていた平沼騏一郎国務大臣を銃撃した。平沼は重傷を負ったが一命はとりとめた。国際検察局の文書は、西山が銃撃に使った銃は児玉が貸したとしている。これらの事件のあとで「八月会」は解散を余儀なくされた。

戦後に児玉は戦争犯罪の容疑をかけられるが、GHQがもっとも問題視したのはこの時期の児玉の過激な反米行動と言動だった。

第2章　大陸で得たものは何か
——インテリジェンス工作員から児玉機関長へ　戦中期

海軍航空本部とどう結びついたのか

児玉を南京から追い払った東條英機は、和平工作に万策尽きた近衛文麿が政権を投げ出すと、代わって総理大臣になった。四一年一〇月のことだ。

陸軍参謀本部第八課の嘱託でいられなくなった児玉は、どこか他の機関で戦争遂行に関わりたいと思った。四六年二月二八日付の国際検察局尋問調書によれば、このとき、かつて刑務所で同房だった小林豊樹から、自分に海軍航空本部から仕事の話がきているのだが、これをどう思うか、と相談された。児玉はその話に賛成するだけでなく、自分も加わることにした。

児玉は自著で四一年一一月、国粋大衆党総裁の笹川良一の紹介で海軍航空本部の山県正郷に会ったとしているが、それはこの小林からの相談があり、自分もそれに加わることを決心したあとのことだろう。山県は、陸軍で昭和通商に関わった経験を持つ児玉に、海軍航空本部のために戦略物資を調達することを依頼した。

当時の海軍はまだ大艦巨砲主義が主流で、航空本部には物資が回されなかった。そこで、昭和通商で経験を積んでいた児玉に物資の調達を頼んだ。というより、適当な人間が他にいなかったのだろう。すでに陸軍は昭和通商、海軍は万和通商と、それぞれの調達機関を通じて、あらゆる戦略物資を大量に買い付けていた。こうした調達機関には三井、三菱、大倉などの総合商社が入っていたが、本社自体も出先機関を作って買い付けにあたっていた。

各社がフル稼働するなかで、物資調達のノウハウを持ちながら手が空いている人間は児玉くらいしかいなかった。だから山県は児玉を起用せざるをえなかったのだ。さすがの児玉も初めのうちは先行する調達機関の隙間になかなか食い込めず苦戦したが、それも予想されたことだった。

児玉誉士夫は物々交換で物資調達した

ここで興味深いのは、児玉の物資の買い付けの方法だ。それを明らかにしているのが、岩井英一の尋問調書だ。エドワード・P・モナハンから、児玉のことで尋問を受けて作成された四八年六月一〇日の調書によれば、海軍航空本部は児玉に直接買付資金を与えるのではなく、上海で現地の人々から没収した資産や物資の一部を、取引の原資として与えていた。

国際検察局の尋問調書では二〇万中国ドルの原資を与えられて事業を始めたとでてくる。二〇万円の間違いかと思ったが、没収資産であれば外国人から得たもので、わざわざ円に換算する必要もないので、間違いではない。

いずれにしても巨額だが、上海などでは物価の変動が激しく、貨幣より物のほうが価値を持っていた。つまり児玉機関の原資は「貨幣」ではなく「物」だったのだ。たしかに、上海事変以来、日本軍は上海を占領していたので、占領地域で没収したものを物資買付の原資として児玉に与えたというのは、十分ありうることだ。

それは理にかなってもいる。海軍航空本部が日本政府から得た予算を児玉機関のために割かなくてすむうえ、児玉も日本円を中国の現地通貨に両替し、物資を買うという非効率を防ぐこともできる。そもそも戦争中の中国では、どんな通貨も信用がなかったのだ。

これに沿った証言は、他にもある。吉田裕彦（彦太郎）は、四八年六月四日のオニールの尋問に対して、こう証言している。

その（取引の）方法は原始的な物々交換です。たとえば、海軍航空本部は児玉機関に日本円と引き換えに砂糖を売ります。私たちはその砂糖を中国人の製造業者や鉱山業者や仲買業者に渡して彼らの製品と交換します。この製品をわれわれは海軍航空本部にあらかじめ決められた価格で、あるいはそれ以下で売ります。児玉機関の利益は砂糖の価格と砂糖と交換で得た製品を海軍航空本部に売った金額との差額です。利益は巨額のものとなります。

この証言では、物々交換に使われたのは砂糖だが、没収した資産（貴金属や宝石も含む）や物資（ろうそく、たばこ、食用油、砂糖）でも同じことが可能であることはいうまでもない。そして、海軍をバックに持ち、その海軍相手にかなり有利な条件で大型取引ができる児玉機関がこのような物々交換を行うならば、その利幅も途方もないものになる。わらしべ長者の話を思い出せばよくわかるだろう。

とはいえ、このような物資調達方法は、児玉機関独自のものではなかった。『阿片と大砲』を読むと、昭和通商も同じことをしていたという。児玉も関係を持っていたこの「軍営商社」は、日本軍の旧式の武器のストックが枯渇したとき、バーター取引を行うようになった。

このときに使われたのが、満州で栽培し、日本の製薬会社で精製された阿片だった。『阿片と大砲』によれば、ほかに「光物」、つまり貴金属宝石類も使われたという。その出所については詳しく書かれていないが、陸軍が占領地から没収したか、日本国内で供出させたものだろう。

ということは、児玉機関は昭和通商などが既にやっていたことを踏襲したことになる。ただ、さすがに財閥系商社も入っていたので、後者のやり方のほうが前者より大規模で、組織的で、洗練されていたということだろう。

戦争前から世界中、とりわけ中国主要都市に根を張って活動していた「軍営商社」や財閥系商社とは別のルートを開拓し、彼らと競争しつつ、海軍航空本部に必要な物資を調達することは困難な仕事だったのだ。

児玉機関はインテリジェンス機関だった

ところで、前述の文書や記録によれば、児玉機関と児玉の活動は、このような戦略物資の調達だけではなかった。昭和通商と同様に、それはインテリジェンス工作も含んでいた。そのことを示しているのがアメリカ側のＳＳＵ（Strategic Services Unit、戦略情報班、四五年九月に解散されたＯＳＳの後継機関、のちにＣＩＡと統合される）の「日本のインテリジェンス機関：中国における日本のインテリジェンス機関」という文書だ。

一九四六年六月四日戦略情報班報告書（一九四五年九月から一九四六年三月まで広東、天津、北平〔北京〕、青島、上海でＳＳＵが行った調査報告書）

5．児玉機関

一九四三年一一月、東光公司（社長）の水田光義が上海のブロードウェィのマンションで死体となって発見された。この殺人事件に対して、官憲による捜査はなされなかった。このため、彼の殺害は公的機関が命じたものだということが事実として通っている。児玉はすみやかにこの会社を児玉機関の会社に変え、インテリジェンス工作に従事させるために多くのならず者を雇い入れた。彼は大量の物資を買い入れ、上海にインフレを引き起こした。児玉のもとで、人々は計り知れない苦しみを味わった。

（中略）

児玉を海軍の戦略物資の買い付けのために上海に送ったのは、海軍航空本部の山県中将だといわれている。児玉は三〇億円相当の戦略物資を海軍に送ったと信じられている。これらの物資は前の戦争のあいだ、さまざまな方法で中国中から集められたといわれている。児玉は、これによって三二億円の個人資産を蓄えたとされている。

（中略）

児玉機関とは別に、児玉は華北と華南で戦略物資の調達に携わり、この目的で大公製鉄を設立したといわれている。彼はまた、武器の製造にもあたったという報告もある。児玉は南京臨時政府を樹立した梅機関の影佐中将とも親密な関係にあるといわれている。

中国で戦略物資を集めるうえで、児玉は岩田兄弟にかなりの仕事を任せていたということだ。


ともすれば、児玉の戦時中の活動は上海に限定されていたように思われがちだが、実際には東京と上海を中心としつつも、中国各地を飛び回っていた。事実、このＳＳＵの文書に附された児玉機関の組織図によると、児玉機関の本部は上海ではなく東京にあり、上海支部の下にも支部が四つあった。つまり、数こそ少ないが複数の都市に支部を持っていたので、児玉は中国各地を飛び回る必要があったのだ。

また、児玉は各地で戦略物資とともに、情報も集めていた。上海在住のロシア人I・J・レオナスなどは、児玉機関のインテリジェンス機関の面を重視して、四八年一〇月一九日付「中国における児玉についての調査報告書」（Report on KODAMA Investigation in China）のなかで、児玉が中国各地を飛び回ったのは、物資調達よりも情報収集に重きがあったからだとさえ述べている。実際その通りだったのだろう。

児玉自身は、自著の中では、自分が海軍少将山県正郷によって開戦前に上海に送り込まれ、そのままそこで海軍航空本部のために戦略物資の調達だけをしていたかのように書いている。だが、この文書では、児玉機関が上海で本格的に物資調達を始めたのは開戦から二年後の四三年で、しかも一一月に水田が殺害され、東光公司が児玉機関に引き継がれたあとだ、としている。

つまり、それまでにも児玉は物資調達のために上海にしばしば出入りしていただろうが、東光公司の存在があったため、ここに腰を据えて大量の物資の買い付けを行うところまではできていなかったということだ。やはり、競争の厳しい上海で物資調達機関として仕入れルートを確立し、実績を上げるまでには時間がかかったのだ。

したがって、水田殺害以前の児玉および児玉機関の活動は、物資調達というよりもインテリジェンス工作に重心があったと考えていいだろう。

もっとも、『阿片と大砲』を読むと、物資調達とインテリジェンス工作を分けて考えるのがそもそも間違いだと思えてくる。児玉機関も上海など主要都市の憲兵隊や守備隊に優遇されたが、それも昭和通商などの「軍営商社」に準じていたからだということがわかる。

児玉はレアメタル鉱山王だった

児玉の戦時中の活動でもう一つ注目すべきは、「華北と華南で戦略物資の調達に携わり、この目的で大公製鉄を設立した」という、SSUによる前述報告書の記述だ。これは児玉が上海で本格的に物資調達を始める一方で、これと前後して鉱山を開発したり、製鉄所を作ったりしていたことを意味する。

このことは、G－2やCIAがタングステン調達をしようとしたとき、なぜ児玉に目をつけたのかという疑問を解くカギになる。昭和通商もタングステンやモリブデンを調達してはいたが、彼らはそれをバーターで手に入れるだけだった。しかし児玉の場合は、鉱山そのものを所有していたのだ。

たしかに、児玉自身も戦後に自著や雑誌インタヴューで、戦時中にタングステンやモリブデンなどのレアメタルの鉱山の経営にあたったことを明らかにし、また、この方面についての豊富な知識を披露している。この事実は、四八年四月七日の衆議院不当財産取引調査特別委員会における吉田彦太郎の証言によっても裏付けることができる。吉田は委員長の武藤運十郎の

「戦時中はどのくらいの収入があったか」という質問にこう答えている。

収入と申しましても、私のところはみんな同志が集まって上海に行きました。その連中が兒玉から、こういう仕事を頼まれてきた、みんなでやらないかというようなことでやり始めまして、それから上海とか南方からもってくるモリブデンとかタングステンとかいうものが非常に払底してない。それで今度は日本にある鉱山の開発などをやってもらいたい。そういうわけで上海における私の方の商賣であげました黒字でいろいろなものを買いつけ、それを船で積んできまして海軍に渡して、その金を鉱山開発の金に充てたわけであります。これが欠損するばかりで、終戰前までになくなるはずのものが、あまり早く戰爭が終ったから金が殘った。殘った金を海軍にもっていきましたら、これはお前らの金で海軍の金ではない、お前たちにはまことに相濟まぬということで、海軍からまた金を十万円かお礼としてもらった。そのときに大体四千万円くらいの金があったと思います。

ここで吉田は、児玉機関が売買で得た利益を鉱山開発に充てた、と証言している。なぜ児玉がそれに手を出したのかは明らかだ。戦略物資が上海まで出回ってくるのを待っていたのでは、十分な量を調達できないし、仕入れ価格も高くなる。したがって、物々交換によって調達するのと並行して、中国各地へ自らが直接出向いて鉱山を開発したり、採掘したりすることになったのだ。日本軍があまり入り込まない地まで行って鉱山開発をすることは、日本軍のための情報収集にもなっていた。

また、児玉は戦局がいよいよ日本にとって不利になってきたとき、日本国内の鉱山開発までしたといっている。たしかに四八年六月四日にオニールが吉田に行った尋問で、吉田は以下の日本国内の鉱山を児玉機関が所有していたことを明らかにしている。

山梨県　塩山　乙女鉱山（タングステン、モリブデン）
滋賀県　鮎川（ひょうたん石）
京都府　鐘打鉱山（タングステン）
福岡県　福岡鉱山（モリブデン）
島根県　清久鉱山（モリブデン）
秋田県　平沢　北日本カーバイド会社（タングステン鉄、モリブデン鉄）

戦後になって児玉は、「緑産業」や「東京レアメタル」、「東京エタニットパイプＫＫ」など、レアメタルを扱う会社を経営した。のちにＣＩＡが注目したのは、インテリジェンス機関の長としての面のほかに、この「レアメタルの鉱山王」としての面だった。

児玉の自著やこれまでの雑誌記事や本は、児玉の上海での物資の調達だけに焦点を当ててきた。このため児玉機関と児玉の活動は、上海での物資調達に限定されていたかのようにいわれてきた。だが、実際にそうなるのは戦争末期に近づいていた四三年一一月になってからで、その前の児玉は、インテリジェンス工作や鉱山開発などにも及ぶ、幅広い活動をしていた。

児玉は略奪や残虐行為に手を染めていたか

ところで、「物資の調達」と一口にいうが、言うは易し行うは難しである。中国各地に物々交換のための物資を運び、現地の人々とそれらを交換し、あるいは現地の人々に鉱脈を掘らせ、そうして得たものを沿岸の都市まで運び、それを日本行きの船に積み込む。そのためには、いろいろなことをしなければならない。したがって、巣鴨プリズンでの勾留期間の後半では、児玉に強制労働と残虐行為の嫌疑がかけられていた。

のちのロッキード事件のときに、児玉に関するある風説が広まったのも、この時期の行動に関するものだった。その風説とは、児玉が戦時中に中国のある村を訪れたときに、まず見せしめに村長を射殺して村民をおびえさせて、そのあと取り放題に物資を取ったというものだ。たしかに児玉の尋問調書にも、このような記述は出てくる。だが、「そういう噂があったと誰それがいっていた」という確認不能な間接的伝聞でしかない。現在、事実を事実として記録した文書で、これを裏付けるようなものは出ていない。

『阿片と大砲』を読んでも、「軍営商社」がこのような強硬手段に訴えることもあるにはあったが、めったにしなかったことがわかる。たとえば、著者の山本が揚子江の砂州にできた崇明島に油草を買い付けにいったとき、彼は現地日本軍の分隊長から「一個分隊の兵隊とトラックをつけよう。あなたには護身用としてピストルを貸そう」という申し出を受けた。それほど現地調達はトラブルが多く、危険も多かったということだ。

ところが、山本はこの申し出を断ったという。その理由を彼はこういっている。「いくらわたしが一個分隊の兵を連れ、ピストルを手にして防禦してみたところで、ゲリラと遭遇すれば、そこが地獄の一丁目になることは確実であった。（中略）ここは大胆かも知れないが、思い切って素手でやり抜いた方が安全かも知れないと決心した。いわば、武装して危険を招くより、素手によって危険を遠ざけること」を選んだのだ。これは現地調達にあたった人間に共通していた知恵だろう。

児玉機関の古賀義雄は、別の理由も付け加えている。四八年七月一四日の取り調べで「暴力的手段で物資調達をしたか」とモナハンに尋問されたとき、彼はこう答えている。

小田原（支局長）からであれ、機関の誰からであれ、物資の買い付けに際し、圧力をかけたり強制したりするよう指示を受けたことはありません。児玉機関の方針というのは、まさしくそういうことをしないことだったのです。その理由は、もし圧力をかけたり、強制したりすれば、その時一度限りはいいとしても、そのあと私たちの評判は悪くなり、それ以降の商売は不可能になるからです。

つまり、現地の中国人に対して暴力を振るったり、いわんや残虐行為を行ったりすると、次からは一切寄り付かなくなり、もう買い付けなどできないということだ。

加えて、後発の児玉機関はハンディも負っていた。モナハンが中国へ出張尋問したＣ・Ｈ・陳（児玉機関と取引していた中国人）はこのように証言している。

児玉機関と物資を売買したり、取引したりするとき、脅されたり、強要されたりすることはありませんでした。児玉機関のポリシーは、売買業者の善意に訴えるということでした。というのも、日本陸軍や海軍の調達機関の間での競争が激しかったからです。中国人が物資の供出を強制されたり、そのために軍隊が動員されたりしたという噂を聞いたことはありますが、児玉機関に関する限り、このようなことはありませんでした。

陳は中国人とはいっても児玉と取引していた人間であり、古賀も児玉機関の人間なので、これらの証言はにわかには信じがたい。だが一方で、通信インフラが乏しい中国といえども、児玉機関が暴力をふるえば、その悪い噂は燎原の火の如く広がるだろう。仮に、児玉たちが表立ってするのではなく、中国人を使って非人道的行為をしたとしても、それが手先となった中国人の口から広がるのに、それほど時間はかからない。そして情報がいったん広がれば、それが忘れ去られるには長い時間が必要になる。

中国各地で起こった抗日運動のスローガンでも「日本や日本人からものを買うな」の次に挙げられたのは、「日本や日本人にものを売るな」であった。他の物資調達機関関係者も、いちように中国で物資を調達することがいかに難しかったかを語っている。やはり、物資調達にあたって暴力に訴えるということは、児玉機関にとって引き合わないリスクを冒すことだったということだ。暴力的手段をとらないことが児玉機関のポリシーであった、という陳や古賀の証言は信じるに足るのではないだろうか。実際、戦後極東国際戦争軍事裁判所がこの虐殺容疑について数ヵ月に渡って調査を行っている。だが、調査員たちは、児玉を有罪にするだけの証拠を集めることができなかった。

児玉は不正蓄財をしていたか

このほか、児玉が上海で買い付けをしたときに高値で安物を摑まされる失敗をしたとか、それを逆手にとって、安値で買い付けておきながら高値で買ったように見せかけて巨額のマージンをせしめたという伝聞や噂が、ロッキード事件のときに雑誌などに紹介された。

しかし、このような書き手でさえ、上海の物の値段の変動は早く、その幅も途方もなく大きかったことを指摘している。前述の山本などは、新京（満州）と上海とでは物価が三桁違っていて、新京支店からもらった給料では出張地の上海では生活できなかった、といっている。

また、前の引用で陳が証言しているように、児玉は陸軍や海軍や三井などと競争して物資を調達しなければならなかった。児玉は気前よく、即決で支払う（といってもたいていは物々交換で）ほかなかった。したがって、騙し取られたり、高値で摑まされたりすることもあっただろうし、逆に思いがけず安値で手に入れて大きなマージンが生じたりすることもあっただろう。だが、基本的に物々交換なのだから、マージンといっても、物資が手元に多く残ったというにすぎない。それは次の取引で物資と交換するためのものなので、すぐに換金するわけにはいかないのだ。

このような状況を踏まえると、児玉が蓄財をするのは、容易なことではないことがわかる。児玉が巣鴨プリズンでオニールなどに問い詰められたときも、比較的信頼できる日本円で、相対的に安全な日本の銀行口座（三菱銀行）に持っていたのは、五〇万円に過ぎなかったと供述している。もちろんこの当時の五〇万円は大金だが、噂されている三二億円よりはお話にならないくらい少ない。

これに対して、児玉機関が取引のために蓄え、終戦時残っていた物資は、モナハンが四八年七月一四日に実施した古賀義雄に対する尋問によれば、タバコ七〇～八〇ケース（一ケース五万箱入り）、砂糖七～八トン、塩七～八トン、マッチ七〇〇～八〇〇箱（一箱は縦・横・深さそれぞれ二メートル）だった。これは戦後の混乱期にわらしべ長者式の物々交換をすると、児玉のような特殊な商才のあるものにとっては、巨万の富に変えることができるだけの十分な元手になっただろう。

もちろん、国際検察局やG－2の取り調べでは一切述べていないが、児玉機関は昭和通商とおなじく、バーターのための「光物」も持っていた。そもそも、海軍が最初に与えた設立資金そのものが「光物」だったはずだ。それに物資調達を続けて行く過程で、機会をみて手に入れた物資を「光物」に替えていた可能性も否定できない。それを裏付けるように、大森実による前述のインタヴューのなかで、ダイヤモンドや貴金属を蓄えていたことを明らかにしている。といっても、海軍航空本部のための物資調達が任務なのだから、本来の目的を超えて物資を「光物」に替えるということをやりだしたのは、いよいよ日本の敗戦が明らかになり、物資の調達もできなくなった戦争末期の短い期間だろう。それ以前は、海軍の命令でもない限り、勝手に物資を換金したり、貴金属や宝石に替えたりはできなかったはずだ。

児玉の政治工作

児玉の物資調達は、他の「軍営商社」と同じく政治工作の面も持っていた。『悪政・銃声・乱世』で彼は、次のようにして、日中交渉の橋渡し役だった繆斌に資金を渡したといっている。

在南京総軍のある高級参謀からじぶんに、「かれ（繆斌）に工作費を出したいのだが、総軍の資金はつかえんから、機関のほうで出してはもらえまいか」という話があった。しかし機関としては、名分の立たぬかねは出せんので、けっきょくのところ、かれの縁辺が秘匿している鉄材を、いくぶん高値で買いとってやることになった。

おそらく、このような資金の出し方は繆斌に対してだけではなかっただろう。だが、政治工作やインテリジェンス収集の資金、さらには児玉機関そのものの維持費は、自分の才覚で稼ぎださなければならない。これは児玉機関に限らず、ほかの特務機関でも同じだ。児玉機関のような「民間人」のものはもちろん、軍の特務機関であっても、その資金や経費は国や軍から出るわけではなかった。それらは基本的にすべて機関自体が現地調達しなければならなかった。日本軍が中国各地で略奪や麻薬の売買や強制労働などに手を染めなければならなかった理由はここにあった。

ここがアメリカ側のインテリジェンス機関であるOSS（大統領直属のインテリジェンス機関）やG－2、ONI（海軍のインテリジェンス機関）と比較して違うところだった。これらはれっきとした政府と軍の機関であって、巨額の国家予算を与えられていた。その代わり、どんな名目でいくら使ったのか、しっかり報告し、会計処理しなければならなかった。これを怠ると、横領罪で訴えられた。

児玉機関は当然ながら会計記録をとっていたが、それは公開文書からは出てこない。だから彼が適正価格で買い付け、一切マージンをとらなかったとも、その反対だったとも証明できない。そもそも戦時中の上海の状況を考えれば、なにが適正価格で、どこまでがマージンなのかわからないのだ。

水田は誰に殺されたのか

この意味で、SSUの報告書にもでてくる「水田殺害事件」は改めて注目すべきだろう。水田光義は、児玉が上海にやってくる前から現地に根を張って物資の調達をしてきた東光公司を仕切っていた男だった。だが、軍などからある物資の大口の注文が入るという情報を手にすると、いちはやくその物資を買占め、高値になったところで軍に売り払い、巨額の利益を上げていたといわれる。

この類の男は、国賊とかいう以前に、物資の調達を妨げるので軍や特務機関にとっては邪魔だった。このため、水田が上海のブロードウェイのマンションで射殺体として発見されたとき、児玉が処刑したというほかに、軍が関わったという噂もあった。

たしかに、水田が殺害されたあと、東光公司は児玉に引き継がれた。状況としては、児玉が怪しいということになる。だが、自分たちに忠実な児玉からスムーズに戦略物資を手に入れることができるようになるのだから、軍の関与も考えられる。いずれの場合でも、すでに機関長に出世していた児玉が自らの手を汚したり、指示したりする必要はない。

わかっていることは、日本の官憲はまったくこの事件を捜査しなかったということだ。ＣＩＣの四五年一二月一二日付報告書（国際検察局文書所収）は、給料が安い上海の憲兵隊は児玉機関からいろいろな資金を得ていたので、児玉のすることは大目に見ていた、と述べている。

一方で、水田の会社を引き継いだ児玉は、水田殺害への関与の有無は別として、ひとつのことを深く胸に刻んだことだろう。つまり、軍と関係がある特務機関であることを利用して、本来果たすべき役目をなおざりにし、私腹を肥やそうとすれば、水田のように、誰かによって処刑されるということだ。

戦時中の児玉機関の実態には、まだ解明されていない部分もある。それでも、ＳＳＵの報告書などが明らかにする児玉機関の実態は、のちに日本のジャーナリズムが書きたてたのとはかなり違っている。児玉が終戦までに、莫大な資産を持つようになったとしても、それは軍や政府機関から与えられたものではなく、自らの才覚で得たものだということは確かなようだ。

第3章　巣鴨プリズンでの証言
――特務機関長からＧＨＱの協力者へ　占領前期

児玉は戦争犯罪容疑者指定に不満だった

四六年一月二五日、児玉はＡ級戦争犯罪容疑者の指定を受けて巣鴨プリズンに収監された。他に重光葵、緒方竹虎、近衛文麿なども同じ指定を受けている。だが、緒方は病気を理由に収監を免れた。近衛は周知のように服毒自殺を遂げて、入獄していない。

『悪政・銃声・乱世』によると、児玉はＡ級戦争犯罪容疑者指定にいささか不服だったようだ。まさか自分が戦争犯罪者リストのなかに挙げられるとは思っていなかった、と書いている。これは、Ａ級戦争犯罪容疑者にしてもらいたがった笹川良一とは対照的だ。

たしかに、児玉は軍部の独走に反対し、戦争を始めた統制派の東條を敵としていた。また、大アジア主義の立場をとり、五族協和、東亜新秩序を奉じ、石原や辻の東亜連盟に共鳴し、緒方とともに繆斌工作に加わるなど、和平工作にも熱心だった。

その児玉が、なぜＡ級戦争犯罪容疑者なのか。

国際検察局が児玉にかけた容疑は明確ではなかった。児玉を最初に告発したのは、左翼系経済学者でGHQに協力していた都留重人で、四五年一二月一七日付のCID報告書では次のように記されている。

秘密の情報提供者（Tsuru）は次のように報告している。中国北部で海軍のために買い付けをしていた児玉誉士夫は、戦争中に三五億円を蓄財した。そして当然ながら、彼はこの金額の金を、おそらくは財閥グループの下請けをすることによって作った。

つまり戦争を利用した不正蓄財だ。だが都留は具体的証拠を持っておらず、三五億円という金額も、財閥の下請けで大もうけしたという話も、伝聞だった。だが、これが「児玉機関三五億円資産神話」（SSU報告書では三二億円）のもとになった。

都留はGHQのニューディーラー（富の平等を求めるアメリカの社会主義的傾向を持つ人々）と一緒に財閥解体を実現しようとしていたので、児玉を軍と財閥の間に入り込んで不正蓄財した大罪人と見ていた。ある意味では当たっていなくもないのだが、少し偏向していて、しかもフォーカスがぼけた告発といえる。都留の告発の動機は、東久邇内閣参与となって箔がついた児玉が、日本国民党という国粋主義政党を立ち上げ、さらに鳩山一郎や軍関係者に対して気前よく資金提供しているのを見て、戦前の国粋主義者の復活を危惧したことにあるのだろう。

しかし、この都留の告発のあとも、児玉が軍の物資調達機関で働いていて、上海のブラックマーケットの大物だったという情報が、日本国内だけでなく中国からもＣＩＣに続々入ってきたので、ＧＨＱは児玉を問題視するようになった。

ブラックマーケットの取引に阿片が使われていたことはよく知られていた。加えて、児玉の『獄中獄外』を読んで、彼がきわめて戦闘的反米主義者であることに気がつき始めたＣＩＣは、児玉が戦後政治で影響力を持ち始めたことに懸念を抱いた。

四六年一月一九日、国際検察局のダグラス・Ｌ・ウォードルフは、児玉を巣鴨プリズンに収監することを決定したが、その理由を次のように述べている。

長年にわたり暴力や演説や著作や国家主義的結社での指導力を通じて侵略を助長してきた記録があり、かつ、最近の政治結社作りや発言が将来の治安にとって脅威となるがゆえに彼を逮捕すべきである。

つまり、筋金入りの国粋主義者の児玉が、再び国粋主義的団体の組織作りや保守的政党への支援を始め、それが他の国粋主義者やアジア主義者を再び勢いづかせ「将来の治安にとって脅威となるがゆえに」、彼を巣鴨プリズンに隔離したということだ。思想・表現の自由を国是とするアメリカのやるべきことではないとも思えるが、ある意味では児玉を正当に評価していたといえる。

占領軍が進めていた「民主化」とは、旧体制とそれに結びついた勢力をひとまず打倒することにあるのだから、社会党はともかくとして、国粋主義者や保守政治家が児玉を通じて結びつき、以前の勢いを取り戻すのは困るのだ。

政治プロデューサーになった契機

戦後の児玉を論ずる際に理解しておかなければならないことは、この国粋主義者が自分で表舞台に立って政治を動かそうとしなくなったことだ。もちろん、日本国民党など国粋主義的団体も作ってはいるが、これはプロパガンダのためのもので、日本の政治を動かそうというものではなかった。戦時中に笹川良一とともに翼賛選挙に出馬したが、自分だけ落選した。以来、児玉は自分は人前で何かをするたちの人間ではないのだと思い定めたのかもしれない。

いずれにせよ戦後の児玉は、自分が直接政治に携わることはなくなった。むしろ、政権を担いうる政治家に便宜や資金を供与して「培養」し、彼をさまざまな勢力と結び付けて、自らのプロパガンダ機関を使って、政治をプロデュースすることで、間接的に政治を動かすようになった。プロパガンディスト、インテリジェンス工作員から政治プロデューサーへの脱皮だ。

その手始めが鳩山一郎の「培養」だった。児玉は自ら日本国民党を作るかたわら、実業家で政商の辻嘉六を通じて、鳩山一郎に自由党創設のための資金を与えている。彼を総理大臣にすることによって、日本の政治をプロデュースし、自ら望むことを実現しようと考えたのだ。

ちなみに、歴史学者の松尾尊兊《たかよし》は、『本倉』所収「児玉ルート断片」のなかで、児玉が鳩山に渡した巨額の政治資金の一部は、鳩山が提携しようと考えていた西尾末広に流れ、社会党の創設資金の一部になった、という疑惑を指摘している。そうだとすれば、児玉は社会党幹部まで培養していたことになる。

松尾はこれを京都府警察部長青木貞雄から内務大臣山崎巌と近畿地方総監安井英二に宛てて出された秘密報告書を引用しつつ述べているので、信憑性は高い。この西尾は、のちに社会党書記長になる。第八章で詳しく述べるが、西尾はCIAの分断工作により、六〇年に社会党と民社党に分裂するときも中心的な役割を果たしている。

ただし、児玉が政治プロデューサーとして活躍するのは、もう少しあとのことになる。なぜなら、彼は四六年一月二五日午後二時半に巣鴨プリズンに収監されてしまうからだ。四七年五月二四日のG－2の勧告書は次のように述べている。

過去の実績からして、児玉は時代遅れの思想家や、日本の戦争努力に自らの愛国心や職業的利益のために力を貸した人々よりも危険とG－2が考える類の人間だ。彼の過去の記録と将来の危険性に鑑みて、G－2は告発の基礎とするべく細心の注意を払って被告を取り調べることを勧告する。

やはり、G－2も、どちらかというと、過去の行いよりも、将来の危険人物になりうるという理由で、起訴を念頭に置きつつ念入りに調査するように勧告している。このコメントを前に引いたウォードルフのコメントと合わせて考えると、G－2は政治プロデューサーとしての児玉の潜在能力を恐れていたとも受け取ることができる。

注目すべきは、児玉が尋問を受けたときに通訳をしていたのが、福田太郎だということだ。彼は堪能な英語を活かして、日本軍の捕虜になったアメリカ兵に母国へ向けて満州からプロパガンダ放送を行う仕事に携わっていた。戦後は日本に帰国して、児玉の尋問の通訳をしている。彼はのちに児玉とロッキード社の連絡係となる。

阿片コネクションで釈放に待ったがかかった

児玉の取り調べは半年後にはほとんど終わり、アーサー・サンダスキー大尉は次のような報告書を、四六年六月一一日付でまとめた。

1．数ヵ月前、児玉を巣鴨プリズンから釈放する努力が、アメリカの弁護人ジョゼフ・ローゼン大尉によってなされた。釈放については、児玉が中国での麻薬売買に関わっている可能性が高いということで、麻薬売買容疑という面から、ホナデイ中佐による反対を受けた。しかしさらに調査した結果、児玉と麻薬売買とのいかなる結びつきも確認できなかった。

２．ほかのすべての事実も釈放を是とするなら、被告を釈放することに異存はない。ジョン・ハメル少佐もこれに同意している。

文中にでてくるホナデイとは、里見甫《はじめ》を取り調べたことで有名なウィリアム・ホナデイ中佐のことだ。里見は、中国人相手に阿片を売って、陸軍のための機密費を集めた「里見機関」のトップだった。

この報告書からは、児玉を取り調べたローゼンがはやばやと無罪という判断を下し、釈放を求めていたことがわかる。だが、里見機関などを使った麻薬売買などによる資金調達を調査していたホナデイが、それに待ったをかけていたのだ。

しかし、さらに調査してみたところ、児玉はやはり白という判定が出たとしている。にもかかわらず、ＧＨＱは児玉を釈放しようとはしなかった。

なぜだろうか。

それを示すのが、ホナデイが四六年三月一四日に児玉に尋問したときの次の発言だ。

さて私は二つの信頼できる情報源から、児玉機関が麻薬や薬物の売買に関わっていて、そこから巨額の利益を個人的に上げたという情報を得ているとあなたに申し上げる。その点については、あとで私が、あるいは私の部下の一人を遣わして訊くので、しばらくそのことをよく考えていただきたい。（中略）また、児玉さん、あなたに分かってもらいたいのですが、私があなたに尋問するのは、私が知る限りでは、中国で阿片や麻薬の売買にあなたが手を貸したことを罪に問うためではありません。私たちがしたいのは、そのような売買を命じ、コントロールした政府の指導者の罪を問うことです。あなたはそうした趣旨の情報を提供しうるので、それを私は求めているのです。

つまり、ホナデイは児玉が阿片売買に関わっていた証拠を握っているが、それで児玉を罪に問おうという気はなく、児玉にそれを命じ、また麻薬売買全体をコントロールしていた政府指導者を罪に問いたいのだといっている。これは巧みに取引をもちかけているととれる。児玉がホナデイら検察側に日本軍の麻薬売買についての情報を与えるならば、児玉自身がそれに関わっていたことには目をつむるということだ。

これに対して、児玉はこう答えている。

中国へ行ったときから、当地での商取引に関して疑いをかけられることを考えて、中国での商売や取引についてはすべて記録し、それらをファイルに保存してある。それらは隠してある。しかし、必要な質問には答える気はあるので、ファイルの隠し場所をあなたに教えます。それを読めば私が麻薬売買と関係がないことがわかります。

児玉のこのファイルには彼の取引の相手、すなわち海軍や陸軍やその調達業者、万和通商や昭和通商についての情報も含まれている。自分の阿片売買の嫌疑を晴らすためとはいえ、これらの組織の情報を国際検察局に渡すのは抵抗があっただろう。だが、児玉もさるもので、自分をクビにした陸軍参謀本部や昭和通商についてのみ「密告」している。

いずれにせよ、四六年の夏以降、児玉は危険人物というより、連合国側の重要な情報提供者にして協力者であるがゆえに、巣鴨プリズンに留め置かれることになった。児玉としては、不本意だっただろう。

暴かれた児玉と昭和通商の関係

それから一年以上たった四七年七月二一日に児玉はウィリアム・エドワーズ検察官との間で次のようなやり取りをしている。すこし長くなるが極めて重要なので、以下に引用する。

Q　あなたが特別な情報だと思うものを話してください。

A　三九年から四一年の終わりに大東亜戦争が始まるまで、陸軍参謀本部で働いていて知ったことを話しましょう。

Q　ぜひそうしてください。

A　四〇年に陸軍は、将来アメリカと戦争するための経済的準備を始めました。彼らが南方から軍需物資を手に入れる方法は二通りあった。一つは合法的方法で、もう一つは非合法的方法でした。

Q　では、まず非合法のほうから話してください。

A　四〇年《ママ》（実際には三九年）に陸軍は昭和通商という会社を作った。これは日本の歴史上、初めて陸軍が作った会社です。

（中略）

Q　参謀本部第八課の民間特務員として、あなたが昭和通商について知っていたかどうか話してください。もし、そうでなければ、どのようにしてそのような情報を得たのか話してください。

A　第八課のメンバーとして、私は香港や上海その他の中国の都市に旅行しました。こうした関係のなかで、昭和通商の人間と知り合いになりました。昭和通商の社長が会社についての情報を話してくれたのです。

Q　社長の名前は何ですか。

A　堀三也です。

Q　いつ最初に会いましたか。

A　四〇年です。

Q　どんな状況で会いましたか。
A　参謀本部の臼井（茂樹）大佐を通じて会いました。
Q　陸軍省、すなわち三宅坂の臼井大佐ですか。
A　三宅坂の参謀本部第八課課長の臼井大佐です。

児玉はここで、彼のどの自著にも書いていないことを話している。つまり、陸軍はアメリカとの戦争に備えるため、非公然かつ非合法的に物資調達に乗り出すのだが、そのダミー会社として作ったのが昭和通商で、自分はその社長と知り合いだったということだ。アメリカから見れば、陸軍参謀本部は三九年の段階で事前に共同謀議によって戦争を計画していたことになる。戦争犯罪者とされた日本軍人の多くは共同謀議罪に問われたが、まさしく昭和通商設立をめぐる動きがそれにあたる。

また、この証言は、児玉が参謀本部第八課のためにしたことは汪兆銘の護衛だけでなく、中国各地へ旅するなど、他の任務も果たしていたことを暗示している。にもかかわらず、児玉は辻政信と東亜連盟の運動を行ったために陸軍ににらまれ、辻は台湾にとばされ、児玉は日本に帰国しなければならなくなった。児玉が陸軍の物資調達のダミー会社である昭和通商の秘密を暴露しているのは、その復讐の意味もあるのだろう。

このあと児玉は、陸軍に関わる致命的なまでにスキャンダラスな秘密を暴く。しかも槍玉にあげたのは、皇道派の宿敵である東條英機と武藤章だった。

A　昭和通商がどんな性格の会社かは、もうお分かりでしょう。それは陸軍の完全な統制下に置かれていました。日本の戦争努力にとって、最重要なのはタングステンでした。この会社はタングステンを得るために、相手にヘロインを渡したのです。代価として使ったのです。

Q　起訴されている東條と武藤が、昭和通商でどのような役割を果たしていたか知っていますか。

A　東條と武藤の両方とも、この会社設立に際して、役割を果たしていました。なにせこの会社は陸軍軍務局の直接的支配を受けていたのですから。

Q　昭和通商が作られたとき、誰が軍務局長でしたか。

A　武藤です。

Q　東條と武藤が昭和通商の設立に重要な役割を果たしたと、どうしてわかるのですか。

A　（中略）第一には、各支社長に陸軍関係の文民という地位が与えられ、派遣されると武器を持ち、制服を着たからです。第二には、この会社はタングステンを得ようとしてヘロインを売り、またお金を得るために中国奥地で古い武器を売ったからです。

極東国際軍事裁判で東條と武藤は死刑になっている。開戦当時総理大臣の地位にあった東條はしかたないとしても、直前まで日米開戦回避に努力した武藤がなぜ共同謀議罪なのかと、これまでもいわれてきた。武藤本人も自著『比島から巣鴨へ』のなかで、疑問を呈している。

だが、児玉の証言に従えば、当時陸軍軍務局長だった武藤は東條とともに、戦争準備のための物資調達機関として昭和通商を設立するなど、戦争のための共同謀議に直接的に関わっていたことになる。しかも、このダミー会社は、戦略物資と引き換えにヘロインを相手に渡していたのだ。そのヘロインが中国人民に対してどう使われたかを考えれば、武藤の罪は軽いとはいえない。

児玉はヘロインの買い付けをしていた

では、このヘロインの取引に児玉は一切関わっていなかったのだろうか。検察官エドワーズは、巧みにこの点も児玉から聞き出している。

Q　児玉さん、日本の陸軍が昭和通商を通じてヘロインを売ってタングステンを得たことを、あなたはどうして知っているのですか。

A　なぜなら、昭和通商の堀さんが私に、日本の製薬業者からヘロインを買い集めるようにいわれたからです。日本ではこのようなことは違法なので、私はこの取引をするのが恐いといいました。それで、どんな権限に基づいて私に命令するのか、と堀氏に訊ねました。堀氏は、昭和通商は陸軍から権限を与えられているし、軍務局の承認を得ているので大丈夫だ、と請け合いました。このことを確かめるために、私は参謀本部第八課の臼井大佐のところに行きました。彼は、昭和通商のことは知っている、第八課が認めているのだからこのような取引はまったく合法的だ、そのうえ陸軍は昭和通商から秘密資金を二、三〇〇万円引き出そうと計画している、といいました。

Q 臼井大佐がそれをあなたに請け合ったとき、軍務局長として武藤はそれに承認を与えましたか。児玉さん、陸軍あるいは陸軍省は昭和通商の事業から二、三〇〇万円の資金を作ろうと考えていたと理解してよろしいのですね。

A 軍務局長が認めているのだから問題ないと彼はいいました。

Q そしてその時の軍務局長は武藤だったのですね。

（中略）

A 誤解して欲しくないのですが、陸軍はこの会社を通じて儲けようとしたのではなく、戦争準備のために必要な物資を非合法的に調達しようとしたのです。陸軍省の人々はこのような資金源から秘密の資金をさらに使うことができたということです。

Q 私はあなたのいったことを誤解しているとは思いませんが、誤解していたら正してください。昭和通商は戦争に必要な物資を得るためにヘロインを売るなどした、そしてその利益は、今度は機密費の金庫に入り、戦争遂行と同じくらい重要な事柄に使われるか流用されたということですね。そういうことでよろしいですか。

Ａ　その会社はヘロインを中国に持ち込み、それと引き換えにタングステンを受け取りました。この時点で大変な額の利益が生まれました。陸軍はタングステンを手に入れるという目的を果たし、加えてその利益を機密費として使いました。

ここで児玉は、自らも昭和通商のためにヘロイン調達に関わっていたことを認めている。だが、彼はそれが「命令」だったとし、その「命令」はどんな権限に基づくものなのかを確かめたとしている。権限は軍務局長武藤にあり、それを陸軍の支配下にある会社の社長である堀が行使しているのだということだ。民間人とはいえ、参謀本部第八課に所属している児玉はこれに従わざるをえない。そういう理屈だろう。

そうではあっても、児玉がホナデイに対して、自分は阿片取引と関係していないといったことは事実ではなかった。彼としては、自分がトップを務める児玉機関については、麻薬取引はなかったというつもりだったのかもしれない。

児玉と里見の関係

エドワーズはさらに児玉の麻薬取引について、もう一歩踏み込む。

Q　あなたは里見を知っていますか。
A　知ってはいますが、その当時は知りませんでした。
Q　里見が上海にある宏済善堂（the Joint Commission in Shanghai on narcotics in China）のメンバーであることは知っていましたね。
A　知っていました。
Q　児玉さん、あなたの記憶では、円換算にして全部でどのくらいのヘロインを昭和通商のために買い集めましたか。
A　私は二回買い付けをやって、あわせて七、八〇万円ほど買い集めたと思います。
Q　七、八〇万円のヘロインを日本の製薬業者から買い集めるために、あなたは日本円をどこから得ていたのですか。
A　昭和通商の堀社長です。
Q　堀氏はどこから資金を得ていたか知っていますか。
A　昭和通商は陸軍の支配下にあるのですから、陸軍の許可を得て、この筋から資金を得ていました。
（中略）
Q　円は軍務局長から出たのですか。

Ａ　この種の取引は軍務局長が書類に判を押さない限り実行されないのです。

臼井の前任の第八課課長は、汪兆銘工作で有名になる影佐禎昭だった。そして、影佐の工作資金が、阿片売買で資金を集める里見機関からでていたことも良く知られている。

児玉は「この当時」（おそらく三九年のつもり）は知らなかったといっているが、児玉が里見と初めてあうのは四〇年のことで、立派に「当時」だ。

児玉は国内の製薬業者から集めたといっているが、それが本当だとしても、堀が児玉に買い付けを頼んだのは、児玉が影佐・里見コネクションを持っているからだろう。

それにしても、児玉が七、八〇万円相当の買い付けを行っていたというのには驚く。陸軍全体が昭和通商を通じて引き出そうとした資金が二、三〇〇万円なのだから、それに占める割合は高い。ヘロインに関しては、児玉は昭和通商きってのバイヤーだったのかもしれない。

しかし、児玉や里見がいくら活躍したとしても、責任は軍務局長である武藤が一手に引き受けなければならなかった。このことは武藤が死刑とされる理由の少なからぬ部分を占めているだろう。

一方、ホナデイの尋問で明らかになったように、ＧＨＱは児玉を阿片売買で罪に問うつもりはなかった。というのも、阿片王といわれた里見すら戦争犯罪に問わないことを決めていたからだ。ＧＨＱが里見の阿片売買のことを暴くと、それに関わっていた中国国民党も同じく戦争犯罪に問わなければならなくなる。とくに蔣介石の諜報機関である藍衣社《らんいしゃ》を率いる戴笠《たいりゅう》がこの方面に深く関わっていたとされる。

それに、阿片を資金源にしたのは、なにも日本の陸軍に限ったことではなかった。そもそもこのような非人道的搾取の仕組みを考え出したのはイギリスだった。日本陸軍も国民党もそれを真似しただけだ。里見を罪に問わないことにした以上、児玉も有罪にはできない。児玉は、自分は比較的安全な立場にいて、とりわけ武藤にとって致命的な証言をすることができた。

今度は右翼団体調査のために釈放見送り

四七年八月二二日付で国際検察局のサンダスキーは、ジョゼフ・キーナンに対して次のように勧告した。

1. A・B・C級戦争犯罪人として起訴できるような証拠もなく、今後そのような証拠が発見できる見込みもないので、児玉誉士夫の拘束を解くことを勧告する。
2. 現在調査中の昭和通商の組織と活動に関連してさらに尋問をするために、彼を利用できるような取り決めをすることをより強く勧告する。

つまり、児玉を戦争犯罪者として起訴できる見込みはないので、釈放したほうがいい、ただし、昭和通商など陸軍の共同謀議に関わった機関の情報を握っているので、交渉して協力してもらってはどうかということだ。

これに対し、ジョンソン・マンロー検察官は、四七年九月九日の文書で、以下の点で共同謀議の嫌疑があるので、引き続き尋問を続けるべきだとした。

1．日本のアジア進出を促す政治結社に参加し、あるいは政治結社を作った。
2．日本のアジア進出を促すプロパガンダを記事やパンフレットや演説で流した。
3．日本のアジア進出を促進する方向に国内政治を変革する革命や暴動を計画した。

とはいえマンローは児玉からとくに以下の点を聞き出すべきだとしている。そこには児玉を起訴するというより、いろいろ情報を引き出したいという思惑が透けて見える。

1〜3．日本にはどんな右翼団体があり、それらが戦争の共同謀議にどう関わっていたのか。
4．右翼団体はどのような機関からどのような資金援助をえていたのか。
5．児玉と八月会との関係、これと関連して児玉と神兵隊、黒竜会、東光会との関係。
6．児玉と血盟団、独立青年社との関係。
7．児玉と国粋大衆党と笹川良一との関係。

実際、このあと、児玉は上記の右翼団体について尋問を受け、そのあと上記の右翼団体の各々について報告書が作成されている。

今度はタングステンとB・C級戦犯容疑

それも終わり、四八年三月に検察官L・P・B・リプスコムは、こう述べている。

昭和通商が阿片とタングステンをバーター取り引きするために七〇万円から八〇万円の間の阿片を買い付けたというが、この取引だけをもって人道に対する犯罪を構成すると断じるには無理がある。むしろ、日本の国内法に照らして、彼の阿片売買を罪に問うほうがいいのではないか。

これに対して、オニールは四八年七月七日の文書でおおむね次のように答えている。

資料や尋問から、児玉が海軍航空本部のために戦略物資を調達したり会社などを経営したりしていることがわかっているので、中国での活動において児玉がB・C級戦争犯罪を冒していないか明らかにしたい。

そこで、吉田彦太郎、岩井英一、相馬直正など児玉に関係した一三人が旧陸軍省の庁舎の三〇〇号室に七月から八月までのあいだに召喚され、尋問された。だが誰一人として、児玉に不利な証言をする人間はいなかった。これは予想されたことだった。オニールも同文書に「児玉が釈放されれば、彼が持っているものの分け前に与れると思っているので、みんな証言することを嫌がっている」という分析を書いている。

そこでオニールは、中国ならば被害を訴える人が見つかるかもしれないと思って出張したが、ついにそのような人は出てこなかった。例外的に、オニールの新聞広告を読んでコンタクトをとってきた中国人がいたが、会う約束をしても、待ち合わせ場所に姿を現さなかった。

児玉と多少とも関わりのあった中国人は、児玉との関係が知れれば奸漢《かんかん》裁判にかけられる恐れがあるし、児玉と関わりがなかった中国人は、たとえ被害を受けていても、その責任が児玉にあることを知らなかった。

中国に留まっている日本人にいたっては、たとえ児玉を嫌っていても、日本人を罪に問おうというアメリカ人検察官に対して不利な証言をしようとはしなかった。もはや、児玉をいかなる戦争犯罪にも問うことはできず、彼を釈放するしかなかった。ただし、G－2も指摘してきたように、塀の外にでれば国粋主義的政治団体を作り、おそらくは反米的な運動をする恐れがあるので、問題はいつ釈放するか、だった。

児玉をなるべく巣鴨プリズンから出したくないGHQは、水田殺害に直接かかわったという嫌疑をかけ、児玉機関の資産の行方についてもしつこく追及し、釈放を引き伸ばした。

四八年六月一四日付調書によると、モナハンの児玉に対する質問は、水田殺害とその後の児玉機関の事業拡大、戦略物資調達と並行して行われたインテリジェンス工作と鉱山開発、さらにはこれらの活動の結果としての資産の蓄積について向けられている。

しかし、児玉は次のようにして巧みにかわした。水田が殺害されたときは、上海の飛行場にいた。また、東京と上海その他の中国の都市の間をいつも動きまわっていたので、事業拡大といっても全体像を把握しているわけではない。物資調達やインテリジェンス工作を行ったことは認めるが、その内容については、はっきり記憶していない。児玉機関の資産については、記録したものがあるので、それを提出する。

児玉機関の資産目録

実際、児玉は国際検察局の調査官に帳簿を提出したが、目録は次のようになっていた。

終戦時児玉が所有していた資産は二六五三万九七二九円で、事業および計画の内訳は以下の通り。

1. 東京運送(Tokyo Goods Express) 二〇〇人ほどの復員兵の福祉のために創設され資金

は二〇〇万円ほど。

2. 調布の戦災孤児の養護施設　戦災孤児を引き取り、彼らを農業に従事させて育てる。三〇〇万円の基金によって一〇年分の経費をまかなう予定。

3. 日本食糧協会　食料事情逼迫《ひっぱく》に対処するため米の代替としてジャガイモを生産する。五五〇万円の基金で事業所を全国に作る。

4. 緑漁業　終戦の前に福島県小名浜に二〇〇万円の資本金で設立され、児玉機関の機関員に退職後の仕事を提供している。

5. 大和組運送部　終戦前、児玉機関は高浜倉庫を運営し、海軍関係の輸送を引き受けていた。戦後アメリカ軍のために仕事をすることになり、トラックや施設の修理などに二六〇万円の投資を行った。

6. 日南鉱業（タングステン鉱山）　終戦とともに事業が中断されたが、再開の見込みのもとに五〇〇万円が留保されている。

7. 北日本カーバイド　終戦の前は児玉機関の業務の一部だったが、終戦後は四〇万円を投資して製塩事業に転換し、月産五キロトンの塩を生産している。

8. 福岡モリブデン鉱山　海軍の要請により児玉機関が引き受けたが、現在は休業している。再開する見込みのもとに三五万円が留保されている。

9. 千葉東葛飾土村農場　調布の戦災孤児施設に食料を供給するためのもので、二五万円の資金で経営する計画。

10．大陸から引き揚げてくる児玉機関員のための資金　一五〇万円。

11．戦災を受けたさまざまな施設の修繕費　三〇万円。

以上のように、三菱銀行番町支店に五九三万九七二九円が預金されている。

韓国のソウルに五八〇万円相当の資産がある。

さらに児玉はこう説明している。現在残っている資産は、かつてのごく一部でしかない。資産額とその行方については、正確な額は自分もわからないが、自分と吉田とで分け合い、手元に残ったものは仕事を失った機関員に分け与えた。

児玉機関の資産は七〇〇〇万円だった

児玉は国際検察局のウォードルフの取り調べに対しては、少し違う答えをしている（四七年四月二一日付）。それによれば、児玉機関の資産の総額は当時の日本円に換算して七〇〇〇万円だったという。しかも、そのほとんどは現金ではなく、鉱山や土地、工場で、現金は三菱銀行の口座に預金してあった四〇万円だけだった、と主張している。

そして、この資産の三分の一を児玉自身がとり、残りは側近の吉田彦太郎に与えた、と述べたうえで、三分の二もの資産を吉田に与えた理由を、次のように説明している。

自分は東京と上海のあいだを行き来していたので、上海に駐在して、中国各地の支所を差配したのは吉田だった。吉田は沢山の日本人と現地中国人を使っていたが、彼らは戦争が終わって職を失ってしまった。彼らが戦時中にしてくれたことに対してそれなりの金を渡す必要があるので、吉田に三分の二を渡し、彼を通じて部下に分け与えた。

なるほど、児玉ならずとも、このような状況になれば、そうするのももっともだと一応は納得できる。前に見た児玉機関の資産目録にしても、どのような施設（多くは戦災孤児や機関員のための厚生福祉目的）に投資されているか、使用される予定になっているか記されている。ただし、児玉が自分で述べている通りにしているかどうかは確かめようがない。部下に訊いたところで、それが本当であれば、その通りにいい、嘘ならば口裏を合わせるので、児玉がいったことを繰り返すだけだろう。

児玉の部下吉田彦太郎も、オニールから事情聴取を受けたとき、児玉陳述書に沿う証言をしている。第二章に引用した吉田の衆議院不当財産取引調査特別委員会でも、終戦当時吉田は四〇〇〇万円ほどの資産を持っていたと述べている。これは児玉のいう七〇〇〇万円の三分の二にほぼ匹敵する。

五三年七月二日付ＣＩＡ文書によれば、鳩山が自由党を作るときに児玉が与えた政治資金は一〇〇〇万円でしかなかったという。これは当時としてはかなり巨額だが、俗説でいわれる資産総額の三二億円と比べれば、拍子抜けするほど少ない。

このことから、児玉がウォードルフにいったことは本当で、児玉は七〇〇〇万円の三分の一しかもっていなかったことを証明しているように思える。

児玉は、自分の取り分の半分にあたる一〇〇〇万円を、鳩山一郎に自由党設立資金として与えたとしている。さらに、児玉は引き立ててくれた大西瀧治郎中将の遺族をはじめとして、実によく海軍関係者の金の面倒を見ている。これで残りの一〇〇〇万円のかなりの部分が消えただろう。となると、これまでの伝説とはまったく正反対で、終戦直後の児玉の懐はかなり不如意だったと考えられる。

たしかに、後ほど詳しく述べるように、巣鴨プリズンを出たあとの児玉の猛烈な稼ぎぶりと働きぶりは、目を見張るものがある。数十億円もの資産を持つ人間がこんなに働くものだろうかと思わせるほどだ。

したがって、こう考えてはどうだろうか。児玉機関自体の資産は、児玉がウォードルフに述べたように、七〇〇〇万円ほどだった。それも、現金ではなく、砂糖や食用油やたばこのような物々交換用の物資やタングステンやモリブデンのような戦略物資が大半だった。しかも、三分の二は、彼が取り調べの際に主張したように吉田やその部下に与えたので、自分の手元に残ったのは資産目録が示すように二〇〇〇万円前後だった。

モナハンやオニールなど取り調べ側は、このあとも児玉機関の資産について関係者から証言を集め続けたが、結局児玉の供述を覆すような証拠を摑むことはできなかった。

しかしながら、これは国際検察局の調査官や検察官が公式に知りえたことにすぎない。必ずしも、児玉機関の資産の全貌を解明したわけではない。

児玉機関の資産はどこへいったのか

この資産の処理について、終戦直後に海軍大臣の米内光政に相談した、ということを児玉はよく話す。そして、重要なのはそれに続く部分で、米内は児玉に対してこう応えたという。それは海軍がなくなったのだから返さなくていい、そのかわり部下と日本のために使ってくれ、と。

米内の真意は、児玉機関に預けた資産は終戦後予想されるさまざまな困難に対処する原資としたいということだろう。児玉に一時的に託して、隠匿してもらう。必要なときが訪れれば、それらを換金してもらって、児玉から資金として出してもらうということだろう。

その証拠に、児玉は終戦後に東久邇内閣の参与に大抜擢されている。推薦したのは緒方竹虎と重光葵だ。児玉のほかには、作家の大佛《おさらぎ》次郎なども参与に任命されていた。

児玉が現在考えられている以上に重要人物だったとしても、テロリストあがりの特務機関の機関長を、この重要な時期の内閣参与の地位につけるだろうか。やはり、この任命は、国際検察局が把握した以上の資産を児玉が留保していて、当時の政府関係者が必要とするときには、彼から引き出せると思ったからではないだろうか。

児玉を参与に推薦したのが、外務大臣の重光と情報局総裁の緒方だということも、この推測を裏付ける。重光は児玉の恩人である笠木の上司で、緒方は児玉を繆斌工作に引き込んでいる。そして、両者とも児玉機関の実態をよく知っている部類に入る。

もちろん、児玉機関の資産は、東久邇内閣と鳩山の自由党のためのほかに、海軍関係者の「遺族年金」の原資にもなっていた可能性もある。事実、児玉が海軍・特務機関関係者やその家族に家を買い与えたり、事業の元手を出したという話は多いのだ。

それに、前に見た大量の物資やバーター用に蓄えた「光物」は一度に換金することはできないので、児玉は少しずつしか処分できなかったはずだ。鳩山の金庫番河野一郎が、自由党の政治資金を得るために、児玉と一緒にダイヤモンドを売り歩いたという噂もあるほどだ。

また、「光物」でない物資に関しては、戦争末期には海上輸送ができなかったことを考えると、日本に持ち帰るというより、中国の現地のどこかに隠したと考えるべきだろう。

しかし、戦後の日本の状況では、これらの物資はおおっぴらに取りにいくわけにはいかない。戦後にそうしようとすれば、「持ち帰る」のではなく、「密輸」になってしまうからだ。それでも、「取りにいく」ことはできるが、その回数や持ち帰る量は、CICやG－2のお目こぼしがあったとしても、限定されてしまう。にもかかわらず、児玉ならば「取りにいける」し、あとで述べるが、アメリカの情報機関は、実際にそれを彼にさせるのだ。

しかしながら、このような児玉による「光物」の換金や中国からの「密輸」によって、「年金」を受け取ることができたのは、海軍でもごく一部の幹部とその遺族だったに違いない。

のちにロッキード事件のとき、DC10を導入しようとした全日空社長がM資金に手を出したと児玉らに書きたてられたため退任に追い込まれたことがあった。このM資金とはGHQの経済科学局（ESS）のウィリアム・マーカット少将のことだという人がいるが、そのようなものがあったとすれば、GHQが児玉から没収した資産ともなにか関係があったのではないだろうか。少なくとも児玉がそういうものがあるといえば説得力を持ったのだろう。

いずれにせよ、国際検察局とSCAPの記録に残っている以外の児玉機関の資産の実態とその行方については、推測の域をでない。

児玉は収監からおよそ三年後の四八年一二月二四日、無罪放免となった。

―― GHQの協力者からG―2秘密工作員へ 占領後期

児玉はGHQと取引して釈放されたのか

従来、児玉が四八年一二月二四日に釈放されたのは、彼とGHQとの間になんらかの取引があったからではないかといわれてきた。だが、前の章でも見たように、児玉の尋問はおよそ三年の長きに渡って継続的に行われているので、GHQが児玉を釈放したのは、特別に手続きを早めたわけではない。むしろ、GHQは釈放を不当に引き延ばしていた。

にもかかわらず、モナハンとオニールの児玉機関関係者への取り調べが、四八年の七月から八月にやや集中して行われている点は注目すべきだろう。

というのも実は、戦争直前に南京で児玉と共同戦線を張った辻政信が、同年五月に中国国民党によって日本に送り込まれていた。辻は終戦をタイで迎えたが、現地イギリス軍に降伏しなかった。数々の虐殺行為を命じていたため、戦争犯罪者として有罪になることが確実だったからだ。そこで彼は僧侶に姿を変えタイから「潜行」して南京にたどり着き、国民党国防部第二庁第三研究組で対ソ連インテリジェンスを担当した。

辻本人は『潜行三千里』のなかで国民党に帰国を許されたと書いているが、これは事実とは違っている。その証拠に辻と同じような「帰国」の仕方をしている人間がほかにもいる。辻の前に国防部第二庁第三研究組で対ソ連インテリジェンスを担当していたのは土居明夫中将だが、CIA文書には日本で中国国民党のために対ソ連インテリジェンス網を築くべく日本に送り込まれたと明確に書かれている。

さらに注目すべきは、児玉の釈放からおよそ一ヵ月後の四九年一月二六日に、支那派遣軍の総司令官だった岡村寧次大将が中国国民党によって「放免」され、二月三日に日本に送還されていることだ。児玉の釈放と岡村の日本への送還は、単に時期が近いというだけではない。児玉はそのあとしばらく、岡村のある「計画」のために奔走することになる。

したがって、児玉が四八年一二月に釈放される組（他に岸信介、笹川良一など）に入れられたのは、岡村の「計画」を遂行するためだったという疑いが濃厚だ。少なくとも、児玉を釈放したので、その直後に岡村を日本に送還する決定がなされたといえる。

CISの四九年二月六日付「インテリジェンス・レポート」によれば、この岡村の送還について、中国共産党は次のようにラジオ放送のプロパガンダに使ったとしている。

岡村は支那派遣軍全体の総司令官として、無数の戦争犯罪に加担している。その岡村を国民党がマッカーサーに引き渡したのは、中国人民に対する犯罪行為だ。しかもマッカーサーは、その岡村に指揮を執らせて、旧日本軍将兵をアメリカ軍の飛行機で台湾から中国大陸に移送し、現地に残留する日本兵（およそ五万人いたとされる）と合流させ、中国共産党軍と戦わせようとしている。たしかに、終戦後三年以上もたっているのに、中国国民党に要請（強要）されて中国に残り、中国共産党と戦っている旧日本兵が中国大陸に相当数いた。

なかでも有名なのは、池谷薫が『蟻の兵隊』で描いた山西残留日本軍だ。これは蔣介石からこの地方を任された閻錫山《えんしゃくざん》の強要によって、澄田睞四郎《らいしろう》中将麾下《きか》の兵士約二六〇〇名が四九年四月まで中国共産党軍と戦ったというものだ。

しかし、この澄田は、四九年二月一二日にアメリカ軍の飛行機で現地の太原から離れ、青島と上海を経由して二月二〇日に帰国している。岡村と日本で合流して中国共産党に対する反攻の狼煙《のろし》を上げるために日本に送還されたということは疑いの余地がない。事実、彼らは帰国後しばらくすると「台湾義勇軍」（アメリカ側は「日本人義勇軍」と呼んだ）の募兵活動を始めている。

児玉と辻と「台湾義勇軍」

四九年の初めから児玉が自由に活動できるようになったということは、「台湾義勇軍」の動きにとって大きな意味を持っていた。

実際、四九年一〇月三一日付CIA報告書（辻ファイル）によると、中国大陸に残っている中国国民党から日本にあった中国国民党代表部に「台湾義勇軍」に関する指令が飛んでいることがわかる。

四九年四月二〇日、杭州にある中国国民党の最高諮問会議が、日本人パイロットを台湾に送ることを決めた。そして、この決定が四月二三日、上海から東京の中国国民党代表部に伝えられた。この工作に岡村寧次元大将と辻と児玉が使われることになった。

この最高諮問会議が日本人パイロットを台湾に送ろうとしたのは、彼らに輸送機を操縦させて中国本土に「台湾義勇軍」などを送り込むためだと考えていいだろう。岡村、辻、児玉の三人は占領中の日本にいるのだから、これはGHQ側も承知していなければできないことだ。

また、この台湾工作のイニシアティヴをとったのは中国国民党で、マッカーサーはそれに応じただけのように読めるが、実際はマッカーサーも中国国民党と何らかの合意をしたうえで、秘密裏にこの工作を援助していたというのが本当のところだろう。

というのも岡村や澄田が「台湾義勇軍」の動きを起こそうとしたとき、その受け皿となったのはKATO機関のなかの有末機関だったからだ。KATO機関とは河辺虎四郎、有末精三、田中隆吉、及川源七ら元陸軍参謀たちが戦後作った組織とG－2傘下のCICが秘密裏に合同した機関で、対共産主義国工作およびインテリジェンスと国防計画に関わった。とくに対共産主義国工作とインテリジェンスはしばしば密輸という形をとり、占領中の怪事件として新聞を賑わせた。詳しくは拙著『大本営参謀は戦後何と戦ったのか』に譲る。

ＫＡＴＯ機関が「台湾義勇軍」の台湾派兵を担ったということは、間接的とはいえマッカーサーがそれを後押ししていたことになる。その証拠に、四九年一〇月三一日付報告書には、岡村と児玉のほかに辻の名前も挙がっている。辻は、児玉や岡村のように戦争犯罪容疑者の取り調べを受けていなかった。辻は戦時中に行ったシンガポールでの華僑の大量虐殺などの行為により、日本にいることがわかれば逮捕され、戦争犯罪で裁かれるはずだった。

その辻が、身の危険も顧みず「帰国」したということは、やはりＧＨＱと中国国民党の話し合いができていて、辻はＧＨＱに逮捕されないことを知っていたからだろう。

事実、辻は児玉や元陸軍少将渡邊渡《わたる》、作家の吉川英治らのもとに身を潜めてはいたが、常にＣＩＣの監視下にあった。だが、逮捕されなかった。辻が法廷に出てこないために、彼の部下たちが戦争犯罪に問われ、有罪となり、処刑されているのを知りながら、ただ手をこまねいていた。しかしイギリスは四九年一二月一二日に辻の名前を戦争犯罪者指名手配リストから削除した。児玉と服部卓四郎は人を通じて辻にそのことを伝えている。

このあと、辻は人目をはばからず、白昼堂々と活動することになる。

根本の密航の手引きをしたのは「台湾独立連盟」だった

児玉は巣鴨プリズンを出るときわめて活発に、しかも戦前・戦中に関係した旧日本軍の軍人たちに交じって活動している。まるで戦前・戦中と変わりないかのようだった。

違っていたのは、釈放後の児玉が旧日本軍の人々のためだけではなく、中国国民党やG－2のためにも働いていたことだ。

当時の児玉の活動目標はきわめて単純だった。第一は日本の共産化を防止することで、第二はアジアを共産化させないことだ。このために児玉は日本の旧軍人や中国国民党やG－2が計画した「台湾義勇軍」の「募兵活動」や「輸送の手配」を引き受けた。同年九月にはすでに始まっていた、とCICの報告書に出てくる。

反軍人・右翼の暴露雑誌『真相』も、児玉の巣鴨を出てからの動向に注目している。そして、数回にわたって「台湾義勇軍」や児玉たちの募兵活動を記事に取り上げている。

しかし、CIA文書は、『真相』も見抜けなかった事実を明らかにしている。それは、児玉は実は中国国民党のためだけではなく、「台湾独立連盟」のためにも「台湾義勇軍」を募兵していたということだ。それを示すのが四九年一二月八日付の以下の文書だ。


信頼できる情報筋によれば、台湾独立連盟（The Formosan Independence League）は児玉誉士夫と台湾人（読み方がわからないとある。おそらく李銈源かその仲間）が活動している運動である。この計画は次のことを目標としている。
1．台湾をアメリカの勢力下におく。

2．武力によって台湾を独立させる。
3．台湾をアジアの反共産主義の基地とする。

日本人義勇軍（Japanese Volunteer Corps）、台湾防衛日本人参謀部（Taiwan Defense Japanese Staff）、高砂族日本軍（The Former Taka Sago Zoku armed Japanese Unit）は、これらの目的のために台湾独立連盟のなかにあることは明らかだ。

この文書は、中国国民党や中国共産党の支配に入るのではなく、むしろアメリカの勢力下で独立したいという台湾人の運動があり、それに児玉が加担していたことを示している。

終戦後、蔣介石は陳儀を台湾に送って統治させていたが、四七年二月二八日にそれまで日本人であった台湾出身の本省人と大陸から来た外省人の大規模な衝突がおき、台湾は内乱状態に陥った。いわゆる二・二八事件だ。

本省人たちは、日本の軍服を着て、放送局から軍艦マーチを流すなどして、外省人に反抗した。蔣介石は鎮圧のために一個師団と憲兵隊を送り、白色テロでこれに対抗した。それから四〇年後の八七年になるまで戒厳令が解けることはなかった。

児玉が協力しようとしたのは、こういった本省人の独立運動の志士だったようだ。

注目すべきは、根本博元中将率いる「台湾義勇軍」の手引きをした李鉎源は、この台湾独立連盟の関係者だと見られることだ。というのも、根本一行が捷信号で台湾にたどり着いたとき、根本ばかりか李までも収監の憂き目をみているからだ。これは『真相』が決めつけているように、李が中国国民党の工作員だったならばありえないことだ。

門田隆将は『この命、義に捧ぐ』のなかで、李は実は独立派とはいえないまでも、国民党政府に反抗する分子の一人だったことを明らかにしている。つまり、李は台湾独立のために根本を密航させ、根本が日本に帰ったあともずっと反国民党の政治活動に人生を捧げたということだ。

児玉と李がどんな結びつきをもっていたのかを示す資料は、アメリカ側の記録にはない。だが児玉は、中国大陸での取引に使う大量の砂糖を仕入れるために台湾によく行っていたし、現地の人間とも結びつきがあった。彼が台湾独立連盟に頼られたのは、こういった背景があったからだろう。実は、根本と共に台湾に密航した七人のうちの一人中尾一行は児玉の部下で、捷進号も児玉が用意した船だった。ということは、根本が知っていたかどうかは別として、彼は児玉と台湾独立連盟によって台湾に送り込まれたということになる。もっとも、誤解が解けて釈放されたあとは湯恩伯将軍によって指揮官に取り立てられ、金門島（古寧頭）の戦いで、二万から三万人といわれる中国共産党軍を撃破殲滅《せんめつ》させる。

「台湾義勇軍」は「有末機関」が担当した

「台湾義勇軍」は、前述のようにKATO機関のなかの「有末機関」が担当したのだが、この

「有末機関」は左のようなほかの対象国への対外工作も担当していた。

有末機関の対外工作

地域	指揮官	現有人員	推定兵力	方法
台湾	根本	3000 +パイロット	3000 +パイロット	中国国民党が資金を出しアレンジする
インドシナ	辻	2500	2500	辻政信と松本俊一が担当してヴェトナムとヴェトミンに密航させる
朝鮮	加藤	2000	4000	渡邊渡が担当して密航させる
満州	本間	4000	2000	辻と工作員が送り込む 渡邊が中国北部と韓国に持つ密航ルートを使うかも知れない

（CIA有末ファイル、五〇年八月七日付文書から）

「台湾義勇軍」それ自体は、中国国民党とマッカーサーによる中国共産党に対する反攻作戦なのだが、「有末機関」のなかでは自身の対外工作の一部と認識され、KATO機関のなかでは、G－2と「有末機関」共同のTAKE工作の一部と位置づけられていた。TAKE工作とはKATO機関の工作のうち対外向けのものにつけられた暗号名で、日本国内向けの工作はMATSUと呼ばれた。

したがって児玉が行った「台湾義勇軍」の募兵活動、派兵の手配（資金調達、船の確保）、物資調達（密輸）やその物資の売却も、「有末機関」の対外工作の一部であると同時に、KATO機関のTAKE工作の一部だということになる。つまり、児玉の「台湾義勇軍」のための活動は、G－2の下請け工作でもあった。

しかし断っておかなければならないのは、そうはいうものの、児玉は「台湾義勇軍」に関しては、「有末機関」とは一線を画していたということだ。

その証拠に有末は児玉に協力させる一方で、中国国民党から得た資金をもとに、戦時中に対中国和平工作などをしていた川口忠篤を長とする「川口機関」を作り、やはり「台湾義勇軍」の活動をさせていた。これには児玉は関わっていない。

前に見たように、児玉は「台湾独立連盟」のためにも動いていたので、中国国民党を支援する「川口機関」は厳密にいえば敵になる。だから、児玉は「川口機関」には加わらなかったのだ。

当時の情勢では、まず中国共産党の脅威に対処することが最優先で、そのために中国国民党を支援することが重要で、その足を引っ張ることになる台湾独立運動に力を貸すことは賢明とはいえなかった。それは児玉も理解していただろう。

にもかかわらず、児玉は台湾独立派にも加担した。中国国民党はそれまで日本が戦っていた相手だが、台湾独立派は終戦までは日本人だった人々で、しかも親日派だったからだ。なによりも、日本軍が引き揚げたために無防備で放り出され、中国国民党幹部にむさぼられ、虐げられている人々だった。有末のようなエリート軍人ではなく、貧困にあえぐ人々の側に立って国粋主義運動を始めた児玉の同情が、台湾独立派に向けられたとしても不思議はない。

謎のOSI局員「フランク」

さらに驚くべきことに、五〇年ころ、児玉は辻政信に「フランク」というアメリカ側の人物を紹介し、彼のエージェントになることを勧めたという。これは、五八年三月七日付ＣＩＡ文書に残されている。つまり、児玉は「台湾義勇軍」の募兵と並行して、ＯＳＩ（空軍情報局）などアメリカ情報機関のためにエージェントのリクルートもやっていたのだ。

辻はこのとき、「巣鴨にいらっしゃる荒木貞夫大将がそうせよと私に命令するならそうしよう」という回りくどい答えでいったんは断ったが、ＣＩＡ文書によると、しばらくのちには辻がＯＳＩに関わるようになったという。

ここで問題になるのは、このフランクという人物がいったい何者かということだ。児玉が辻に紹介していることや、巣鴨プリズンに言及していることから、児玉を巣鴨プリズンで取り調べた検察官フランク・G・オニールと考えるのが妥当だろう。

「フランク」＝フランク・G・オニールだとすれば、四九年に戦争犯罪容疑者の取り調べが終わったあとの彼は、アメリカ空軍に入ったということになる。もちろん、児玉や辻をエージェントにしようというのだから、空軍でも部局はOSIだろう。これは、児玉が当時、岡村や有末とはまた別のアメリカ側の機関と結びついて動いていたことを示している。

秦郁彦が『昭和史の謎を追う』などで指摘しているように、児玉は五〇年六月に朝鮮戦争が勃発したときも、率先してマッカーサーに「日本人義勇軍」（日本側では朝鮮義勇軍）を募集することを申し出る手紙を出している。台湾であれ、インドシナであれ、朝鮮であれ、児玉は東アジアのどこかで戦争や紛争が起きたとき、いつでもそこに自前の「日本人義勇軍」をだす体制を整えていたのだ。

GHQは密輸を黙認していた

「台湾義勇軍」がコインの表だとすれば、その裏にあったのは密輸の多発だった。事件として表沙汰になり新聞に報じられたものも多かったが、闇に葬られたものも数知れない。

毎日新聞に報じられて一大センセーションを巻き起こしたものの一つに、海烈号事件がある。

四九年八月一七日、台湾（記事では香港）船籍の商船海烈号が、川崎市の日本鋼管埠頭にペニシリン、ストレプトマイシン、サッカリンなど時価五億円にのぼる物資を陸揚げしていたところ、これが密輸だったということがわかり、ＧＨＱのＣＩＤが摘発した。

逮捕されたのは、船長や乗組員など中国人八名に加えて、三上卓、阪田誠盛、板垣清、橋本武、志間忠兵衛、大窪謹男の日本人六名もいた。このうち、三上は五・一五事件で犬養毅を射殺した人物だが、阪田も満州国自治指導部と陸軍参謀本部に所属し、上海で阪田機関を動かしていた人物だ。つまり、いずれも児玉と戦前に何らかの結びつきを持っており、かつ「台湾義勇軍」に関わっていた人物だといえる。この海烈号事件もＫＡＴＯ機関がらみの密輸事件だということだ。実際、五〇年一二月七日付けＣＩＣ報告書には、児玉がロバート・アイケルバーガ中将（第八軍司令官）の「Ｘ計画」（X plan）を実行したとの記載がある。これは医薬品を台湾の船で日本に密輸し、根本ら「台湾義勇軍」のための資金工作であると読める。海烈号事件とは「Ｘ計画」だったのではないだろうか。

この事件は大手新聞各紙に取り上げられ、ついには国会にまでも取り上げられた。四九年一一月一八日衆議院法務委員会でも、梨木作次郎議員が殖田俊吉法務総裁など政府側に問いただした。これに対し、殖田は「進駐軍で取扱って」いるので直接関知しておらず、したがって答えられないとしている。そこで検務局長に質問を振ると、彼も手元に資料を持っていないので、次の機会に回して欲しいと言う。進駐軍の威光でなんとかもみ消そうという様子が見られる。

それもそのはずで、これには旧日本軍関係者だけでなく中国国民党政府やＧＨＱまで関与していたのだ。この事件を報道した当時毎日新聞記者の大森実は、「対日理事会の代表、朱世明中将の逆鱗に触れ、プレス・コード違反で、危うく逮捕されそうになった」と『戦後秘史７』に書いている。

結局、この密輸事件は、一度は国会に取り上げられるものの、その後は報道もされなくなり、立ち消えになっていった。他にも「衣笠号事件」など、新聞報道はされたが、国会に取り上げられることはなく消え去った密輸事件は多々あった。Ｇ－２が絡んでいることなので、日本政府は手を出す気がないのだ。

『真相』は「台湾義勇軍」（インドシナ派遣のものは除く）や密輸やそれと関係している「地下政府」（アメリカの占領下で地下に潜った勢力）や「宇垣機関」（宇垣のもとに戦後結成された旧日本軍の秘密機関）傘下の諸機関のことは書きたてたが、それらとＧＨＱの関係については触れなかった。そこまでは知らなかったのかもしれないし、当時は占領中でＧＨＱによる検閲があったので、書くことができなかったのかもしれない。

このように見てくると、アメリカ側にとって「台湾義勇軍」や、そのなかで獅子奮迅の働きをした児玉がどんな存在だったのかが、わかってくる。それは冷戦の枠組みのなかで行われた反共産主義工作であり、児玉はそのような工作において極めて有用なエージェントでありコマだったのだ。

児玉は極東国際軍事裁判で、東條と武藤の共同謀議罪を立証するうえで検察側に有利な証言をしたが、そのあとのＧ－２の反共産主義工作でも大きな役割を果たしていた。国際検察局の調査官に対する証言は、児玉にとって気が進まないものだったかもしれないが、反共産主義工作は児玉も望んだものだったろう。

第5章　「ＣＩＡスパイ説」の真相
――Ｇ－２秘密工作員からＣＩＡの協力者へ　吉田政権期

これまでの雑誌報道などを振り返ると、児玉はＣＩＡのスパイであるかのようにいわれ続けてきた。たしかに児玉とＣＩＡは、五〇年ごろには関係があったといえる。では両者は、いつ、どのようにして結びつくのだろうか。そして、これまでいわれてきたように、彼は本当にスパイだったのだろうか。

時代はくだるが七六年にロッキード事件が発覚したとき、『ニューヨーク・タイムズ』記者アン・クリックテンデンは、児玉のタングステン密輸についてこのように記述した。

「台湾義勇軍」とタングステン密輸

日本のことをよく知る情報源によれば、日本の有力な右翼主義者で与党自由民主党に舞台裏で強い影響力をふるってきた児玉氏は、駐日アメリカ大使館員とも長年にわたって関係があった。彼は五〇年代前半におよそ一五万ドルを受け取って、中国本土から大量のタングステンを中国国民党の船舶で密輸し、東京のアメリカ政府当局に引き渡すことを請け負った。

これに対し、日本占領史研究の泰斗ハワード・ションバーガーは『ジャパニーズ・コネクション』のなかで、国防総省がユージン・ドゥーマンからタングステンを買い付けることになった経緯を次のように記述している。ちなみにドゥーマンは、元駐日アメリカ大使館参事で、満州事変以後日米開戦までの一〇年間、駐日アメリカ大使を務めたジョゼフ・グルーの右腕だった。

日本にタングステンがあるとドゥーマンに知らされた国防総省は、長い議論の挙げ句、その隠されたタングステンをドゥーマン・グループを通して購入することにした。（中略）国防総省は、ドゥーマンに民間取り引きに見せかけるよう依頼した。このためルイス・メドウズ社がでっち上げられ、共通役務庁（General Services Administration、これ以降GSAとする）とひそかに契約した同社が日本のタングステンを買うことになった。

クリックテンデンの記事に書かれているタングステン調達工作は、前章で詳しく見た「台湾義勇軍」やTAKE工作や「X計画」と関連していることは明らかだ。

これに対し、ションバーガーの記述するタングステン調達工作は、児玉が日本国内に持っている鉱山などをターゲットにしている、と読める。CIAはタングステンの元素記号がWであることから、この工作をＷ作戦と呼んだ。これらの二つの工作は、調達の経路と仲介者こそ違うものの、調達先が児玉で納入先がアメリカ国防総省だという点が共通している。

なぜ、買い手と売り手が同じなのに、Ｇ－２とＣＩＡが別々にタングステン調達に介在することになったのだろうか。考えられる説明は、このようなものだ。

朝鮮戦争勃発後、戦略物資であるタングステン不足に陥ったアメリカは、必死で入手先を探した。Ｇ－２は日本の児玉を使うことを国防総省に提案した。

児玉は、巣鴨プリズンで何度も中国でのタングステンやモリブデンなどのレアメタルの調達について尋問を受けていた。極東国際軍事裁判所の検察官や調査官も、児玉の戦時中の資産形成という点からこれを重視したが、Ｇ－２の関心は別の点にあった。それは、軍事物資についての重要情報という観点から注目していたのだ。

その情報に基づき、Ｇ－２は児玉に一五万ドルを与え、中国国民党の船で中国本土から密輸させようとした。密輸といっても、中国でこのような物資買い付けをしたら即座につかまってしまう。実際には、児玉は終戦間際に上海かどこかに隠しておいたものを取りにいったのだろう。

しかし、この計画は失敗に終わる。クリックテンデンの記事によれば、児玉はこう主張したという。「金をもらって船を仕立て、中国本土からタングステンを密輸しようとしたが、帰りの途中で船が難破してしまった」。

アメリカ側は、児玉の主張を信じなかった。この話はティム・ワイナーの『CIA秘録』にもでてくるが、この件に関わったCIA関係者は児玉を詐欺師呼ばわりしている。

タングステンが入手できず困った国防総省は、ほかに手はないか関係者にあたってみた。このとき、手を上げたのが日本通のドゥーマンだった。彼は日本にいる親しい関係者から、児玉が日本に所有しているレアメタルの鉱山から入手できると聞かされた。そこで国防総省にW作戦を提案したのだ。その結果、国防総省の要請でCIAが間に入ることになり、ドゥーマンが行うこの作戦をCIAがサポートし監督することになった。

前章で見たように、児玉が巣鴨プリズンを出て以来、「台湾義勇軍」、TAKE工作、G－2、OSIと関係するようになっていたので、G－2によるタングステン調達計画に児玉が利用されたのは理解できる。

だが、それが失敗したあと、なぜドゥーマンが登場してくるのだろうか。朝鮮戦争が起こってから、どのような変化がG－2とアメリカの情報機関に起こっていたのだろうか。

不思議なことに、ションバーガーはこれについてはまったく述べていないが、ドゥーマンとCIAの登場を理解するうえで触れずにすますことはできない。そこで、この変化について述べてみたい。

朝鮮戦争後におきたインテリジェンス機関の再編

G－2というインテリジェンス機関は、もともとアメリカ陸軍の機関である。他の機関として海軍にはONI、空軍にはOSI（四八年八月一日設立）、国務省にはBRI（Bureau of Research and Investigation）があった。

ただ、占領軍はマッカーサー率いる太平洋陸軍主体で作られたので、占領軍のなかでは陸軍のG－2の傘下にONI、OSIといった海空軍の機関が入る、変則的な編成になった。

インテリジェンス機関の代名詞ともいえるCIAが創設されたのは四七年のことだった。前身のOSSは終戦後に解体されていたが、その後に東西冷戦が顕在化したために形を変えて「復活」した格好だった。「復活」というのは、組織としては両者の連続性は希薄だが、人材の点でみればOSSのOBを相当数採用しているからだ。

しかし、このCIAは占領期の日本では活動できなかった。G－2やONIなど軍のインテリジェンス機関が、CIAの前身であるOSSを嫌悪し、自分たちの作戦地域から排除していたからだ。G－2とONIの基本的な態度は戦後も変らず、CIAに対してもOSS同様の態度をとり続けた。

マッカーサーが、自分の占領地域である日本と韓国ではCIAの活動を認めなかったのも、そのためだ。だが、CIAもさるものだ。四八年には、密かにエージェントをGHQに送り込んでいた。エージェントの名はポール・ブルーム。のちのCIA長官アレン・ダレスが、OSSヨーロッパ総局長としてスイスのベルンにいたときの直属の部下で、日本生まれの男だ。ブルームは、貿易商をしていたユダヤ系フランス人を父親に持ち、横浜で生まれ育った。

このブルームの名前は、四八年七月一日のGHQの外交部の名簿（SCAP文書にある）に記載されているので、この前にGHQに「潜入」していたことがわかる。ブルームはGHQ外交部にもぐりこんで、終戦時にベルンに駐在していた朝日新聞論説主幹の笠信太郎などを集めて「火曜会」を開いていた。そこで、彼らが述べた意見を政治的インテリジェンスとしてCIAとアレン・ダレス（当時はまだ弁護士事務所サリヴァン・アンド・クロムウェルにいた）に送っていた。詳しくは拙著『アレン・ダレス』に譲る。

こうした占領軍におけるG－2絶対の体制も、朝鮮戦争勃発後は変わらざるを得なかった。GHQは平時においては占領軍だが、戦時においてはアメリカ軍になる。したがって、G－2も治安維持とカウンター・インテリジェンスだけではなく、インテリジェンスと心理戦の立案と実施にあたることになる。本国政府との連絡を密にとり、さまざまな活動をコーディネートしていかなければならないのでCIAとの連携も強めなければならなくなった。

そのため、G－2とCIAの共同工作も行われるようになった。

辻政信をリクルートしたOSI

一方、ONIとOSIはどうなったか。両者はもはやG－2の傘下で協力していくよりも、独自にインテリジェンス活動を行うようになった。その一環として、前に述べたようにOSI

は児玉を獲得しにかかった。辻に「フランク」のエージェントになるよう説得したくらいだから、児玉自身もOSIのエージェントになっていたと考えていいだろう。児玉と辻の関係から考えても、自分がエージェントでないのに、辻にだけなれとはいわないはずだからだ。

OSIにすれば、G－2傘下時代に児玉という人物の有用性を痛感していた。それに児玉は海軍航空本部の特務機関のトップだったのだから、アメリカ空軍の情報部であるOSIはとくに大きな関心を持っていただろう。だから、朝鮮戦争が始まってタブー感が弱くなると、児玉に直接的接近を試みた。そして、児玉に辻をスカウトさせたのだ。

やはりロッキード事件のとき、鬼俊良というロッキード日本支社支配人がメディアの注目を集めたが、鬼もこのころはOSIにいた。これは立花隆の『田中角栄研究』に引用されている岐阜地方裁判所大垣支部で詐欺事件に対して下された判決文（五二年七月一日付）からも証明できる。このなかで鬼は「アメリカ極東空軍調査官として米軍に勤務していた鬼俊良」として言及され、「北鮮、満州、中共各地区の航空基地、其の他の軍事情報を収集する目的で、小型船で朝鮮方面の密貿易をやらないか」と伊関武信（密輸船員）に持ちかけたとされる。ここからわかるのは、鬼はKATO機関のTAKE工作、あるいは「台湾義勇軍」に関係していた可能性が強いということだ。

鬼についてもう少し詳しくいうと、彼は湘南高校を卒業したあと東亜同文書院に入り、のちに日本人ながらOSS局員となり、占領中はG－2のために働いている。東亜同文書院は児玉と親しかった岩井英一が学んだ教育機関で、上海にあった。意外にも児玉と多くの接点を持つ人物だったのだ。ロッキード事件の種は、すでにこのころ播かれていたといっていい。

W作戦は心理戦だった

話をもう一度、タングステン調達計画に戻そう。

G－2が児玉を使って計画したタングステン調達工作は、「台湾義勇軍」やKATO機関のTAKE工作や「X計画」の延長線上に位置づけられるものだ。

これに対して、G－2に取って代わったドゥーマンのW作戦は、まったく違う人々による、まったく違った目的を果たすためのものだったとみられる。簡単にいうなら、それは「ジャパン・ロビー」とCIAによるものであり、目的も「逆コース」以後の日本を「共産主義に対する防波堤」として確保し、これをさらに強化するための政治・心理戦だったのだ。

ションバーガーは、タングステン調達とこの政治・心理戦が結びついた理由を、このように説明している。

最初の会合でドゥーマンは、CIAがタングステンの秘密購入にひどく熱心であることに気づいた。それでドゥーマンは、彼とスガハラが極東で展開を意図している心理作戦計画とW計画への融資と結びつけ、同じように重要であるとして、どちらもCIAから離れて独自に運営することを主張した。

つまり、国防総省にとっては単なるタングステン調達なのだが、それをあいだに入ったドゥーマンが、自分が計画していた対日政治・心理戦と結び付けたのだ。

児玉もかつて繆斌工作のときに、同じようなことをした。つまり、繆斌から鉄を買い、その代金にプレミアをつけて、工作資金として渡し、汪兆銘の親日政権を強化した。W作戦はこれに似ている。

ドゥーマンとは何者か

ところで、この計画を主導したドゥーマンとは、何者だったのだろうか。彼の政治・心理戦とは、どのようなものだったのか。『ジャパニーズ・コネクション』とドゥーマン文書（スタンフォード大学ハーバート・フーバー研究所所蔵）をもとに、解き明かしてみよう。

ドゥーマンは、アメリカ人宣教師を父として大阪に生まれ、奈良で幼年期を過ごした。少年時代には、東京の暁星学園などで財閥関係者の子弟と机を並べた。このため日本語がきわめて流暢で、日本人との交友関係も多かった。これは、当時のアメリカの外交官としてはきわめて珍しかった。駐日大使当時のグルーに重用されたのも、このためだった。

ところが、W作戦当時のドゥーマンは、国務省を辞めて浪々の身だった。終戦直前のアメリカ政府内では、天皇や軍閥や財閥を厳重に処罰し、日本を根本から改造しようというグループと、天皇制や支配層を温存して漸増的に民主化し、「共産主義に対する防波堤」にしようというグループが、派閥抗争を繰り広げていた。グルーとドゥーマンは後者に属していたが、派閥抗争に敗れてしまい、日本の敗戦とともに国務省を去らねばならなかった。

しかし、グルーとドゥーマンは、野に下っても日本と関わることをやめなかった。彼らは元駐日アメリカ大使ウィリアム・キャッスル、元海軍大将ウィリアム・V・プラット、元大統領ハーバート・フーバー、共和党の大物上院議員ウィリアム・ノウランド、アレグザンダー・スミス、弁護士ジェイムズ・カウフマン、『ニューズウィーク』の記者コンプトン・パッケナム、ハリー・カーンなどと米対日協議会（American Council on Japan）、通称「ジャパン・ロビー」を結成し、マッカーサーに占領政策の転換を求める圧力をかけた。

児玉は日本では大物政治プロデューサーだが、その力はあくまでも個人レベルのものだった。だが、ジャパン・ロビーは共和党の顧問や政策集団としてのプロデューサーであり、力も資金も児玉個人とは次元が違っていた。

彼らの圧力を受けて、GHQはそれまでの占領政策を転換せざるをえなかった。つまり、天皇制を廃止し、軍閥を打倒し、財閥を解体し、旧体制指導者を追放することで日本を「民主化」するコースから、天皇制を温存し、旧軍人を反共産主義工作に利用し、財閥解体を中止し、旧体制指導者の追放を解除することで国力を回復させ「共産主義に対する防波堤」にするという、ベクトルの向きが一八〇度異なる「逆コース」へと転換した。

ドゥーマンを含むジャパン・ロビーは、日本を親米的で反共産主義的な国に確実に再生するためには、「逆コース」のあとも心理戦と政治戦を行うことが必要だと考えた。それは日本の政治家や外交官、知識人、メディア関係者、はては労働組合や学生組織にまで資金を与え、反共産主義プロパガンダを行わせることによって、親米的で反共産主義的な世論を作りだすというものだ。たとえて言うなら「逆コース」のあとのアフターケアだ。

かくしてドゥーマンと児玉は結びついた

このような政治・心理戦を計画していたドゥーマンにとって、最大の問題は資金だった。キャッスルの五〇年一〇月一八日の日記によると、「卓越した訓練を受け、先の戦争ですばらしい仕事をした有能なプロパガンダ・グループ」を使って、日本人を反共産主義・親米にする心理戦を行いたいと申し出たドゥーマンに対して、キャッスルが「（CIA）新長官ベデル・スミスに接近する、もっともいい方法を探してあげよう」と約束している。このキャッスルは数々のジャパン・ロビーのなかで、もっとも政治プロデューサーと呼ぶに相応しい人物だった。

折しもこの四ヵ月ほど前に朝鮮戦争が起きている。そのためドゥーマンは、このタイミングで申し出れば願いが聞き届けられる可能性が大きい、と踏んだのだろう。だが、CIA長官の反応は、政府機関であるCIAの資金をアメリカの国益のためとはいえ、一民間人であるドゥーマンに出すことはできない、というものだった。

ドゥーマンにとって幸運なことに、朝鮮戦争におけるアメリカ軍の苦戦によって、重要な産地だった韓国の江原道の上東鉱山からタングステンが手に入らなくなってしまった。もう一つの重要な産地は中国南部だったが、こちらもタングステンを扱っていた蔣介石の友人K・C・リーが中国共産党に追い払われてしまったため、供給が途絶えたままだった。

そこで、国防総省とCIAは、日本の旧軍人関係者が隠匿している物資に目を向けた。つまり、先の戦争でタングステンを大量に調達していた日本の旧軍人をうまく利用すれば、急場をしのぐのに十分な量が確保できるだろうと考えたのだ。

それが児玉だった。

戦時中から「レアメタル王」児玉の存在は情報関係者のあいだでは有名で、戦後も極東国際軍事裁判の取り調べを通じて詳しく知ることになった。当然ながら、児玉たちが、どこに、どのくらいのレアメタルを隠しているかについても、追及を試みた。だが、児玉や彼の部下はのらりくらりとかわして要領をえない。にもかかわらず、アメリカの情報関係者は「レアメタル王」児玉の重要性を改めて認識することになった。

はじめ国防総省は、G－2を通じてこの戦略物資の調達を試みたが、前述のように失敗に終わった。そこで国防総省は、CIAに相談した。CIAは、戦前の駐日アメリカ大使館の参事で、戦後も日本と太いパイプを持ち続けていたドゥーマンに、タングステンの調達の話を持っていった。

ドゥーマンは、これを単なる戦略物資調達に終わらせずに、対日政治・心理戦の資金調達と結び付けることにした。つまり、自ら設立したルイス・メドウズ社にタングステン買い付けのための巨額の代金を国防総省に前払いさせ、自分は児玉などを通じてタングステンをかなりの安値で買い付け、これによって得た巨額の資金をもとに対日政治・心理戦を行うというものだ。

ドゥーマンはめでたくこの戦略物資調達を請け負い、CIAから前渡し金三〇〇万ドルを手に入れた。だが当初は、児玉の起用を避けたふしがある。ドゥーマンや彼の部下は、児玉の知人に頼んで、高源重吉（新聞『新夕刊』社長。オーナーは児玉）など児玉の部下からタングステンを調達しようと試みているからだ。

だが結局は、ドゥーマンは児玉と関わらずにはいられなかった。

というのも、児玉は日本有数の政治プロデューサーであり、プロパガンディストであり、インテリジェンス工作員だったからだ。これに対して、かつての駐日アメリカ大使館参事とはいえ、ドゥーマン自身は自前の組織やネットワークを持たない。タングステン調達に児玉のネットワークを使うのを避けることができないように、政治工作や反共産主義プロパガンダにおいても、彼のネットワークを使わないわけにはいかなかったのだ。

こうして、ドゥーマンとその部下たちは、W作戦が進むにつれて、自然に児玉に吸い寄せられていった。

注目すべきはドゥーマンたちの政治・心理戦は、日本とアジアの共産化を防止しようとやっきになっていた児玉にとっても望ましいものだったということだ。したがって、児玉にドゥーマンたちと共闘を組むことを拒む理由はなかった。この共闘関係から、児玉は巨額の資金を得ることができたからだ。

児玉はドゥーマンのW作戦に巻き込まれた

CIAから三〇〇万ドルの前渡し金を得たドゥーマンが動き出したのは五一年四月のことだった。まず、部下の元OSS局員の菅原啓一を日本に送った。

菅原は羽振りのいい日系二世の実業家という触れ込みで、帝国ホテルに宿泊し、これみよがしに贅沢三昧の生活をした。こうすれば、自分のもっている隠匿物資を買いたいと旧軍人や旧特務機関員が寄ってくるのではないか、と思ったからだ。

しかし、これはうまくいかなかった。CICも同じようなことをして、商談をもちかけてくる日本人を捕まえては隠匿していた物資を没収していたからだ。

そこで、菅原はマーク・小松こと小松信之助を頼った。小松はアメリカのオハイオ州にあるウェズリアン大学に留学していて、そのときのコネを利用して、日本や中国から磁器や竹製品や雑貨などを仕入れ、シアーズ・ローバックのようなアメリカの小売りチェーンに卸す仕事をしていた。このとき、OSSに入る前にロサンゼルスの税関で働いていた菅原を知った。

小松のタングステンと児玉との関係については『ジャパニーズ・コネクション』は次のように書いている。

のちにスガハラが取り引き仲間に語ったように、小松は「日本の暗黒街の親玉グループ」をつくり上げた。この中には悪名高い児玉誉士夫も含まれており、彼らは日常的な贈賄、麻薬取り引きや組織テロを通じて、中国から推定二十億ドル相当の戦略物資をひねり出す、後暗い仕事を請け負っていた。そして小松は終戦にあたって、日本の手下や軍幹部の友人たちが降伏条項に定められた米占領軍への提出を避けるために、タングステンをはじめとする重要な備蓄物資を隠した場所を知っていたのである。

こうして小松が菅原と児玉を結びつけることによってW作戦が可能になったのだ。

さらに、実際に菅原は五つの調達チームを作らせ、それぞれに前渡し金を与え、タングステンの買い付けをさせた。

この五つのうちの一つが児玉のチームだった。他のチームは「裕福で有力な悪名高いやくざの組長」が率いた。これは、戦時中空襲の焼け跡から銅線を児玉機関のために集めてもらったことがある関根組の関根賢か、児玉が息子のように可愛がっていた東声会の町井久之（本名鄭建永、本書第九章にも登場する）かもしれない。

タングステンの買い付けにやくざを動員

この買い付けの様子がうかがえるのが、五四年八月一五日付のG－2リエゾン班の報告書だ。リエゾン班とは、CIAとの連絡にあたるためにG－2に設けられたものだ。

この文書は日付こそかなり後になっているが、記載内容は三年前の五一年のことだ。

児玉の部下（subordinate）の吉田裕彦（以前は彦太郎）が作った念書に児玉が連署するように小松信之助が要求したときに、児玉はタングステン取引に関わることになった。児玉の二人の子分、吉田裕彦と高源重吉は、この取引で三〇〇〇万円騙しとられている。

この報告書では、児玉の右腕吉田が小松のためにタングステンを入手して、彼に売り渡すという約束をしたとき、これを保証するためにボスである児玉に念書を書かせたといっている。つまり、小松は吉田に前渡し金を与え、吉田はその金を使って誰かが隠匿しているタングステンを買い集める予定だったのだ。この段階ではG－2によるタングステン密輸計画は失敗していたのだろう。だから、児玉を直接使うのは避けたと考えられる。この買い付けにあたって、売り手のほうは自分の身元や住所を明かさなかった。なぜなら、それを明かすと、GHQに踏み込まれて、隠匿物資を没収されてしまう怖れがあるからだ。

終戦直後、日本軍が蓄えていた物資や宝石、貴金属は宮内省に集められていたが、日本軍解体後には旧軍人や関係者が持ち去るままになった。彼らは今後の厳しい生活のことを考えて、年金代わりにそれらを持ち去り、隠匿した。それを取り上げるため、CICは偽の商談を持ちかけては旧軍人や関係者をおびき出して捕まえ、隠匿物資を没収していた。

そんなことがよくあったので、アメリカ人からタングステンの高値買い取りをもちかけられても、売り手のほうは、身元や住所はもちろんのこと、顔なども知られないように、直接の接触も避けたのだ。

しかし、身元もわからない相手と直接の接触もせずに売買をするというのは、当然ながらかなりのリスクを伴う。金を払ったはいいが、相手がその品物を渡してくれるかどうかわからない。品物を渡してくれなかった場合、相手を探し出す手立てはない。そこで、問題が起きたときは児玉に保証させるために、小松は彼に念書を書かせたのだ。これによって児玉はこのタングステン取引に関わることになった。

ところが、吉田は小松に売ると約束したタングステンを集めることができなかった。つまり、吉田の取引相手は、彼から代金を受け取っておいて、タングステンは渡さなかったのだ。身元も住所も顔も知らないのだから、これではお手上げだ。

G－2リエゾン班報告書は、買い付けにあたっていた吉田と高源が、三〇〇〇万円を騙し取られたとしているが、実際に詐欺にあったのか真偽は不明だ。

いずれにせよ、念書があるので、吉田の不始末の責任をとって、児玉が代わりにタングステンを調達したのだろう。

それ以来、小松は児玉とタングステン取引に関わるようになったという。とすると、児玉チームはこの詐欺事件のあとにできたことになる。吉田と高源が児玉チームとして活動したのか、それとも児玉チームとは別のチームリーダーとして活動したのかはわからない。だが、吉田も高源も「裕福で有力な悪名高いやくざの組長」とはいえないので、彼らは児玉チームの一員として買い付けにあたったと考えられる。

W作戦が生んだ巨額の利益

ドゥーマンたちの計画では、五〇〇トンのタングステンを一ポンド（約四五三・六グラム）あたり五ドルで買い付け、それを政府物資調達担当部局のGSAに一〇ドルで売りつけるつもりだった。五〇〇トンはポンドに直すとおよそ一一〇万ポンドになる。これをポンドあたり五ドルで買い付け、一〇ドルで売り渡せば、五五〇万ドル（当時の一ドル三六〇円のレートで一九億八〇〇〇万円）もの大金を抜くことができ、これを政治・心理戦の資金に回せる計算になる。

実際にドゥーマンが受け取ったのは前渡し金の三〇〇万ドルなので、その半分だと一五〇万ドル（五億四〇〇〇万円）。買い付けが進めば、さらに四〇〇万ドル（一四億四〇〇〇万円）もの資金が追加されることになっていた。

この当時の円の価値を考えると、あまりに巨額なので唖然としてしまう。ロッキード事件で児玉は二一億円を受け取って「巨額の利益を得た」とされたが、これはおよそ四半世紀後のことになる。

五一年六月、一回目の日本からアメリカへのタングステンの積み出しが行われた。それらはＧＳＡの品質基準をクリアし、国防総省に納められた。順調な滑り出しだった。

同年の一二月一二日、ドゥーマン株式会社が設立された。代表取締役は当然ながらドゥーマン自身だった。会社といっても資産はなく、社屋もコネチカット州リッチフィールドのドゥーマンの自宅だった。会社の定款には「商品の購入と販売」とだけ書いてあった。

ほかに役員が三人いたが、重要なのは次の二人だった。菅原は日本における購入代理人として役員になった。もう一人はレオ・クローリーという男で、企画を担当した。彼もやはりＯＳＳ局員で、戦時中は日本向けのプロパガンダ放送を行うロサンゼルスのラジオ局を運営していた。

ドゥーマンを含めた三人はそれぞれ会社の三〇パーセントの利益を分け合うとりきめを結んでいた。小松の名前がでてこないので不思議に思うが、ドゥーマンはこの会社を通してではなく、小松の会社への出資という形で小松と関わっていた。

それを明らかにするのが、国務省にただ一人のこっていたジャパン・ロビーのメンバーであるマックス・ビショップに宛てた、ドゥーマンの次の手紙だ。

我々（ドゥーマン・グループ）は収益（ほとんどがタングステン取引からのもの）のすべてをビジネスに注ぎ込んできたので、近いうちにそれが実り戻ってくることを期待している。私は今、外務省の元高官と最近追放解除を受けた三井財閥の指導者が東京につくった新会社と取引きしている。商業・金融計画はできるかぎり慎重に進めているが、我々の基礎はしっかりとできた。そしてＧＨＱのひと旗組が（日本との講和条約調印に伴い）店じまいをしたら、すぐにも我々はかなりの規模で活動しはじめるつもりだ。（『ジャパニーズ・コネクション』から）

ここでドゥーマンが言及している新会社とは、小松とドゥーマン・グループの合弁会社である日本開発会社（Japan Development Corporation）を指している。タングステン取引で資金を得るのがドゥーマン社の役割だとすれば、この日本開発会社はその資金をつぎ込んで行うドゥーマン・グループの政治・心理戦をおおい隠すカヴァー会社だといえる。

ドゥーマンの三つの心理戦プロジェクト

『ジャパニーズ・コネクション』は、この会社が五一年の段階で三つのプロジェクトをまとめ上げていたと述べている。

一つは航空機修理とガス。二つ目はテレビ放送網。三つ目は東京湾埋立事業。

最初の航空機修理とガスのプロジェクトについては、著者のションバーガーも資料を見つけられなかったとして触れていない。のちのロッキード事件の発端である可能性があるので、このことは大変残念だ。

二つ目のテレビ放送網は、読売新聞社主正力松太郎を担ぎ出し、これにアメリカの輸出入銀行の借款を斡旋して、日本全国をおおうマイクロ波通信網を建設させ、正力にはテレビ放送を行わせ、駐留アメリカ軍には軍事通信を行わせるというものだった。

正力が行うテレビ放送には当然ながらアメリカのプロパガンダ放送ＶＯＡが制作した番組が供給されるので、これは日本人を親米・反共産主義にする心理戦の意味を持っていた。

実際、日本テレビ放送網株式会社は五二年一〇月に設立され、五三年八月に放送を開始している。五三年三月から九月までのあいだ、アメリカで行われたマイクロ波通信網建設のための借款工作には、前に名前をあげた菅原、小松、クローリーのほかに、ドナルド・リン、元駐日アメリカ大使ウィリアム・キャッスル、元海軍大将にして元外務大臣の野村吉三郎、元ＯＳＳ長官のウィリアム・ドノヴァン、同機関ナンバー２のジェイムズ・マーフィ、Ｇ－２心理戦課のウッドール・グリーンが関わっていた。

ＣＩＡはこのマイクロ波通信網建設計画にＰＯＤＡＬＴＯＮ、日本テレビ放送網にＰＯＨＩ

KE、正力にPODAMという暗号名を付けていた。つまり、これはW作戦とおなじくCIAの作戦だったのだ。詳しくは拙著『日本テレビとCIA』に譲る。

三つ目の東京湾埋立事業とは、ドゥーマン・グループと日本開発会社が共同出資して東京湾土地埋立会社（Tokyo Bay Land Reclaim Company）を設立し、ここを受け皿にアメリカからの出資金を集めて事業資金として東京湾を埋め立て、そこに空港、工場、住宅、遊園地、公園などの施設を誘致するというものだ。

これのどこが政治・心理戦なのかと不思議に思うかもしれないが、菅原たちの論理では、こういうことになる。

関東には横田基地、厚木基地などアメリカ軍の基地があり、羽田空港もアメリカ空軍軍事航空運輸サーヴィスが使用している。

日本の経済力は回復しつつあり、首都圏で工業用地や住宅用地が不足してきている。にもかかわらず、首都圏の広大な土地、とくに飛行場をアメリカ軍がいまだに占領している。

日本人は羽田空港しか使えないが、航空需要が高まっているために過密状態だ。それなのに、アメリカ空軍軍事航空運輸サーヴィスと共用で使用している。そこで、アメリカが資本をだして東京湾の埋め立てを行い、土地を供給すれば、そしてそこに飛行場を作ってアメリカ空軍軍事航空運輸サーヴィスに羽田空港の代替空港として提供すれば、日本人のアメリカに対する悪感情も薄まることが期待できるのではないだろうか。

このようにドゥーマンと菅原は、タングステン取引によって国防総省から得た資金をさまざまな事業に回し、それによって心理戦を行い、資金を増やしていった。そして、児玉も彼らから巨額の資金を受け取って、彼自身の反共産主義政治・心理戦を行っていたのだ。

CIAと児玉の同床異夢

今の時点から考えると、これが児玉とドゥーマン・グループの蜜月期だった。この間、児玉も自分自身の政治・心理戦を行っていた。それはドゥーマン・グループの思惑と完全に一致したわけではなかったが、大枠においては一致していた。

たとえば、五〇年六月五日のCIC報告書では、児玉が緑産業のなかに「極東コミンフォルム」について調査する「専門調査」(Senmon Chosa) 部を作ったと報告している。調査を担当するのは、鍋山貞親と風間丈吉だともいっている。二人とも転向したとはいえ、戦前は共産党のトップにいた人間だ。

緑産業は、本来タングステンやモリブデンのようなレアメタルを扱う会社なのだが、同報告書に沿って考えれば、レアメタルを取引して得た利益がコミンフォルムの調査に使われるようにみえる。

つまり、ドゥーマンたちが児玉とタングステン取引をすれば、その代金は児玉の対共産主義国内工作とインテリジェンスの資金になるということだ。

児玉は、辻政信や服部卓四郎との関係から、第一復員省や復員局の復員者に関する情報も得ていた。なかでもソ連や中国に抑留された共産主義者か、その同調者になった可能性のある復員者に関する情報は重要で、G－2やCIAにとっては児玉の隠匿物資に劣らないほど価値のあるものだった。

児玉とドゥーマンの双方にとって都合がいいことに、彼らの（そして彼を支持するCIAおよびアイゼンハワー政権の）政治目的は一致する部分が多かった。

五三年九月一八日付の「日本人インテリジェント・サーヴィス」とタイトルのついたCIA報告書は、児玉が取り組んでいる課題を以下のように列挙している。

1．日本共産党を破壊し、共産主義の影響力をアジアから排除すること。
2．日本を反共産主義連盟の主要国とすること。
3．軍閥（原文でもGUMBATSU）の再武装を通じて、国家主義的日本を再建すること。
4．予想される日本共産党による流血革命に対抗する計画を練り、それに備えること。

ただ一点ドゥーマンが引っかかったのは、「軍閥の再武装を通じて」というところだろう。たしかに児玉は「3」を成し遂げるために行動を起こしている。実際に、彼は五二年七月に計画していた、あるクーデター未遂事件の首謀者の一人に名を連ねていたのだ。

辻と児玉の吉田暗殺・クーデター計画

五二年一〇月三一日付CIC文書はこのクーデター計画を次のように報告している。

一九五二年七月初め以来、旧陸軍将校を含む追放解除者のグループがクーデターを起こそうとしていた。このグループの指導者は、服部卓四郎元陸軍大佐。他のメンバーは、児玉誉士夫、天野辰夫、本間憲一郎、井本熊男元陸軍大佐、種村（ママ、佐孝か）。

このクーデターの目的は再軍備に消極的な吉田茂を暗殺・排除して、再軍備に積極的な鳩山一郎ないしは重光葵を政権の座につけるというものだった。鳩山の周りには「地下政府」や「宇垣機関」、KATO機関にいた元大本営参謀たちが集まっていた。CIC文書によれば、服部卓四郎や辻政信などは、鳩山の軍事顧問になっている。

陸軍参謀本部にいたこうした高級軍人の一部は、戦時中に情報局総裁の地位にあった緒方竹虎にも接近した。公職追放が解けていたので、あとは政界に復帰すれば、吉田、鳩山に匹敵するような力を持つと見られていたからだ。

このような「地下勢力」の一部である児玉が、このクーデター計画に名を連ねてくるのは当然だった。自分がパトロンになっている鳩山に政権をとらせるという計画であるうえ、鳩山の周辺にいる旧大本営参謀が権力を握ることになれば、前述の課題3の目標が達成できるからだ。

アメリカにすれば、同じ親米・保守政党の政治家であるならば、再軍備に消極的な吉田よりは、積極的な鳩山や緒方のほうが好ましいと思っていた。

事実、鳩山の政権獲得を積極的に支援した形跡はないが、緒方に関しては、彼が創設を目指していた「新情報機関」(のちの内閣調査室)に、CIAからの支援として一四二〇万円ほどを提供している。したがって、再軍備派に政権をとらせようという動きが、CIAの政治戦である可能性は否定できない。

しかし、このクーデター計画は、辻がブレーキをかけて中止された。しかもこのクーデターの情報は、そもそもCIC(アメリカ軍の基地内に残り、CIAに情報を送っていた)の評価ではF6(AからFは情報源の信頼性でFは最低。1から6は情報の信頼性で6は最低)とされ、ほとんど信頼できないとされていた。

たしかに、占領が終わったばかりなのに、共に保守勢力である吉田一派と鳩山一派が相打ちになって喜ぶのは、辻も指摘するように、左派勢力とその背後にいるソ連と中国共産党だ。それに当時、吉田はサンフランシスコ講和条約が発効し、占領が終われば時機を見て総理の座から退くだろうといわれていたのだから、無駄に血を流す必要はない。

したがって、このクーデター計画の情報は、虚偽と評価された。アメリカの情報機関は服部や辻が本気でクーデターを起こすつもりなどないことを知っていたのだ。これは再軍備を渋り、服部グループを、新設の保安隊（のちの自衛隊）に入れまいとする吉田にプレッシャーをかける神経戦だったのだろう。

W作戦の破綻

五二年初め、篠田竜夫（通称アキラ、または煌）という人物の会社を通じてルイス・メドウズ社が納入した五〇〇〇トンのタングステンのうち、一八〇〇トン分の受け取りをＧＳＡが拒否した。五一年の契約で定めた品質基準を下回っているという理由だった。

篠田は小松の知り合いで、かつ児玉が念書を書いたレアメタル業者だった。この篠田鉱業の従業員だった野山秀雄が書いた自分史『私の歩んできた道』によれば、篠田はもともと熊本の細川藩の御殿医の家柄で、篠田も慶応大学医学部に在籍していたが、子供のころ遊んでいて矢が目にあたって片方の視力に障害を持っていたため、医学部を中退してしまった。

その後東京都庁で働いていたが、疑獄事件で身代わりとなって罪をかぶり、刑期を終えたときもらった大金でタングステン鉱山を買った。篠田のタングステン鉱山は、山形県の米沢と長野県の鍋倉にあった。これらが試掘されたのは戦時中の四四年のことだった、と地元の人が開いたウェブサイトに出てくる。これは児玉たちが、日本国内でタングステン鉱山を探すべきだ、と主張した時期と一致している。しかもこの会社には、「Ｙ・Ｋ」なる大物が出入りしていた。野山の自分史のなかで、イニシアルにしたこの大物が、児玉誉士夫であることは間違いない。

しかも、この自分史によれば、野山という人物は、のちにH炭鑛の子会社H燃料に「トレード」されている。Hは北海道をあらわすのだろう。北海道炭礦汽船は児玉が乗り込んで労働争議を収束させて、大きな影響力をふるっていた会社だ。その社長の萩原吉太郎と児玉は、萩原が三井合名会社の若手社員だったときからの関係で、しかも萩原は労働争議や三井のお家騒動を収めてもらったのちも、児玉を通じて自由民主党(以後、自民党とする)の有力政治家のタニマチとなるのだ。

話を篠田に戻せば、要するに彼は児玉の配下のレアメタル業者だったといえる。しかも、菅原たちにしたような方法で、以前からGHQに質の悪いレアメタルを売っていたという。

菅原が彼の保証人になっている児玉と小松をしつこく追及し、政府の高官なども圧力をかけたので、篠田はやむなく菅原と会うことになったのだ。おそらく、児玉たちの身代わりにされたのだろう。

ドゥーマンから見ると、そもそもこのW作戦は、タングステン調達よりも自分たちへの資金提供に力点があった。だから、ドゥーマンは品質が多少悪かろうが、量を調達できれば、それでいいと思っていた。それに元来、日本国内の鉱山から出るタングステンは品質が悪い。戦争末期、中国の品質の高いタングステンを船で輸送できなくなったので、仕方なく採掘することになった鉱山だからだ。

菅原などは、当初の契約には品質基準は言及されていなかった、と主張した。そして、『ジャパニーズ・コネクション』によれば、クローリーには「GSAの新しいスタッフは、この契約にいたる経緯を知らないのだ」とか「GSAの連中は、われわれのグループの仕事を邪魔するか、CIAを貶めたいと願う連中になにか吹き込まれたのだ」と語ったという。だが、GSAの態度は変わらず、ドゥーマン・グループは前渡し金を与えたCIAに一二〇万ドルの負債を負ったままだった。

ドゥーマンの破綻処理

五二年九月一六日、ドゥーマンは日本を訪れた。真珠湾攻撃のあとにグリップスホルム号でアメリカに送還されて以来、一〇年ぶりだった。

彼を横浜で出迎えたのは、キャッスルの親友で旧知の間柄である野村吉三郎だった。

ドゥーマンは、このあと一一月二六日に駐日アメリカ大使ロバート・マーフィとともに天皇陛下に拝謁している。これは『読売新聞』も記事にしている。ちなみにマーフィ大使は戦時中OSSにいた。そのためか、彼の大使在任中の駐日大使館は、インテリジェンス関係者であふれかえるようになった。

ドゥーマンは帝国ホテルなどで犬養健や石橋湛山と会合を重ねている。話題は日本の再軍備で、そのために吉田の自由党と重光の改進党が合同できるかということだった。これ以外の大物政治家や外交官や官僚とも会っただろう。これらの会談の模様は、当然のごとくCIAに政治インテリジェンスとして提供された。

もちろん、ドゥーマンはW作戦の問題の解決にもつとめた。彼は篠田を始めとする当初のタングステン取引のメンバーと会い、GSAが受け取りを拒否したタングステンを、品質基準に合致したタングステンと取り換えるように要求した。

しかし、篠田や児玉らの費用負担で五〇〇トンものタングステンをアメリカに送り出してしまっているのに、そのうちの一八〇トンを回収したうえで、新たに同量のものを調達するというのは無理だった。そもそもGSAの品質基準をクリアするようなタングステンは、児玉や篠田の鉱山からはとれない。

しかも、もらった前渡し金は底をついている。新たに金策に走り回って資金をかき集めてから、品質の高いタングステンを探し出して買い付け、それを自己負担でアメリカに送らねばならない。なおさら無理な話だ。菅原や小松や取引関係者も、ドゥーマンの話をきくだけはきいたが、彼のいう通りにするとはいえなかった。

このほか、ドゥーマンは日本滞在中に、読売新聞社主の正力松太郎とも会っている。この年の一〇月一五日には日本テレビ放送網株式会社が設立されたので、話題はこのことだったたろう。テレビ放送網も、ドゥーマン・グループの心理戦の一つだった。事実、篠田もこの放送会社に一〇〇〇万円投資している。

メディア界の大物と会ったせいか、ドゥーマンは「天皇制を救った恩人」として、一躍有名人になった。新聞に取り上げられ、ラジオ番組には四回も出演し、講演も三回行った。だが、本人が「日経連その他のさまざまな組織のメンバーと懇談」したといっているにもかかわらず、タングステンの問題は解決されないまま残った。プライドが高いドゥーマンは、そんなことを頼むのは筋違いだと思ったのだろう。

しかし、五三年、政権が民主党のトルーマンから共和党のアイゼンハワーに、CIA長官もベデル・スミスからアレン・ダレスに替わると、CIAはタングステン問題でドゥーマンを厳しく追及し始めた。このためドゥーマンは会計処理などを公開し、不正がなかったことを証明しなければならなくなった。

篠田竜夫がスケープゴートにされた

前回の来日から四ヵ月後、ドゥーマンはふたたび日本の地を踏んだ。そして、今回はタングステンの問題に専念し、菅原と小松に出させた出納簿と受領証を長時間かけて調べ上げた。

その結果、二人が会計処理や支払いについて、なんら不正をしていないことを確認した。悪いのは彼らではなく、質の悪いタングステンを引き渡した日本人のほうだとわかった。そこで、どこに責任があり、その責任を誰に取らせればいいのかを決めることにした。

そこでスケープゴートにされたのが篠田だった。

五三年の夏、菅原は二年前からタングステン取引をはじめながらも接触することのなかった篠田と、はじめて直接会うことができた。『ジャパニーズ・コネクション』によれば、児玉と小松は、菅原と一緒になって篠田を責め、GSAに受け取り拒否された量に見合う良質のタングステンを引き渡すことを篠田に約束させた。それでも保証がないと菅原は思ったのか、篠田鉱業の株をすべて担保としてルイス・メドウズ社に入れさせた。しかし、篠田は代替のタングステンをなかなか手に入れられなかった。そして、篠田以外のルートからも、タングステンは菅原のもとに集まってこなかった。

それには驚くべき原因があった。時の法務大臣である犬養健が、菅原らの邪魔をしていたというのだ。犬養は五一年一〇月七日に訪米したとき、吉田の後継者というふれこみでドゥーマンとキャッスルによってアメリカの有力政治家に引き合わせてもらっていた。この忘恩の政治家は、日本の元軍人や元特務機関員に、タングステンを持っているなら、ドゥーマンなどアメリカ人ではなく、日本人である自分に売ってもらいたい。そうすれば、少なくとももうけは日本人に入るといったのだ。犬養は吉田が降りたあとの総理大臣の座を目指していて、死に物狂いで政治資金を集めていた。悪いとは思いつつ、ドゥーマンや菅原のビジネスに割り込むしかなかったのだ。

ドゥーマン、CIAと決裂

ドゥーマンたちが篠田から株を取り上げ、彼の会社を実質的に乗っ取ってしまったにもかかわらず、事態は好転しなかった。それどころかドゥーマンと菅原は、日本の国税職員や税関職員、警察、海上保安庁係員から、容赦ない税務調査を受けた。それが済むと、今度はCIAが送り込んできた何人もの経理士や調査員から納税記録などの調査を何度も受けた。

『ジャパニーズ・コネクション』によれば、五三年の秋にドゥーマン、菅原、小松の三人は、CIAが派遣した弁護士との会合を東京で持った。この席で弁護士は、CIAが彼らを訴える用意があると告げた。これに対して菅原は、そうなればわれわれは篠田を訴えざるをえないし、裁判の過程でわれわれとCIAが日本でしたことが明らかになるだろう、と脅した。

こういわれては、CIAはそれ以上どうすることもできなかった。

いよいよ切羽つまったドゥーマンと菅原は、五四年になると篠田に対してタングステンの替わりにチタンで穴埋めするように命じたが、これもうまくいかない。篠田鉱業の従業員だった野山の自分史にも、このころに篠田鉱業は給料の遅配がでるようになった、という記述がある。

五五年三月三〇日、キャッスルのもとを訪れたアレン・ダレスがこの約一二〇万ドルの焦げ付きの件でドゥーマンを法務省に訴えるといきまいた。同日のキャッスルの日記にそう書かれている。

このあとも、ジャパン・ロビーのメンバーで上院議員のアレグザンダー・スミスがドゥーマンとダレスの間に仲裁に入るなどしたが、結局どうにもならなかった。だが、やはり表沙汰にできないので訴訟沙汰に発展することはなかった。

当時ＣＩＡ日本支局にいたハワード・ハントも、政治・心理戦が五四年前後に次のように終わったと述べている。

私（ハント）は長いプロジェクト（当時ＣＩＡ日本支局が行っていた「政治・心理戦」）の記録から、取り返しのつかない失敗の例をあげることができた。その結果、プロジェクトは打ち切られ、終了した。その日本人親子（小松と菅原のこと）との最後の会合のとき、担当官は組織の決定でこのような結果になったことについて許しを乞わんばかりの態度だったが、老サムライは苦笑して「何事にも終わりがある。何年間とはいわないが、もう何ヵ月間も、いつかはＣＩＡからそういう話がでると思っていた」といった。

ハントが東京を去るのは、ウルグアイのモンテヴィデオ支局長になる五六年夏のことなので、この「政治・心理戦」が打ち切られたのはその前、つまり五五年ころだといえるだろう。

こうしてドゥーマンとダレスが不仲になったことによって、ジャパン・ロビー全体の雰囲気も悪化した。そして、この後はＣＩＡと児玉の関係も、この段階ではいったん切れたと考えていいだろう。ドゥーマンとダレスの関係をここまで悪化させた元凶が児玉である限り、ＣＩＡや国務省はしばらく児玉を工作に使おうとは思わないだろう。

そうしているうちに、五七年七月に篠田が急死した。野山の自分史によれば、死因は膵臓炎だったということだが、多少死因に不審なところがあったようだ。

野山は、篠田の知人がある新聞に書いた次のような追悼文を自分史に引用している。


アキラ、本名は篠田竜夫、彼は医学を中途でやめて実業界に入り、二十五歳にならずして巨万の富をつくり、篠田鉱業株式会社をたて、鉱物貿易で世界に網をはり、後いくつかの鉱山で悪戦苦闘し、そして死んだ。今まだ三十歳をこえていない。

彼の肝胆相照らしたのが久原房之助翁あると聞くに至っては、実に一個の怪物の感がある。

(『私の歩んできた道』)


篠田の死によってW作戦は完全に破綻した。タングステンもチタンも入手不可能になったからだ。そして、ドゥーマンとダレスの関係も、修復不能になってしまった。このような結末を見て、ふと思うことがある。これはある程度までは児玉が仕組んだことではないか、ということだ。

ドゥーマンやジャパン・ロビーは親日的で友好的だった。彼らは、共産主義に対する態度と利害において児玉と共通する部分が多かった。だが、ドゥーマンたちは、彼らの論理で、彼らの利益のために、親日的であり、友好的であり、反共産主義なのだ。東亜連盟信奉者としての児玉は、それをよくわきまえていた。

ＣＩＡは児玉を便利屋としてうまく使おうとしたが、この段階では、児玉が彼らの上手をいっていた。児玉のほかに、正力松太郎や岸信介などもＣＩＡと関係したが、彼らはＣＩＡを最大限に利用しようとはしたが、走狗《そうく》となることはなかった。彼らほどの器量を持った人物ならば当然のことだ。

第6章　政界工作と鳩山一郎総理の誕生
――CIA協力者から政治プロデューサーへ　保守合同期

自らのイニシアティヴで日本政治をプロデュースし始めた

戦後の児玉は、望むと望まざるとにかかわらず、また直接、間接を問わず、G－2やCIAの工作の下請けにされてきた。日本が占領されていたのだから、仕方ないことだった。だが、この章で詳しく見る「保全経済会事件」のころからは、自らのイニシアティヴで、自分たちの目標を掲げて、資金を持って、日本の政治をプロデュースし始めたように見える。

鳩山政権が成立したとき、CIAは「この内閣の支援のもとに、彼ら（児玉と三浦義一）は反共産主義、ナショナリズムの復活、再軍備などの右翼的プログラムを行っていくだろう」と分析している（五五年二月四日付CIA文書）。これは方向性としてはCIAと一致しているが、児玉らの考えるものはあくまで日本人が考えた、日本のためのものであるという点で、実は根本的に違っている。また、児玉らの政治・宣伝・心理・経済戦の対象も、戦時中と占領期は中国国民党や中国共産党だったが、いまや日本国内の自由党、改進党、民主党に代わっていた。

そうした児玉らにとって、保全経済会は絶好の道具だった。だが、彼らの戦いは次第に単純化されて政治資金を集めること、それを使って総理大臣候補を「培養」し、キングメーカーになることに変っていった。彼らが所有するプロパガンダのメディアも、大企業などから金を取る「ブラックジャーナリズム」に特化していった。

同じ傾向はドゥーマンたちやＣＩＡにも認められる。戦争が終わり、占領も終結に近づくと、こまごまとした政治・心理戦よりも、将来総理大臣になりそうな有力政治家を早く見つけだし、それに便宜や資金を与えて「培養」し、自らがキングメーカーになることに力点が移っていた。成功した暁には、それをもとに総理大臣に対して最大限の影響力を行使するのだ。これがもっとも手っ取り早く、効率的に対象国を操る方法だったのだ。

児玉の政界工作のツール、保全経済会

では、児玉が政界工作のツールにつかった保全経済会とは、どんな組織だったのだろうか。この事件のカラクリを、五四年四月一日の衆議院行政監察特別委員会の議事録に基づきながらみてみよう。

この保全経済会は、伊藤斗福《ますとみ》という在日朝鮮人が興した「匿名組合」で、一般出資者から資金を募り、これを株式や不動産に投資したり、中小企業などへ貸し出しすることによって、高配当金を出資者に還元するというものだった。

そこで出資先を探していた伊藤が目をつけたのが『新夕刊』で、当時の社長山崎一芳に声を

かけたのが、児玉や三浦と関係ができるきっかけだったという。伊藤は手始めに二〇〇万円ほど融資し、五二年七月一〇日にこの新聞社を株式会社にしたあと一〇〇〇万円単位の資金を流し続け、筆頭株主になった。

『新夕刊』はもともと戦前に岩田富美夫が経営していた『やまと新聞』の後身で、『やまと新聞』時代に児玉が引き継いだ新聞だ。その児玉が巣鴨プリズンに収監されると、経営は児玉機関の幹部高源重吉に任された。だが、児玉の資金が使えないこの新聞は、やがて経営に行き詰まり、盟友三浦義一に譲ることになった。三浦は山崎を社長に据えてなんとか新聞の発行を続けていたところに、伊藤が融資の話を持ちかけてきたというのだ。

児玉と関係が深い三浦は、戦後の混乱期に日本発送電にからんで巨額の資金を得ていた。日本発送電とは、三八年の国家総動員体制のとき全国の民間電力会社三三社が合同して作られたもので、ＧＨＱはこれを九つに分割することを計画していた。このとき三浦は、日本発送電とＧＨＱのあいだに入って調整役をつとめ、巨額の交渉手数料を得ていた。

その後、三浦は公職追放の項目に該当しているにもかかわらず、自由党に資金を提供するなど盛んに政治活動を行っていて、そのことが五〇年九月二〇日の衆議院法務委員会で問題にされもした。その資金力があてにされたのか、五二年七月の服部クーデター計画に際しても、ＣＩＣ報告書に、協力者の一人として、児玉とともに名前を連ねている。

保全経済会事件に児玉も登場するのは、巣鴨プリズンに収監されてやむなく手放したものの、出所後は再び『新夕刊』に関わるようになっていたからだ。三浦と児玉は、大口の顧客や出資先や政治家を伊藤に紹介するなどして、保全経済会への影響力を徐々に強めた。

だが、その影響力が決定的に強まったのは、この「匿名組合」の自転車操業が行き詰まり、延命方策のために政治家へ働きかけなければならなくなったためだ。

当然ながら、伊藤は三浦と児玉という、二人の政治プロデューサーに頼った。一方で二人は、それを自らの政治・経済戦に利用して、自由党の鳩山一郎や三木武吉、改進党の重光葵や大麻唯男、社会党の平野力三などに政治献金させた。

その目的は、伊藤のレヴェルでは、保全経済会に有利な法律を国会で通してもらい、この「匿名組合」としか呼べない事業を合法化するというものだった。だが、政治プロデューサーである児玉や三浦のレヴェルでは、再軍備に消極的な吉田と対立する勢力に政治資金を与えることで、吉田を退陣に追い込むことだった。

日本テレビと保全経済会

ちなみに、読売新聞社会部の名物記者だった三田和夫が書いた『読売・梁山泊の記者たち』によれば、この保全経済会は、当時設立されたばかりの日本テレビ放送網株式会社に四億円出資したという。『鮎川義介関係文書』所収の「日本テレビ発足にあたって」(五二年一〇月一五日付)にしたがえば、一株一〇〇〇万円の株を一〇口、総額一億円分取得している。これもあってか、日本テレビは保全経済会の広告を放送している。

保全経済会が五三年一月から一〇月の間にテレビとラジオの広告に費やした金額は、六〇一万円に及ぶ（五四年二月一日の衆議院行政監察特別委員会の議事録）。当時の民間テレビ放送局は日本テレビしかないのだから、六〇一万円の相当の部分はこの会社に入ったと見ていいだろう。この大口の広告が、まだ立ち上がったばかりの日本テレビにとって、どれほどありがたかったかは想像するに難くない。

ドゥーマンが児玉に与えた資金が、保全経済会を通じて日本テレビへ出資され、日本テレビの立ち上げとその後の経営を支えた、という構図が見えてくる。また、この保全経済会がそれまでの「匿名組合」と大きく違うところは、日本テレビのような大手メディアを大々的に利用する点でもあった。伊藤は出資金を集めるにあたって、一ヵ月二パーセントから三パーセントという、途方もない高配当を保証すると約束していた。電信柱やチラシの広告でこんなことを宣伝したとしても、信用するものなど誰もいないだろう。だが、伊藤は大手メディアに大々的に広告を載せた。このため、通常ではありえない高配当であっても、しっかりした会社だろうと信用してしまった出資家も多かったのだ。

このようなメディア戦略と時代の後押しがあったにもかかわらず、保全経済会は確たる財政基盤もなく、投資先や事業についてのノウハウももたず、出資金を集めるだけで増やすための運用ができなかった。

このような「匿名組合」は、いずれ解約者がではじめて資金が減り始めると、たちまち行き詰ってしまうという時限爆弾を抱えていた。そして、五三年三月のスターリンの死を引き金に株が暴落したとき、これが爆発した。

保全経済会疑獄へ発展

同年一〇月、伊藤の支払いがストップした。すると、日本橋にある本社の周辺は、警官が交通整理しなければならないほどの大混乱に陥った。

伊藤が集めた出資金は四五億円ほどだったが、残っていたのは二万七九〇〇円だった。ここにいたって、この保全経済会の破綻は社会問題化し、国会に取り上げられるようになったのだが、そのさなかの五四年一月二六日、伊藤は詐欺容疑で逮捕されてしまう。

国会での追及が進み、内情が明るみにでてくる過程で、この投資会社に政界の有力者が群がり、立法化に努力すると請合って、政治資金を得ていたことが判明した。いいかえるなら、児玉と三浦の政治・経済戦の実態が、浮かび上がってきたのだ。

二月一日の衆議院行政監察特別委員会での社会党の平野力三（保全経済会顧問）の証言によれば、伊藤は自由党の広川弘禅を通じて、池田勇人と佐藤栄作に三〇〇〇万円、改進党の重光葵と大麻唯男に二〇〇〇万円、鳩山一郎と三木武吉に一〇〇〇万円を、それぞれ献金したと彼に語っていたという。このあと、保全経済会の問題は、衆議院の予算委員会、本会議、行政監察特別委員会でも引き続き追及された。

こうした委員会で、政治家とともに幾度となく名前がでてきたのが児玉だった。彼だけではなく、かつての児玉機関の幹部だった吉田彦太郎と高源重吉の名前も一緒にあげられた。

伊藤は経営の苦しい『新夕刊』の債務を引き受け、さらに出資するという名目で、児玉を通してまず一五〇〇万円の大金を三浦に渡した。三浦はその後も、この新聞の債務引き受けと新たな出資という名目で、伊藤から大金を引き出し続けている。これらが、彼ら自身の活動と伊藤のための政治家への工作の資金になったことは想像に難くない。

とくに、重光は終戦直後、児玉を内閣参与に推薦した人物で、大麻はその金庫番にあたる。鳩山は、戦後自由党を立ち上げるとき、児玉から設立資金をもらっている。鳩山の大番頭にあたる三木武吉との関係も以前から密だった。

保全経済会事件でとくに強くスポットライトを浴びた広川も、その三木と児玉が一計を案じて鳩山陣営に引き入れた吉田派の領袖だが、このことはあとのことと深く関わってくるので、その経緯をさかのぼって説明しよう。

児玉、広川離反をお膳立て

吉田政権で力を持ち始めた党人派の広川は、総理大臣になるためのステップとして幹事長を目指していた。だが、吉田は党務などのとりまとめで広川を利用しつつも、好んで重用したのは佐藤栄作や池田勇人などの元官僚たちだった。

そればかりか吉田は、公職追放が解けた直後の五二年一〇月の総選挙で当選を果たしたばかりの緒方竹虎を、いきなり官房長官に抜擢した。緒方は、戦時中は内閣情報局総裁を、終戦直後の東久邇内閣でも国務大臣兼内閣書記官長を務めた大物だ。

広川は、自由党内での自分の将来を悲観するようになった。そこへ、鳩山の参謀三木が児玉を介して揺さぶりをかけた。児玉が「めずらしい魚が獲れたのでご馳走します」といって広川を自宅へ招き、鳩山や三木や三浦と引き合わせた。

鳩山や三木は、自由党内に留まりながらも、吉田打倒を目指している。その彼らに広川が会うということは、吉田に反旗を翻したも同然だ。広川本人もそのつもりだったが、三木や児玉が当然このことをいい広めたので、広川と吉田の決裂は決定的となった。

こうして三木と児玉は広川を鳩山陣営に引き入れることに成功した。児玉は『悪政・銃声・乱世』のなかで、わざとひかえめに、だが、もったいをつけて、広川引き離し工作について書いている。

事実、広川を吉田から引き離したことは、このあと絶大な効果を発揮した。五三年、吉田総理が右派社会党の西村栄一議員の発言中に「バカヤロー」とつぶやいたことで懲罰動議をかけられたとき、広川は自派の議員を欠席させたため、この動議が通ってしまった。これに激怒した吉田は、農林大臣だった広川を更迭した。これに勢いを得た左右両派の社会党と改進党は、内閣不信任案を提出して追い討ちをかけた。広川派は、今度は欠席ではなく、野党とともに賛成票を投じた。こうして、「バカヤロー解散」が実現したのだった。

その後の総選挙で吉田はなんとか総理大臣の椅子を保つことができたが、自由党はかなり議席を減らしたため、彼の政権は弱体化してしまう。

保全経済会からの政治資金が、吉田打倒を目指す野党と鳩山派にさかんに流れるのは、このあとのことだ。つまり、吉田政権の終わりが見えてきたので、次期政権樹立を目指して自由党内の派閥や野党の政治資金集めがかなり活発化していた。だから、伊藤の差し出す政治資金にみな飛びついたのだ。それを仲介していたのが、伊藤をコントロールしていた三浦と児玉だった。おもに反吉田勢力に献金させることで、再軍備に消極的な吉田打倒の動きを加速させることを狙ったのだ。事実、そうなっていった。

相手の弱みを握るために賄賂を渡した

ここで、先にみた平野力三の証言を思い出してほしい。

池田と佐藤が受け取った献金額は、野党側を上回る三〇〇〇万円だと証言された。これがもし本当だとすれば、どう考えたらいいのだろうか。彼らは与党自由党主流派の幹部なのだから、伊藤にすれば、保全経済会を合法化してもらうために必要な政治資金だという認識だろう。だが、児玉や三浦にとっては、鳩山と敵対する自由党主流派に資金を与えることになり、吉田政権の延命に手を貸すことになってしまう。

これに関するヒントが、五五年三月二一日付のＣＩＡ文書にある（ただし内容は日付以前のこと）。

民主党の三木武吉によれば、彼は副総理大臣重光葵が関わっている「金融スキャンダル」(financial scandal) について、かなりの証拠を集めているということだ。

この「金融スキャンダル」は保全経済会事件を指すのだろう。鳩山の右腕三木が金融スキャンダルの証拠を集めたのは、政敵を陥れるためだろう。ということは、平野の証言通り、池田と佐藤に野党より多く資金提供したのは、それによって弱みを握るか、場合によってはそれを暴露して吉田政権を崩壊させるためだったと推測できる。ともに賄賂をもらったとはいえ、与党のほうが野党より多ければ、与党のほうがより重い責任を問われることになる。

この文書はまた、重光の改進党が鳩山派と合流したのは、重光が保全経済会事件に連座していて、しかも起訴されるに十分な証拠を三木に握られていたからだ、という可能性を強く示している。そもそも改進党は、自衛力強化で譲歩を引き出して自由党と合同し、保守政権を強化すると見られていた。また、それが重光たちにとっても得策だったはずだ。

しかし、現実は違った。そうならなかったのは、鳩山たちに政治資金規正法違反の証拠を握られているのに対し、重光たちは相手の弱みを握っていなかったからだろう。証拠を持っているのは黒幕の児玉だが、彼はその証拠を、重光のためより、鳩山のために使おうとしたと考えられる。

もっとも、児玉は重光にも恩義がある上、当の重光が吉田に再軍備を強く迫っていたので、あまりあくどく重光と改進党の弱みに付け込むことはしなかったはずだ。

児玉に保全経済会事件のもみ消しを依頼

さらに、五四年二月二三日付の国務省のメモによれば、児玉は「政治を安定させるため」に、犬養と鳩山のために「経済スキャンダル」(economic scandals) をもみ消す (cover up) よう依頼されている（依頼主の名前はでてこないが、前後関係から鳩山派の番頭格の三木か河野だとわかる)。

犬養の名がでてくるのは、池田と佐藤のスキャンダルのもみ消しを犬養が頼んだということだろう。あるいは、平野らの証言にはでてこないが、犬養自身も資金供与を受けていたのかもしれない。

この場合の「経済スキャンダル」も保全経済会事件だけなのか、それとも造船疑獄をも含むものなのかはわからない。だが、保全経済会事件のもみ消し工作に関しては、それがどういうものかを暗示する事実が、国会で明らかにされている。五四年二月一日の衆議院行政監察特別委員会で中野四郎議員が、保全経済会の会計係である望月京一が児玉宅で逮捕されたとき、ピストルと実弾数十発を持っていた、と指摘している。これは児玉のもみ消し工作と関係あるだろう。

実際には児玉は伊藤を〝消す〟ことは思いとどまったらしく、伊藤は児玉の庇護のもとにこのあともずっと生き続けている。戦前・戦中の児玉は、工作のために誰かが犠牲になったとき、本人が存命の場合は本人を、本人が死んだ場合は遺族を、児玉機関の資産を使って一生面倒を見た。児玉の政治工作の道具となって犠牲になった伊藤の場合も、これに準じて面倒を見たようだ。だから、児玉は「鉄砲玉」を使えたのだ。

このもみ消し工作によって、保全経済会事件の真相は闇に消えた。鳩山がダメージを負うことはなかった。それどころか、この事件により、鳩山と三木は、重光の弱みを握ることができた。そして二人は改進党と鳩山派が合同して民主党を作り、重光が民主党の幹部になり、その後鳩山政権の外務大臣になってからも、この弱みを利用していたとみられる。実際、あとで詳しく見るように、有力総理候補だった重光は急速に求心力を失い、岸信介や河野一郎、石橋湛山に押しのけられることになるからだ。

吉田政権崩壊して鳩山政権成立

吉田政権にとどめを刺したのは、ほぼ同時に発覚した造船疑獄の方だった。この疑獄に名を連ねたのはなぜか自由党主流派だけで、鳩山派、改進党、社会党などの議員の名は一切でてこなかった。だから、吉田政権を打倒することができたのだろう。

造船疑獄とは、戦争によって失われた海上輸送力を復活させるために、政府が海運業界に与えた補助金にからんで起きた贈賄事件のことだ。日本政府は外国航路を走らせる大型船舶の建造を促進するため、山下汽船や日本海運のような海運大手に建造費の七〇パーセントを船舶公団を通じて融資し、残りの三〇パーセントも斡旋により市中銀行から融資させていた。

ところが朝鮮戦争が休戦になり、戦争景気もぱったりやむと、海運業界も不況に陥り、船舶公団や市中銀行に対する利子の支払いが苦しくなった。そこで、利子の支払いも政府が補助するよう、業界を挙げて与党議員に猛烈に働きかけた。この結果、「外航船舶建造融資利子補給法」は審議開始からわずか一〇日後の五三年七月二八日、可決成立した。

だがその後、五四年一月に事件は幕を開ける。佐藤栄作が業界から自由党への資金として二〇〇〇万円を、佐藤・池田個人への資金としてそれぞれ二〇〇万円を受け取っていたことが発覚した。検察は逮捕許諾を申請したが、法務大臣犬養健は指揮権を発動して、これを許さなかった。逮捕を逃れた佐藤と池田は政治資金規正法違反で起訴されたが、五六年に日本が国連に加盟したことから特赦を得た。

その一方で、衆議院は指揮権発動の経緯を解明するために、吉田を国会に証人喚問した。彼はこれを拒否したため、議院証言法違反で告発されたが、不起訴処分となった。

だが政治は大混乱に陥り、いよいよ追い詰められた吉田は、外国から借款を得るための外遊と称し、九月末に海外に逃亡した。

この間の一一月、いよいよ時期到来とみた鳩山派は自由党を脱党し、改進党と合同し、日本民主党を結党した。これは当時の多くの関係者に「意外」と受け止められた。

改進党はむしろ再軍備の問題で自由党主流派から譲歩を引き出したうえで、彼らと合同して安定保守政権を目指すと思われていたからだ。このあと、新党民主党は社会党左派・右派と共同して内閣不信任案を提出した。児玉と三浦の工作は、最大の成果をあげた。

これに対し、副総理大臣の緒方は、内閣総辞職して吉田を総理の座から降ろして、国民に信を問う、という線で党内を固めた。しかし、緒方にも懸念があった。吉田が解散総選挙に打って出れば、造船疑獄や保全経済会事件の後だけに、自由党だけでなく、民主党も議席を減らして、保守勢力が総崩れになる恐れがある。そこに社会党右派と左派が合同すれば、左翼革新政権が誕生してしまう。緒方と彼を支持した議員だけでなく、CIAもこれを恐れた。

外遊から帰ってきた吉田を待っていたのはこの絶体絶命のピンチだった。吉田は自由党総裁の座を緒方に譲ることは了承したが、内閣総辞職をせず、議会を解散することによって延命を計ろうとした。

緒方はこれに猛反対した。議会を解散すれば自由党が大敗するのは目に見えていたからだ。吉田は緒方を更迭して、議会解散を断行しようとしたが、池田が「いったん自分の後継者に選んだものをいまさら更迭したのでは世の物笑いになる」と反対した。結局、吉田にしたがうものは佐藤しかおらず、自由党は一二月八日の議員総会で内閣総辞職を決定した。

鳩山総理大臣の「自主防衛」演説

内閣総辞職をうけた一二月一〇日、首班指名選挙の勝者は、民主党総裁の鳩山一郎だった。児玉のそれまでの労苦が実って、鳩山はついに悲願だった総理大臣の座に就いた。

鳩山は年明けの五五年一月二二日、衆議院と参議院の本会議において次のような「自主防衛」という考えかたを明らかにした。

防衛問題に関する政府の基本方針は、国力相応の自衛力を充実整備して、すみやかに自主防衛態勢を確立することによって駐留軍の早期撤退を期するにあります。わが国の自主独立の達成のためには、占領下において制定された諸法令、諸制度につきましても、それぞれ所要の再検討を加えて、わが国の国情に即した改善をいたしたいと考えるのであります。

児玉の得意や、いかばかりだったことだろう。彼の政治・宣伝・心理・経済戦は、目的を達成したのだ。終戦後、鳩山が自由党を作る際、なけなしの一〇〇〇万円を与えた。その後、鳩山が首相の椅子に手をかけながら公職追放の憂き目にあったときも、彼を励まし、資金面で支えてきた。吉田と広川のあいだの離間工作を成功させ、「バカヤロー解散」を実現し、吉田政権の屋台骨をゆさぶった。保全経済会を使って反吉田の有力政治家に資金を送り、吉田政権を弱体化させた。そして事件に発展すると、巧みにもみ消し工作を行い、少なくとも反吉田勢力に不利にならないようにした。キャスティングボートを握る重光率いる改進党が自由党主流派と合流せず、鳩山派と合同するようにしむけた。そして、ついに鳩山は政権の座につき「自主防衛」を唱えたのだ。

政治プロデューサー児玉の、鳩山政権樹立に対する貢献は計り知れないほど大きい。

児玉にとっての鳩山政権成立の意味

この鳩山政権成立の意味を、ＣＩＡ文書は児玉と三浦との関係の文脈で、次のように分析している。

五五年二月四日、以下の情報がＣＩＩＶ－８３１（情報提供者のコードネーム）から得られた。

ａ．民主党の創設と鳩山の首相就任、重光外相就任によって、児玉誉士夫と三浦義一の政治的意図は実現した。鳩山と重光にとって長年の政治的友人である児玉と三浦は、鳩山と重光の政治的成長を金銭面で助け支えてきた。（中略）

ｃ．三浦は前日本銀行総裁で鳩山内閣の現大蔵大臣である一万田尚登の親戚だが、いまや日本の経済界とさらなるコネクションを築く上で、一万田の影響力が使える立場にある。

d．総選挙後の民主党の勢力が確定すれば、児玉と三浦の影響力はいままでよりもかなり強まる、と右翼は信じている。自由党に対する彼らの過去の金銭的援助と支援は、新しい内閣に対して彼らが発言権を持つという結果をもたらすだろう。この内閣の支援のもとに、彼らは反共産主義、ナショナリズムの復活、再軍備などの右翼的プログラムを行っていくだろう。しかしながら、党の保守的メンバーが児玉や三浦のような極端な国家主義者に懸念をもっているので、彼らが民主党の中に真の意味での権力を獲得することはないだろう。

かみくだいていえば、このようにまとめられるだろう。

児玉と三浦は、「地下政府」のようなシャドウキャビネットではなく、鳩山政権という現政府に対して影響力を持つことができる。とくに、三浦の親戚である一万田が大蔵大臣になったことは、彼らがこれまでよりも経済界と結び付きを深めるうえで役に立つ。

この内閣と経済界との結び付きをバックに、彼らは反共産主義、ナショナリズムの復活、再軍備などを活発に進めるだろう。だが、民主党党内には彼らのような極端な国家主義者に不安をいだく保守的グループもいるので、彼らの影響力は部分的なものにとどまるだろう。

児玉や三浦にしてみれば、彼らの影響力が限定的なものでしかないことは残念なところだが、いずれにしても「わが世の春」がきたことは間違いない。

問題は、この鳩山政権の基盤がかなり脆弱《ぜいじゃく》で、てこ入れがまだ必要だということだ。五四年一二月の鳩山政権成立時点と、五五年二月の総選挙が終わった時点での各党の議席の分布は、次のようになっていた。

54年12月

	自由党	民主党	社会党左派	社会党右派	緑風会	その他
衆議院	185	121	72	61	0	20
参議院	91	49	43	26	19	19

55年2月

	自由党	民主党	社会党左派	社会党右派	緑風会	その他
衆議院	112	185	89	67	0	14

（参議院選挙はまだなかった）

この表を見てもわかるように、吉田政権崩壊の時点でも自由党はまだ第一党の勢力を保っており、鳩山は社会党の支持を受けたので首班指名選挙で緒方に勝ったにすぎない。その社会党は左派と右派を併せると衆院で一三三議席になり、民主党を数で上回る。イデオロギー対立から左右両派の統一ができずにいるが、保守勢力の自由党が分裂して自由党と民主党になったという状況では、革新勢力の政権奪取という目的の下で大同団結をしてくるかもしれない。

鳩山政権成立後の五五年二月に行われた総選挙では、この恐れがむしろ大きくなった。社会党が左右両派とも議席を増やし、その合計は一五六となり、第一党の民主党の一八五に迫ってきた。このような状況で、社会党政権誕生を望む国民の声が次第に高まってくれば、これに応えて左派と右派の合同も考えられる。そうなれば、次の選挙では社会党政権が現実のものになるかもしれない。

それは与党民主党だけでなく、いまや野党となった自由党も、まして児玉と三浦も望むところではなかった。児玉と三浦はまだまだ力を抜けなかった。

鳩山を見捨て緒方に乗り換える

ところが、児玉はまもなく、これほど尽くしてきた鳩山が、あらぬ方向に進み始めるのを見ることになる。反共産主義レジームを確立し、憲法を改正して再軍備を進めるどころか、「自主防衛論」をなおざりにして、ソ連との国交回復を政治目標に掲げたのだ。当時、日本の仮想敵国ナンバーワンはソ連だから、この国と友好的関係を結ぶことを目指せば、再軍備の勢いが殺がれることになる。

児玉もこれには憤慨して、二人の間にはしばらく険悪な空気が流れた。

そしてＣＩＡ文書は、児玉の驚くべき行動を明らかにしている。なんと児玉は鳩山を見捨てて、緒方に乗り換えることにしたというのだ。

これは従来まったく明らかにされてこなかった事実だ。次のCIA報告書が、鳩山の背信行為と、それに対する児玉の反応を明らかにしている。

五五年六月二三日、以下の情報がⅣ831（情報提供者のコードネーム）から得られた。

児玉・三浦のグループの最重要目的は、吉田内閣を倒し鳩山内閣を作ることだった。これは三木武吉の協力によって実現した。児玉・三浦グループは憲法改正、日本の再軍備、反共産主義国防組織の設立を意図している。

しかしながら、民主党メンバーのあいだで政治的見解が異なるため、鳩山内閣は不安定だ。したがって、鳩山は再軍備政策を積極的に推し進めないばかりか、共産主義国と外交関係を再開し、貿易を促進することに積極的になっている。

児玉・三浦グループと鳩山グループのあいだには、よそよそしい空気が流れている。鳩山内閣が弱くて再軍備政策を実行できないとなれば、児玉・三浦グループはすぐに自由党の緒方派に寝返るだろう。児玉・三浦グループと緒方派の協力を仲介しているのは、湯河原グループの右翼分子だ。湯河原グループは、台湾の国民党政府と密接に関わっている。そのリーダーの一人、町野武馬の自宅が湯河原にあることからこう呼ばれる。

町野武馬は、蔣介石をはじめとして台湾国民党政府の指導者のなかに多くの友人を持っている。自由党総裁緒方竹虎の親友であることに加えて、次の右翼組織にも大きな影響力を持っている。全国師友協会（安岡正篤）、大和党（吾郷利之）、大日本生産党（川上利治）。

湯河原グループのメンバーで、緒方竹虎のブレーンといわれている進藤一馬が、児玉・三浦グループと緒方派との連携関係をやりやすくしている。進藤は、農林大臣の河野一郎を通じて三木武吉と知り合っている。緒方を長とする保守大合同は、右翼勢力に強く支持されている。

この報告書からもわかるように、児玉（そして三浦）は鳩山を見限り、緒方に近づこうとしている。そのために、湯河原グループの町野や進藤を通じて緒方派に接近を試みている。

このことは、児玉の目的が、鳩山を政権につけることではなく、「日本を反共産主義の主要国」とし、「自主防衛できる日本を再建」することだ、という事実を改めて認識させるのに充分だ。いいかえれば、彼は政治プロデューサーであって、単なる鳩山のタニマチではないということだ。鳩山の裏切りを見た児玉が、緒方擁立に動いたということがそれを証明している。

とはいえ「日本を反共産主義の主要国」とし、「自主防衛できる日本を再建」することは、一朝一夕ではできない。七年もアメリカに占領されたあとなので、鳩山以降も数代にわたって総理に影響力を持ち続けなければ、目標達成など不可能だ。したがって、たとえ鳩山の迷走ぶりに愛想を尽かさなかったとしても、いずれ児玉はポスト鳩山の最右翼である緒方に接近しただろう。まして、緒方は東亜連盟という背景を持っていて、児玉とは思想的に近いだけでなく、繆斌工作をはじめとする深い関わり合いがあったことは前に述べたとおりだ。

緒方急浮上の背景

このようにみると、保全経済会事件で児玉がなぜ鳩山だけでなく、重光にも政治資金を与えたのかがわかる。重光は恩人だが、そのこと以上に、吉田に再軍備を迫る急先鋒だったことが重要なのだ。それゆえに、コマとして押さえておこうと考えたのだろう。

クーデターを計画した際も、成功した暁の総理大臣候補に鳩山と並んで重光も入っていたこと、またクーデターの同調者あるいは目的を同じくする者たちのなかに緒方も入っていたことを思い出す必要があるだろう。

実際、五二年ころ重光の周囲には旧軍人たちの姿が見え隠れしていた。重光が改進党の党首となり、再軍備を唱えていたからだ。旧軍人の中心的メンバーのなかでも、土居明夫と辻政信は緒方としきりに接触していた。もともと玄洋社（大アジア主義を唱えた政治結社）や中国工作とのからみで緒方は旧軍人たちと接点があったし、戦後もこの関係は続いていたからだ。緒方が「台湾義勇軍」に関与していたかどうかはわからない。だが、直接関与していなくても、旧軍人と児玉たちがそのような工作をしていたことは知っていただろうし、そのことで相談を受ければ人の紹介くらいはしただろう。

また五二年春のころの緒方は、公職追放が解けたばかりの「浪々の身」で、自由党のリーダーどころか、国会議員にすらなっていなかった。だから、鳩山や重光のように、児玉らのクーデター計画の際の首班候補として名前がでてこなかったが、クーデター計画が総選挙後だったら、彼もまちがいなく首班候補の一人になっていただろう。

事実、クーデター計画の報告書にはいくつかのヴァージョンがあるが、その一つでは緒方の名も臨時政府首班候補者としてあがっている。彼はその思想や戦時中の経歴から、重光以上に旧軍人と右翼主義者に人気があった。児玉に関していうなら、緒方は鳩山より付き合いが長く、かつ思想的にも近い人間だったといえる。

この緒方は、ＣＩＡ文書によると、五一年ころから再軍備にむけて土居や辻と頻繁に接触していた。そして、五二年の春には、河辺虎四郎や辰巳栄一の要請もあって、かつて自分が総裁をつとめた内閣情報局と大本営参謀本部を足したようなインテリジェンス機関を作るための準備作業をしていた。再軍備を果たした後には、このような機関が絶対必要になると考えたからだ。

このインテリジェンス機関は、まず内閣総理大臣官房調査室という総理大臣の秘書室のようなものからスタートし、緒方が官房長官に抜擢されたのちに拡充され、岸内閣のとき内閣調査室、そして中曾根内閣のとき現在の内閣情報調査室になっていく（詳しくは拙著『ＣＩＡと戦後日本』の第五章に譲る）。

この緒方に、児玉が早晩アプローチするのは予測できた。鳩山に愛想をつかさなくても、いずれ鳩山の後釜として、接近して旧交を温めなければならない相手だったのだ。

鳩山は「自主防衛」より日ソ国交回復をとった

なるほど政権に就くまえの鳩山も、辻や土居など旧軍人の期待を集めていた。彼は吉田との違いを明らかにする立場からも、再軍備を唱えていた。実際、服部、土居、辻を軍事顧問として案を練らせ、来日したジョン・フォスター・ダレスにその案を披露して、自分が再軍備にいかに積極的かをアピールしている。だからこそ、児玉も支援を続けたのだ。

しかし、鳩山の立場も変った。一八〇人もの国会議員をしたがえ、国政のかじ取りをするとなると、重光や児玉など再軍備派のいうことだけを聞くわけにはいかない。その他の声にも耳を傾け、全体のバランスをとって政権運営をしなければならない。

その結果が、ソ連との関係改善を「自主防衛」に優先させる路線となったのだ。

日本各地の基地のなかにアメリカ駐留軍が残っているとはいえ、その兵力は占領期にははるかに及ばない。ソ連との分割占領ではなく、アメリカによる単独占領になり、北海道がソ連の手に落ちることはなかったが、北方領土を含めソ連との境界線が確定していない。

五一年のサンフランシスコ講和条約によってアメリカなど自由主義諸国との戦争状態は終わったが、これに参加していないソ連とは未だに戦争状態が続いている。それなのに吉田は再軍備に消極姿勢をとり、ソ連に対する防衛力の整備を進めようとしない。

しかも、シベリアには約六〇万の日本人（軍人と民間人）が抑留され、当時でも相当数の未帰還者が、過酷な条件のもとに強制労働させられていた。栄養不足と寒さのためにすでに命を落とした者は数知れず、残った者もなお生命の危険にさらされ続けている。

友愛を家訓とする鳩山だけに、まずはソ連と国交交渉を皮切りに関係改善をはかり、なによりシベリア抑留者という人道問題を解決したのちに、国力の十分な回復を待って軍備を強化してソ連に備える、という融和路線に後退したとしてもおかしくない。事実、政権奪取の直後、ソ連通商代表部（国交回復前だったので大使館の代わり）のドムニツキーが急接近してくると、それまで声高に叫んでいた再軍備（おもにソ連に対する軍備）を引っ込めて、日ソ国交回復を最優先の政策課題に掲げるようになった。

この変節が、鳩山に期待をかけた児玉や旧軍人を落胆させ、憤らせたことは想像に難くない。しかし、いまさら鳩山を引きずり下すわけにはいかない。社会党が左派も右派も議席を増やしている状況下では、さらに事態を悪化させるだけだ。ここは、むしろ緒方率いる自由党を民主党と合同させることで、確固とした保守基盤を築き、あわせて鳩山のぶれを正したほうがいい。そう児玉は考えたのではないか。

小豆相場操作で保守合同の資金調達

総選挙も終わって一息ついた五五年四月一二日、民主党総務会長の三木武吉が新聞記者相手に発した次のような談話は、世間を驚かせた。

昨年（五四年）三月、緒方（竹虎自由党総裁）氏が爛頭の急務の声明を出したときと今日とは、政局を安定させようとする世論は少しも変わっていない。今日もし保守勢力の結集が必要なら、かならずしも民主党中心でなければならないことはない。また、鳩山内閣でなければならないこともない。

これは爆弾発言として受け止められた。三木は「保守大合同のために必要なら、民主党がその中心でなくてもいいし、鳩山が総理大臣でなくてもいい」といっているに等しいからだ。

この三木発言によって、保守合同の動きはにわかに活発化し、それまで犬猿の仲だった三木と自由党総務会長の大野伴睦が、五月一五日に高輪の山下太郎（後のアラビア石油社長）の自宅で会談するに至ってようやく端緒についた。

三木・大野会談が突破口を開いた民主党・自由党合同交渉は、五月二三日の両党幹事長・総務会長会談で正式にレールにのった。このなかで岸信介は民主党の幹事長として、同党総務会長の三木、自由党幹事長の石井光次郎、大野伴睦総務会長とともに、両党の合同交渉で中心的役割を担うことになると同時に、ポスト鳩山・緒方の有力候補となっていった。

ジャパン・ロビーが選んだ次期首相

五五年六月一日のキャッスルの日記は、この日、ハリー・カーンとマックス・ビショップ（当時国務省中近東課勤務）がキャッスルの自宅を訪れ、自分たちが情報源から得た政治的インテリジェンスを持ち寄って対日政治・心理戦について協議したことを明らかにしている。この協議のなかで、カーンとビショップがもっとも望ましい次期総理大臣候補者としたのは、重光ではなく、岸だった。

彼（カーン）から得た最も興味深い話は、明らかに日本の政治で重要人物になってきている岸についての評価だった。ハリーは、岸は正直で、将来かなりの影響力を持つようになるので、あらゆる点でわれわれが培養（cultivate）すべき男だと考えている。マックス（・ビショップ）は彼（岸）を知らないが、国務省の情報はハリーがいったことを裏付けていると述べた。

やはり、彼らにとって重要だったのは次期総理大臣を早く見つけ、「培養」することだったのだ。

岸は、六月三〇日の両党四者会談で「保守合同を目途とする政策協定を締結すること」を両党の党議で決定したことを確認し、両党合同交渉をほぼまとめあげた。ジャパン・ロビーのあいだで岸の評価が高まったのも道理だった。

だが児玉にとって、その岸は問題だった。鳩山一郎、重光葵、河野一郎と違って、自分に負うものはほとんどなく、したがって彼が政権についても影響力がほとんど振るえないからだ。その分だけ、ジャパン・ロビーやCIAの岸に対する影響力は強くなるだろう。しかも、この岸が、やはり児玉が影響力を持ちえない池田勇人や佐藤栄作にバトンタッチすることも充分考えられる。そうなれば、政治プロデューサーとしての児玉の地位は著しく低下してしまう。

とはいえ、この当時は、社会党の左右両派が大合同する前に、保守合同を成し遂げることが重要で、岸の足をひっぱることができる状況ではなかった。実際、岸が民主党と自由党の合同交渉をまとめたあと、児玉はかなり大掛かりな資金調達工作を行う。五五年七月二八日付CIA文書は、児玉が暴力団を使って小豆の先物市場を閉鎖し、その間買い占めていた八万樽もの小豆の値が暴騰したため、九〇〇〇万円もの暴利を児玉が得たと報告している。

この買い占め資金を児玉に提供したのは、河野と三浦だった。二人が家を抵当に入れて資金を調達し、それを児玉に渡したということもCIA文書には報告されている。当時、河野は農林大臣だった。この九〇〇〇万円の相当部分が、民主・自由両党による解党・合同合意後のさまざまな多数派工作の資金になったと見ていいだろう。河野は、政治の裏舞台の資金集めでは、児玉と三浦の助けを得つつ、大きな功績を積んだといえる。

一方、児玉と三浦は、この行動から見る限り、緒方自由党ではなく、鳩山民主党を支援することにしたらしい。児玉が緒方にも同時に資金を与えていた可能性もあるが、その形跡は文書からは窺えない。

しかも、児玉がこの資金調達工作を行っていたころは、鳩山の政界引退が囁かれていた。つまり、この資金は民主党という保守勢力のためであって、鳩山個人のためではなかったともいえる。自由党を保守合同の話し合いの場に引っ張りだすには譲歩が必要で、それには合同後の初代総裁を自由党側に譲るしかないだろうと思われていた。

三木や河野など鳩山の側近たちも、宿願を果たして総理大臣になった鳩山なのだから、その座に恋々とすることなく、保守大合同という大義のために、トップの座を潔く緒方に譲るだろうと思っていた。

ところが、鳩山は意外にも初代総裁に強い執着を見せて、彼らをあわてさせることになる。

保守合同の舞台裏

ここで、五五年一〇月六日のＣＩＡ文書を見てみると、ポスト鳩山の総理大臣レースをめぐって、鳩山たちが緒方を締め出そうと画策していたことが窺える。

1. 鳩山一郎、岸信介、河野一郎、三木武吉が一〇月三日に会談して、鳩山を続投させることにした。緒方(竹虎)とは親しくはするが、鳩山の次を緒方にするという約束はしない。その意図は、政治的休戦の間に、河野が集めた五〇〇〇万円で三〇ないし四〇の議席を買い、これによって絶対的過半数を得ること。民主党は現在二〇〇議席。こうすれば保守合同は必要ない。

2. 民主党は社会党の合同を心配していない。イデオロギー上の衝突で、すぐに分裂する。鳩山も正力(松太郎、読売新聞社主)に総理を約束。

「五〇〇〇万円で三〇ないし四〇の議席を買」うといっていることからもわかるように、自由党と合同するのではなく、民主党単独で政権維持するということも念頭にあったのだ。

たしかに、民主党が自由党と合同すれば、鳩山の次は緒方に譲らざるを得なくなるだろう。だが、いったん緒方を総理大臣にすれば流れが一変して、自由党出身者から後継がでて、民主党出身者は脇に追いやられるリスクがでてくる。

そのリスクの芽を摘むことができるのなら、早めに摘んでおこうという腹だ。それに、保守大合同のためではあっても、総理の座を緒方に明け渡すよう鳩山を説得するのはそんなに簡単なことではないということも、いよいよはっきりしはじめていた。

ここに至って、児玉と河野が小豆相場で稼ぎ出した九〇〇〇万円は大きな意味を持った。この文書では河野が集めたのは五〇〇〇万円といっている。だとすると児玉たちは必要経費として自分の取り分を引いたうえで、残りを河野に渡したのだろう。それも、五〇〇〇万円まるまる小豆相場の操作から得たのではなく、別筋からの資金も入っていたはずだ。

というのは、五五年二月の総選挙に無所属で出馬して当選した読売新聞社主の正力も、親友の三木を通じて両党に一〇〇〇万円の政治資金を与えたことがわかっているからだ。

CIAは緒方を担いだ

その一方で、この保守大合同の前後に、児玉のライヴァルであるドゥーマンらとCIAはどう動いていたのだろうか。

ドゥーマンは、キャッスルの五三年一月一〇日の日記にそうあるように、ポスト吉田候補として再軍備派の重光に期待をかけていた。だが、重光は改進党を民主党と合同させることを選んだため、鳩山の陰に埋没してしまった。その後も指導力のなさ、政治的センスのなさをさらけだしたために、キャッスルはおろかドゥーマンからも見放されるようになる。

そこで彼らが代わりに選んだのは、前述のように岸だった。

ではCIAはどうかといえば、日本版CIAにあたる「新情報機関」の設立に動いていた緒方に好意的だった。事実、そのための資金として緒方に三万九四五八・三四ドル（およそ一四二〇万円）を与えている。

しかも、この資金援助はまず緒方に直接支払われ、彼から官房調査室に渡され、余れば内閣官房室の機密費に充当されることになっていた。つまり、その気になりさえすれば、緒方はこの資金を自らの政治活動に使うこともできたのだ。

CIAはこの他にも本格的な政治資金を緒方に与えた可能性すらある。それを示すのが五四年の一二月二一日のCIA文書だ。このなかで、緒方は保守政権を支えるために、政治資金の提供を暗に要求している。

A．緒方がいうには、保守党（自由党、改進党）が懸念していることは、主として中国共産党から社会主義者（社会党右派、左派）に流れている援助資金だ。これがあれば社会党右派と左派の合同は可能だ。自由党は現在のところ、これ（保守合同）ができそうもない。

B．次の選挙で非常に大きな問題になるのは金だ。もし保守党が資金を持てば、彼らは勝つだろう。だが、持てなければ、彼らは負けるだろう。

C．緒方自身は、アメリカからの資金援助について議論するのは時期尚早としている。しかし彼（緒方）は、アメリカはその然るべき時に備えて援助する準備をしておくべきだ、と考えている。そのことをあなた（接触したCIA局員）に覚えておいてもらいたいといった。

CIAの緒方に対する政治資金援助が実行されたかどうかは、現存するCIA文書からは断定できない。日本側からは、これまでのところ、これに関する客観的資料は一切でてきていない。しかし、状況から考えて資金援助があった可能性は高い。

民主党も河野や児玉の奮闘のおかげで政治資金を手に入れ、議席を買って、自由党より優位に立つ自信を持っていた。しかし対する自由党の緒方の方も、CIAというパトロンがついて民主党に勝つ自信ができていたということだろう。事実、CIA文書によれば、当時の日本の政界では、緒方がアメリカ側から資金をもらっているという噂がしきりに立っていたという。

反共産主義と再軍備という点で緒方の評価は高かった。児玉や旧軍人も買っていて、それまで「培養」してきた鳩山から乗り換えようとしたほどだが、それはCIAも同じだった。

五五年一一月一五日、民主党と自由党は、岸を中心とする両党幹事長・総務会長会談で協議し、まとめあげた線に沿って、ついに保守大合同が成る。自由民主党が誕生した。

児玉らの「日本を反共産主義の主要国にする」という、目標の第一段階には到達した。だが、合同後すぐには総裁を決めず、しばらく総裁代行委員会を置き、翌年四月に総裁選挙を行うことにした。こうしないと、総裁を誰にするかで話がまとまらず、自由党と民主党の合同も空中分解してしまうからだ。まず合同ありき、そののち十分時間をかけて調整した後に総裁を一人に絞ろうということだ。

ところが、その総裁選を前にした一九五六年一月、最有力候補の緒方が急死する。これにより四月、鳩山が初代自由民主党総裁に選出された。

児玉はこれをどう受け止めただろうか。貸しがたくさんある鳩山が残ってよかったと思っただろうか、「自主防衛」を実現する可能性のある緒方がいなくなったことを嘆いたのだろうか。

第7章　戦闘機選定でみせた「腕力」
――政治プロデューサーからロッキード社秘密顧問へ　岸政権期

派閥連衡と金権政治

保守合同が成り、鳩山が日ソ国交回復交渉を花道として引退すると、日本政界は群雄並び立つ状態になった。鳩山は後継総裁を指名せずに退いたので、旧民主党では岸信介、石橋湛山、河野一郎など、旧自由党では大野伴睦、池田勇人、石井光次郎、佐藤栄作などが総裁を目指して大混戦となった。五六年一二月、合従連衡の末に石橋湛山が政権の座についたが、風邪をこじらせて重篤な状態になり、わずか六五日で政権を手放した。それを引き継いだのは岸だった。

保守合同によって、保守勢力が安定的に政権を担うようにはなったが、二つの政党が一緒になったことで、多くの派閥が一つの党のなかに存在することになり、コントロールが難しかった。

もっとも困難なのは総裁を決めることで、多数の派閥を味方につけて自派閥から総裁を出すためには、政治的妥協はもとより多額の現金をばらまかねばならなかった。そのあとも、党内をまとめ、法案を通すためにも多額の現金が使われた。金権政治が加速した。

その兆候は、第三代自由民主党総裁になった岸のときにすでに認められる。というより、のちに田中角栄政権で非難の的となった金権政治の仕組みのほとんどは、岸政権のときまでに出来上がっていた。

この政治状況は児玉にとって、むしろ望ましかったはずだ。つまり、政治家が政治資金集めに血眼になっているので、それだけ児玉のような政治プロデューサーが影響力を持ちやすくなる。その影響力を使って政治家を動かせば、自身の政治目標を達成できる。

たしかに児玉は河野や大野などに対してはかなりの影響力を持っていた。河野の政治的力の少なからぬ部分は、児玉の資金力によるものだと考えていいだろう。多少とも残念なのは、政権を握ったのが河野ではなく岸だったということだ。それまで手塩にかけて育ててきた河野が鳩山のあとをついでいたら、児玉の影響力は頂点に達していたはずだ。

児玉は岸のファンだった

それゆえに、児玉にとって岸は邪魔なはずなのだが、彼の岸に対する感情は複雑なものだった。岩川隆は『巨魁—岸信介研究』のなかで、児玉がある種畏敬に似た念を岸に抱いていたと指摘している。

児玉は赤尾敏の建国会に入り、その思想に感化されて天皇直訴事件を起こしたが、この会の理論的支柱となっていたのは東京大学教授上杉慎吉だ。この上杉に見込まれて研究室に残らないかと声をかけられた秀才が岸だった。つまり、両者の間には思想的に相通じるものがあるといえる。

さらに、岸はのちに商工大臣になるが、このとき東條に反旗を翻し、その内閣を瓦解させた。東條は児玉の同志、北一輝、大川周明、三上卓、西田税など皇道派の思想家や軍人、石原莞爾、辻政信ら東亜連盟の軍人たちを葬り去り、弾圧し、抑圧した、敵のなかの敵だ。岸が児玉の尊敬を得る資格は十分あった。

戦後も、児玉は岸とともに巣鴨プリズンに収容され、そこで三年間いわば共同生活をしている。このため児玉の巣鴨プリズンでの獄中記『芝草はふまれても』には、岸と交わした会話がときどき出てくるが、それらから判断すると、児玉はやはり岸に一目も二目も置いている。

実際、児玉はこの獄中記のなかで、岸について次のような評価を下している。

C級（戦犯）の青年たちは、上官の無責任な態度に呆然とし、世の中のすべてのことに疑惑をもつようになり、A級の大半は、祖国の将来より、自分に残された僅かな人生への執着に恋々としている。人間の弱い姿はなるべくみたくはないが、集団生活では止むを得ない。しかし、A級不起訴組の中にも立派な態度の人も少なくない。岸信介、石原広一郎、青木一男、河辺正三、安倍源基、村田省蔵、酒井忠正の諸氏がいてくれることは意を強くするし、笹川良一さんの強い鼻っぱしはこの不愉快さをふっ飛ばしてくれる。

ここで児玉は、「立派な態度の人」の筆頭に岸をあげている。たとえば大川や重光は、児玉のお褒めにあずかっていないのだから、これは岸に対するかなりの賛辞だろう。

さらに、児玉著『風雲』によれば、児玉はこの獄中記が英訳される際に、岸と内容の打ち合わせをしている。それを証明するように、打ち合わせで膝つき合わせる写真がこの本の巻頭を飾っている。

このように児玉は基本的に岸のファンなのだが、困ったことがあった。それは、鳩山や河野とは違い、岸は児玉を必要とせず、また頼ろうともしないことだ。あとで詳しく述べるように、岸は児玉に頼らずとも、「強力な資金源」と「闇の力」を持っていたのだ。

保守合同後の児玉の政治目標

その他の点では、児玉は満足とはいかないまでも、それほど不満ではなかった。岸は十分反共産主義的であり、憲法改正、防衛力強化にも熱心だった。過激派学生には「反動岸」と呼ばれたくらいだ。

また、保守合同により、当分のあいだ左翼政権が成立する可能性は小さくなった。再軍備は十分とはいえないが、警察予備隊が保安隊に、その後自衛隊になり、陸上自衛隊に加え海上自衛隊、航空自衛隊ができた。アメリカ軍のお古ではあるが、装備もそれなりに充実してきた。

クーデター計画で名前がでた服部と辻こそ自衛隊に入らなかったが、彼らの部下は入隊し、佐官クラスの幹部になった。もっとも辻は、自衛隊に入るどころか、五二年に衆議院議員に当選し、国防族議員として自衛隊や内閣官房調査室にしきりに口出ししていた。

このような情況のなかで、前章で見た児玉の目標である「日本を反共産主義の主要国」とし、「軍閥の再武装を通じ国家主義的日本を再建する」は、彼の頭のなかでその先鋭性を失い、「保守強化」、「自主防衛」へとトーンダウンしていった。

社会党はといえば、かつて児玉資金で設立したといわれる右派が左派と五五年に合同し、以前ほど左翼的でも戦闘的でもなくなっていた。もはや全身はりねずみのようになって「日本共産党による流血革命に対抗する計画を練り、それに備えること」などと叫ばなくともよくなっていた。

「軍閥の再武装を通じ、国家主義的日本を再建する」にいたっては、もはや時代錯誤といえた。戦後も生き残った「軍閥」は、拙著『大本営参謀は戦後何と戦ったのか』でも描いたように、次々と姿を消していた。例外的に自衛隊に入ったものも穏健化し、存在感を失っていた。「国家主義的日本」は、もはや想像すらできなくなっていた。せいぜい児玉が頭に浮かべられるのは、鳩山が演説した「自主防衛」、あるいは盟友辻が自らの選挙戦などでしきりに唱えていた「自衛中立」くらいだろう。これはアメリカ側にもソ連側にもつかず、アメリカ軍には日本から去ってもらい、自分で自分の国を守るということだ。だが、言葉は簡単だが、当時の情況ではアメリカ軍を日本から撤退させて「自主防衛」し、アメリカに頼らず「中立」を保つということは、気の遠くなるような理想だった。

ロッキード・グラマン事件で児玉と岸が激突

そう考えれば、政権を担っていた岸は、「保守強化」、「自主防衛」に取り組むうえで最適の政治家といえた。児玉と岸、この二人は最高のコンビになるはずだったのだ。

だが現実には、児玉とは別の「強力な資金源」と「闇の力」をめぐって、二人は衝突する。第二八回総選挙も与党の勝利に終わり、第二次岸内閣が成立したばかりの五八年六月、次期主力戦闘機の機種選定をめぐって自由民主党に内紛が起こっていることが明らかになった。四月一二日の国防会議で機種をグラマンに内定したが、六月ごろからこの決定を再検討するように左藤義詮《ぎせん》防衛庁長官に強く申し入れる者が現れたのだ。第一次岸内閣の経済企画庁長官で総務会長に就いたばかりの河野一郎と、党幹事長の川島正次郎だった。

図式としては、「岸―グラマン」ラインを「河野・児玉―ロッキード」ラインが阻もうとしたことになる。この次期主力戦闘機の機種選定をめぐる内紛は、野党をも巻き込んだ政治問題に発展していった。国会が閉会中であるにもかかわらず、八月二二日から一〇月二七日まで八回も衆議院決算委員会が開かれ、自民党川島幹事長、河野総務会長、左藤防衛庁長官、佐薙毅《さなぎさだむ》航空幕僚長などの証人喚問が行われた。この過程で次のような事実が明らかになった。

1．グラマン内定は国防会議議長（つまり岸総理）の要請だった。内定までに相当の運動費がばら撒かれ、グラマンに反対した防衛庁幹部が左遷された。

2．機種選定の段階ではグラマンは新エンジン（原子力発電所のメーカーでもあるGE製）を積んでいなかった。つまり完成してもいないグラマンと、実戦配備されているロッキードが比較されて、グラマンが優れているという決定を下した。しかも、この新エンジンを積んだ機種が実戦配備されるのは六年後とされていた。

3．ロッキード社の社長たちが来日した際に、彼らが日本の政治家、とくに自民党の政治家と会わないように取り計らうよう、佐薙航空幕僚長が自らアメリカ大使館に出向いて依頼した。

4．国産のライセンス生産であるにもかかわらず、一機あたりの価格が一〇〇万ドルにもなるため、三〇〇機の生産予定を二〇〇機に改めることが密かに検討されていた。

しかし、決算委員会が終わったのちも、グラマンF11J内定は変らなかった。

この次期主力戦闘機機種選定に関し、岸自身は『岸信介回顧録』の中でこう語っている。

この過程（グラマン社に内定する）で、初めグラマン派であった川島幹事長や河野総務会長らが、途中からロッキード派と見られるようになった背景には、児玉誉士夫氏の存在があったような気がする。児玉氏と川島、河野、あるいは田中彰治氏（河野派国会議員）らがどんな関係にあったか深いところは分からないが、何か児玉氏から言われてああいう言動に出たのだと思う。

私は問題が大きくなってきたので、「こういうことは政治家がとやかく口を出すべきでない。専門家の結論に待つべきだ」という意見だったので、この方向で事態を収拾した。一部で金が動いたように言われるが、政府、与党に関する限りそのようなことは全くなかった。次期戦闘機は専門家により純粋に技術的見地から決定された。

つまり岸によれば、政府内がグラマン内定でまとまっていたところに、児玉が河野と川島を動かして横槍を入れてきた、ということだ。ただし、川島に関していうと、彼は河野の口車に乗せられてグラマンF11Jの再調査に同意しただけで、内定そのものに反対はしていなかった。

児玉はこの事件をどう見ていたのか

だが児玉は、これと正反対のことを述べている。CIAの「週刊サンケイ文書」を見てみよう。

防衛庁には大西中将に仕えていた人がたくさんいる。私は最初飛行機なんかには関心がなかった。だけど、ある日私は彼らと一緒に飯を食べた。彼らはえらく政党のことを怒っていた。彼らがいうには二年も前から日本の戦闘機はロッキードに決まっていた。ところが突然グラマン有利に変わった。彼らはとても腹を立てていた。

私は河野さんと川島さんにこのことをいった。二人ともこういっていた。「そうじゃないよ。俺は飛行機のことはなにも知らないけど、津島（寿一、当時の防衛庁長官）さんがきて、グラマンに賛成してくれというので、賛成したんだ」。私はそれからこの件を調べた。そして防衛庁のトップがとても無責任なことをしているのがわかった。（中略）グラマンはまだ実験段階で、完成したものは一機もなかった。だから、性能データは全部予測データだった。ロッキードはすでに量産されていた。そのデータは、古い型のＦ－１０４Ａのものだった。さらに、グラマンはロッキードよりも一機あたり一億五〇〇〇万円も高かった。だけど、防衛庁は、高くてもそれに見合った性能があればいいといいはる。

たしかに性能の比較表を見ればこの言い分は通るだろう。だけど、ロッキード社が売ろうというのは、Ｆ－１０４Ａではなくて改良型のＦ－１０４Ｃなんだ。この型に関しては防衛庁がいろいろ難癖をつけている欠点はなくなっているんだ。（後略）

この文書で児玉は「二年も前から日本の戦闘機はロッキードに決まっていた」のに「突然グ

ラマン有利に変わった」と聞いたといっている。これが本当なら、もともとロッキードで話が進んでいたのを、岸がなんらかの理由で急に変更したことになる。

大西人脈を通して航空自衛隊に浸透

この児玉の談話に信憑性を与えているのは、その情報の確かさだ。これはロッキード社だけでなく、航空自衛隊の内部で次期主力戦闘機の機種選定に関わっていた人間が情報を提供していたからだろう。児玉は戦前・戦中に旧日本軍と密接な関係を持っていただけでなく、戦後も「自主防衛」を目指す政治プロデューサーとして、警察予備隊にはじまる、後の自衛隊組織に影響力の浸透を図ってきた。

そして自衛隊が陸上、海上、航空に分かれると、児玉はとりわけ航空自衛隊に強いコネクションを持つようになった。実際、次期主力戦闘機の機種選定にあたり渡米調査もした佐薙航空幕僚長は、若い頃を霞ヶ浦海軍航空隊で過ごし、そののち連合艦隊航空参謀、軍令部作戦班長になっている。佐薙の後任航空幕僚長の源田実となると、やはり霞ヶ浦海軍航空隊育ちで、第一航空艦隊航空参謀として真珠湾攻撃を指揮した張本人だ。

航空自衛隊のトップは、児玉の談話にでてくる「大西中将に仕えていた人」でこそないものの、「大西中将の元同僚」たちだった。児玉が自衛隊のなかでも、とりわけ航空自衛隊に強いのは、彼のこのような過去の経歴が生きているのだ。

岸が著書で主張しているように、河野と川島は当初、グラマン案に反対してはいなかったというのは本当だろう。岸総理や津島防衛庁長官からの報告を受けて、ただ聞き流していたはずだ。そのことは、彼らが児玉に「飛行機のことはなにも知らないけど、津島さんがきて、グラマンに賛成してくれというので、賛成したんだ」といっていることからもわかる。

月刊『現代』（六八年一一月号）での大宅壮一との対談では、児玉は「あのときはちょうど衆議院選挙があって、調べてみると、グラマンを推していた伊藤忠から自民党が五、六千万円の寄付を受けているのですよ」といっている。河野と川島がグラマンでもいいと思ったのはこのためだと考えられ得る。あるいは、この二人にもなにがしかの金が、グラマン社か岸から渡っていたのかもしれない。

しかし、児玉はグラマン内定に反対し、河野と川島にこれを覆すよう求めた。その理由は前にも見たように、航空自衛隊の制服組がF－104Cを支持していたからであり、グラマンよりもロッキード社のほうが一機あたり一億円も安かったからだ。

グラマンとカーン、川部

この逆転劇にはジャパン・ロビーとハリー・カーンが絡んでいたと見られる。五八年九月九日の衆議院決算委員会で、社会党の山田長司は、野村吉三郎がグラマン内定のために川島に働きかけていたことを示唆している。拙著『CIAと戦後日本』で詳述したように、野村はカーンが日本人のあいだに人脈を築くのにきわめて大きな貢献をしている。

そのおかげでカーンは日本の支配層とジャパン・ロビーのあいだのパイプ役となり、ゆえに日本政界に力を持つようになったのだ。それが白日のもとにさらされたのは、七八年に発覚するダグラス・グラマン事件においてであったが、この五八年のロッキード・グラマン事件でも、カーン—川部美智雄—野村吉三郎—岸信介のラインで、グラマン社の売り込みが行われていたと見ていいだろう。ただし、この時期のカーンは、中近東の石油利権とは関係を持っていたが、グラマン社の代理人になってはいなかった。むしろ、このときのことがきっかけとなって、しばらくあとにそうなったと考えられる。

そもそもカーンは、岸が五七年六月に訪米したときに、岸の秘書である川部とともにアメリカ政府要人とのさまざまな会合のアレンジと、岸のイメージアップのためのPRを担当している。

興味深いのは、この川部やカーンと福田太郎のあいだに、これ以前から関係があったということだ。巣鴨プリズンで児玉の通訳をしていた福田は日本のPR会社の草分けとなる福田渉外事務所（ジャパンPR）を四八年に作るが、この会社が業務として行っていたのは、アメリカ企業の日本へのPRと、その反対に日本企業をアメリカへPRすることだった。これはアメリカが対日外交をやりやすくするために、アメリカの特定のことがらや人物に日本人の注目を集め、それらに良好なイメージを抱かせる心理戦と関係してくる。

この関係で、福田はカーンの依頼で保守大合同のあと、岸の著作を英訳し、岸のアメリカへの売り込みに貢献している。つまり福田は、川部やカーンとともに岸をアメリカ側に売り込むPRを担当していたのだ。キャッスルの日記がよく示しているが、アメリカ政府要人に認知されることは、日本の総理大臣になるうえで重要だった。グラマン社は、このようなPRでできた人脈を利用して岸に働きかけたのだ。

ちなみに、この川部もまた、岸の秘書だった六〇年にピーアール・ジャパンという会社を興している。岸・川部・カーンとの関係からすると、福田が岸のために行ったPR活動に資金を出していたのはCIAだったとみられる。その福田が、ロッキード・グラマン事件では、岸・川部・カーンのグラマン側と対立するロッキード側にいたのだ。そのロッキード社とCIAもまた、あとで明らかにするように、密やかな関係を持っていた。

児玉のロッキード社支持はコンサルタント契約前だった

注意すべきは、児玉がロッキード社支持になったのは、ロッキード社の顧問になってからではなく、自衛隊の制服組がグラマン決定に不服を唱え始めたころからだということだ。

ロッキード社が最初に児玉を秘密顧問とするのは、五八年七月のことだ（七六年三月一日付『ニューヨーク・タイムズ』の記事にそう記されている）。しかし児玉は、それ以前の段階で、すでに河野を動かして反グラマン・キャンペーンを行っている。

したがって、児玉はロッキード社の秘密顧問になったのでF－104Cを支持したのではなく、F－104Cを支持する児玉をロッキード社が反グラマン・キャンペーンに利用すべく、福田と日本支社支配人鬼俊良に命じて秘密顧問にしたとみるべきだ。

日本政府が第一次防衛力整備計画をまとめていた五七年春ころから、アメリカの航空機メーカー各社は、熾烈な売り込み合戦を繰り広げていた。そのさなかに永盛義夫空将補を団長とする調査団が渡米するが、その時点で防衛庁が選んだのはロッキードF－104Cだった。航空自衛隊発足当時からロッキード製戦闘機を使用していて馴染みがあったうえ、F－104Cはすでに実戦配備されていて、そのすぐれた性能は各国からも注目されていたからだ。

ところが、五八年一月に佐薙航空自衛隊幕僚長をはじめとする調査団が再びアメリカに赴いたあとで、にわかにグラマンF11Jが浮上してきた。そして、岸総理大臣が議長を務める五八年四月一二日の国防会議で「航空自衛隊の次期主力戦闘機については、今後計画を進行せしむる諸条件を整備するため、一応F11Jを採用することに内定する」という逆転内定がでてしまった。

調査団を送った防衛庁ばかりではなく、自民党内からも多くの疑問と不満の声があがったのは、それまでしてきた調査や議論をまったく無にする決定だったからだ。その背後にグラマン社の働きかけがあったとしか思えないほどの不自然さだった。

ロッキード社のグラマン内定取り消し工作

岸の指摘によれば当初はグラマン支持だった河野と川島が、児玉の声に応えるかたちでグラマン内定を再検討するように主張し始めたという。

この背後にはロッキード社の「タキシード会」へのアプローチがあったといわれる。『読売新聞』（七六年二月一四日付）の記事によれば、五八年春ころロッキード社社長のジョン・ケネス・ハル（アーチボルド・C・コーチャンの前任者）が、児玉が主宰し、河野や永田雅一、萩原吉太郎をメンバーとする「タキシード会」にアプローチしていたという。この接触を進言したのは福田太郎だろう。彼が社長を務め、ロッキード社のPRを担当していたジャパンPR社に、児玉は出資していたのだ。

福田とタッグを組むことになる鬼が、ロッキード社の日本支社支配人として日本にやってきたのも、このころだろう。そう考えるのは、『読売新聞』の記事によれば、五八年七月、「金にものをいわせた〝ロッキード商法〟」に反発した第一物産（三井物産の前身）がロッキード社との代理契約を破棄しているからだ。つまり、ロッキード社はかなり強引な売り込み工作をしていたのだ。このあとの九月、ロッキード社は丸紅と代理契約を結んでいる。

鬼が「タキシード会」への工作のために来日し、その後第一物産との契約解消と丸紅との契約締結に携わり、引き続いてグラマン内定取り消し工作に従事したと考えれば、鬼が日本支社支配人としてやってくるタイミングとしてもっとも可能性の高いのは、五八年の春だということがわかる。だが、鬼は七六年三月一日の衆議院予算委員会に証人喚問されたとき、ロッキード社日本支社支配人になった時期について明言を避けている。はっきりさせれば、この推断が正しいことを証明し、そもそも鬼に割り当てられた役割は何だったのかが明らかになるからだろう。

ハルはこの「タキシード会」で、児玉と河野（そのほか萩原、永田）と接触し、グラマン決定にまつわる事実を彼らに明かしたので、河野と川島がグラマン決定反対に立ち上がった、と考えられる。もっとも、児玉がこのような動きを起こすのは、ハルが日本へやってきてしばらくたってからだろう。というのも、猪野健治の『児玉誉士夫の虚像と実像』によれば、二人が反対を決意するまでに少し時間がかかっているからだ。

この著書によれば、河野は児玉から情報やデータをもらう前に「グラマンの方にヨロメイて」いたので、児玉は「カンカンになって、河野とは、クチをきかんと激昂した」という。そこで、森清代議士が二人のあいだをとりなすために児玉邸に遣わされたが、門前で三時間も粘っても、面会を果たすことができなかったと伝えられている。

このように河野が「ヨロメ」くのも当然で、このころの河野は経企庁長官から党総務会長を歴任し、党ナンバー2の幹事長川島とともに、岸を支える立場にあった。その彼らに次期主力戦闘機機種選定の問題で総理総裁に歯向かうことを決心させるまでには時間がかかったと考えられる。この問題が表面化するのは六月なので、児玉の二人への働きかけは四月以降には始まっていたはずだ。

一方、岸は「こういうことは政治家がとやかく口を出すべきでない」といいつつも、実際には専門家が一年も前に結論を出していたものを、覆してしまった。だから、航空自衛隊の制服組の一部が、児玉に対して直訴におよんだということだ。

国防会議決定の前日にＣＩＡ特殊グループ発足

さらに見過ごすことができないのは、このグラマン内定がでた時期と、ＣＩＡの自民党に対する政治資金供与が始まった時期が一致することだ。この事実の持つ意味はきわめて大きい。九四年秋に『ニューヨーク・タイムズ』紙面を飾った一連の記事によれば、ＣＩＡが自民党への資金提供を本格化させたのが、岸が次期主力戦闘機の機種変更を決定した国防会議の日付と重なっているというのだ。

岸が政権を維持するために巨額の政治資金を必要としたにもかかわらず、児玉を頼らずに済んだ理由は、このＣＩＡ資金の存在だったと考えられる。この点で、ＣＩＡは児玉のライヴァルだった。

『ニューヨーク・タイムズ』による一連の報道（日本では『朝日新聞』一〇月一〇日付朝刊、一三日付夕刊、一一月一一日付朝刊の記事）をまとめると、およそ次のようになる。

1．CIA歴史スタッフ編の内部資料『CIA長官、アレン・ダレス』第三巻「秘密活動」によれば、CIAは五八年四月一一日、つまり五月二二日の総選挙直前に、日本向けの選挙資金工作を担当する特殊グループ（Special Group）を作った。

2．五五年から五八年まで、CIAで極東政策を担当したアルフレッド・C・ウルマー・ジュニアは、「我々は自民党に資金援助した。（その見返りに）自民党に情報提供を頼っていた」と語った。

3．五八年七月二五日、岸の実弟で当時大蔵大臣だった佐藤栄作が、駐日アメリカ大使のダグラス・マッカーサー二世（マッカーサー元帥の甥）に対して、翌年六月に予定されている参議院選挙の選挙資金の援助を申し入れた。その窓口は川島幹事長にするという。佐藤は大使のほかにCIAにも、そしてこの前年にも同様の要請を行った。

アメリカ政府も二〇〇六年七月一八日出版の外交文書集『アメリカの外交：一九六四―六八年』第二九巻「日本」の「編集ノート」のなかで、以下のように『ニューヨーク・タイムズ』の記事と大筋で一致する記述をしている。

五八年から六八年の一〇年間にアメリカ政府は、日本の政治の方向性に影響を与えようと四つの非公然の作戦を承認した。左翼勢力が選挙に勝利し、日本の中立化が強まり、ついには左翼政権に道が開けるのではないかと懸念したアイゼンハワー政権は、五八年五月の総選挙の前に、ＣＩＡが何人かの親米的な保守政治家に対して、一定額の資金援助と選挙に関する助言を与えることを承認した。資金を受け取った日本の候補者は、彼らがアメリカの実業家から支援を受けたのだといいきかされた。この重要政治家に対するささやかな資金援助はこれに続く選挙でも行われ、六〇年代まで続いた。

「日本向けの選挙資金工作を担当する特殊グループ」が作られたのが「五八年五月の総選挙の前」の四月一一日ころなのだが、国防会議が次期主力戦闘機をグラマンに変えると決定したのも五八年四月一二日なので、ほぼ同時だということになる。

また、次の参議院選挙をにらんで岸の実弟佐藤がアメリカ大使のマッカーサー二世に政治資金の提供を要請したのも、次期主力戦闘機機種選定のことが問題化した直後だったのだ。

河野はＣＩＡ資金をもらったか

こうして見ると、グラマン逆転決定とＣＩＡによる資金供与の時期が一致するのは、両者のあいだに関係があるからだと考えるのが普通だろう。つまり、ロッキードより一機一億円も高いグラマンの採用を決定したので、ＣＩＡが岸政権に資金援助したと考えられる。「アメリカの実業家から支援を受けたのだといいきかされた」とあるが、「アメリカの実業家」とは、実際には「グラマン社」だったのではないだろうか。

佐藤の申し出に対して、マッカーサー大使（つまり国務省）の側は断ったといっているのだが、先に見たウルマー証言から、影の国務省であるＣＩＡがこの資金の供給源だということになる。

ＣＩＡともなれば、選挙資金を与えるといっても、なんの細工もせずに渡すということはしない。調べられても、簡単に露見しないように偽装工作をする。前に触れたＷ作戦の場合も、ＣＩＡはタングステンの売買取引という形でドゥーマンに活動資金を与えた。疑われたとしても、通常の売買取引だといい逃れることができるからだ。

五八年の総選挙に際しても、ＣＩＡが「何人かの親米的な保守政治家」に資金援助したとすれば、マネーロンダリングの点からも当然このような隠れ蓑を使っただろう。その当時で隠れ蓑として真っ先に飛び込んでくるのは、この次期主力戦闘機の輸入だ。なにせ一一〇〇億もの金が動くのだ。

問題は、「何人かの親米的な保守政治家」とは誰か、ということだ。自民党総裁と幹事長である岸と川島はそこに入るであろうが、では河野も含まれるのだろうか。もし、ＣＩＡが資金を岸に渡したのに、河野にはそうしなかったとすれば、それこそ河野がグラマン内定の反対に立ち上がった理由になりうるのではないか。

ところが、事実はもっと複雑だった可能性がある。というのは、河野もＣＩＡ資金の提供を受けていた可能性があるからだ。河野は国務長官だったジョン・フォスター・ダレスに五七年五月二七日付で、次のような手紙（プリンストン大学シリー・マッド図書館所蔵）を出している。

ジョン・フォスター・ダレス様

日本で新緑といわれる季節がまた訪れています。

お忙しくお過ごしのことと存じます。前にお贈りした金魚が、届く前に全部死んだと聞いて残念に思います。たまたま産経新聞の小山氏が渡米するとのことですので、もう一度金魚をお贈りします。今度は無事について、見事な美しさをお見せできるのではないかと思います。

ではごきげんよう。

河野一郎

河野がなぜ金魚を贈ったかといえば、ダレスへの返礼としてだろう。どういうわけか、河野は違う文面だが、同じ内容の手紙をもう一度、六月一〇日にも送っている。これは彼らの間で通じる秘密のメッセージなのかもしれない。ちなみに河野は、五八年一月八日付の手紙にも、ダレスに銀製の食器を贈ったと書いている。

そもそも河野は、外交文書にある「何人かの親米的な保守政治家」に該当する。河野派の会長である彼に政治資金を渡すことは、まさしく自民党政権の強化になるからだ。
そうなると、河野はＣＩＡから政治資金を受け取っているのに、なぜ岸に背いてグラマン内定を覆しにかかったのか、疑問が湧いてくる。

岸政権支援の秘密資金は二種類あった

これに対する答えは、政治資金には、ＣＩＡのものと、グラマン社の賄賂という二種類があったということだ。岸は両方とも受け取ったのだが、河野（あるいは川島も）はＣＩＡ政治資金だけで、グラマン社の賄賂はもらわなかったか、相応の分け前に与かれなかったということではないだろうか。これを裏付けるように、五九年二月号『政界ジープ』では、次のような話を紹介している。

河野氏ははじめ砂田重政氏（鳩山第二次内閣の防衛庁長官）からの話もあって、グラマンを支持していたようだ。ところが（五八年）五月の総選挙を境に岸派が勢力を強め、河野氏を抑えにかかった。カチンときた河野氏が、ここらでなんとか、と思っていた折、たまたま児玉氏から、材料を提供するから国会で問題にしてグラマン内定を白紙に返してくれ、と相談をもちかけられ、これに飛びついた。（中略）

一部では児玉氏がロッキード社から相当の運動費を受け取ったといわれ、一方、河野氏は冷飯組に回されてグラマン社からの政治献金がもらえない、というような理由があったともいわれている。

つまり、河野はCIA政治資金の分配には与かったが、グラマン社の巨額の賄賂の分け前には与かれなかったのだ。このような理由なら、岸第二次内閣が発足して間もないのに、総務会長である河野が総裁である岸に反旗を翻したのも理解できよう。

では、なぜアメリカ側は、これら二つの政治資金を使い分けつつ、自民党政権を強化し、岸政権を長期化させようとしたのだろうか。以下でこのことを詳しく見よう。

なぜCIAは岸を援助したのか

前掲外交文書集『アメリカの外交：一九六四―六八年』によれば、五〇年代のCIAの政治資金提供の目的は、日本での左派政権誕生を阻止することと、アメリカの政策にとって好ましい政治家を総理大臣にすることだった、と述べている。

保守合同によって、まずは前者の目標を達成した。残りは後者だけだった。

ポスト吉田としてアメリカ政府がもっとも好ましいと思った候補者は、岸だった。これは、外交文書やCIAの活動を報じた新聞記事からも裏付けられる。やはり、第六章に引用したキャッスルの日記で見たように、ジャパン・ロビー（とくにカーンやキャッスル）が「培養」すべき次期総理大臣として岸を推したことが、CIA長官のダレスに影響を与えたのだろう。

では、岸を好ましいと思った理由は何だろうか。

ワイナーの『CIA秘録』でも、岸が在日アメリカ大使館員やCIA局員にかなりの気配りをして、気に入られていたことを明らかにしている。岸がアメリカ側要人との友好関係構築に腐心していたことが、有利に働く一因だったことは否定できない。だが、それよりも大きかったのは、安保をアメリカの側に有利に改定するパートナーとして、もっとも好ましい人物として岸に白羽の矢を立てたのではないだろうか。

サンフランシスコ講和条約以後、アメリカが日本に関して心を砕いたことは、日本を共産主義に対する防波堤として、そしてアジアの工場として、自陣営の側につけておくということだった。

しかし日本人は、占領終結後も国内に多くのアメリカ軍の基地があり、アメリカ軍が駐留を続けていることに疑問を持ち始めていた。とくに、アメリカ軍兵士とその居留地が、日本各地で問題を起こしていただけになおさらだった。

保守政治家のなかにも、条約受け入れか、しからずんば占領継続か、という状況のもとで結ばれた、日本にとって不利な安保の改定を叫ぶ声が強まっていた。五五年に重光がアメリカに渡ってダレス国務長官と交渉したときにも、海外派兵と引き換えに安保を改定するよう求めている。このときはダレスが一笑に付して済んでしまったが、保守政治家はこれにこだわり、五五年一一月に保守合同が成り自民党が結成されたときも、「安保及び行政協定の改定」を目標として掲げている。

だがアメリカ側も、ついに重い腰をあげざるを得なくなった。そうさせたのは、少し前から深刻な問題として指摘されていた第五福竜丸事件以後の日本での反米世論の盛り上がりと、アメリカの核兵器配備に対する意識の高まりだった。

第五福竜丸事件がアメリカを安保改定に向かわせた

五四年三月一日、第五福竜丸がビキニ環礁でアメリカの水爆実験の死の灰を浴びた。広島・長崎の原爆被害に加えて、水爆においてまたしても最初の被害国となったことで、日本の反核感情は爆発した。日本各地で原水爆実験禁止運動が起こり、三〇〇〇万人の反対署名を集めた。これは核兵器の実験禁止を求めたものだが、同時に戦後最大の反米運動に発展していった。

これを契機として、国会では社会党など革新陣営がアメリカ駐留軍による核兵器の日本への持ち込みを問題とするようになっていた。アメリカ駐留軍が日本に核兵器を持ち込む際には、日本政府と事前協議を行うべきだという議論がでていた。もちろん、革新系国会議員の背後には市民団体がいて、彼らの間でも反原水爆・反米運動が高まっていた。

左記の「核兵器の使用に関して」と題される文書が、このような当時の日本の状況を踏まえて出されたものだということは明らかだ。

貴官の五三年一一月二五日付け覚書「核兵器の海外での格納」について照会があった。

一九五四年六月二三日統合参謀本部は当分のあいだ日本にのみ核抜きの部分（non-nuclear components）を配備することを承認された。（以下の取り消し線は原文のまま）当時大使を通じて国務省は核抜きの部分を日本に配備することを日本の総理大臣と外務大臣に通告するよう要請された。当時の日本の政治的状況をさらに勘案したのち、国務省は国防総省に総理大臣と外務大臣に通知せずに配備できるのは核抜きの部分であると勧告した。これは、日米安全保障協定のもとではアメリカ合衆国は日本に核部分を配備する権利があるにもかかわらず、この時期に日本に核兵器を配備するのは政治的に賢明ではないという国務省の意見によるものだ。一九五四年六月二三日の承認に加えて、核兵器の日本への配備と日本での日本の基地からの核兵器の使用にかかわる手続きと指示に関する準備として、日本にいる司令官に、憲法に定められた有事の宣告がなされたとき、あるいは彼の軍が攻撃される切迫した危険にさらされたとき、あるいは日本において敵対行動が起こったとき、合衆国の支配下にある日本に隣接する国に格納されている核兵器をただちに日本に配備するよう通告する権限を貴官に与える。この関連において日本への攻撃に関して核兵器の即時使用にかかわる計画を立てることを認める。

このような配備をするとき、国務省の判断で日本政府のしかるべき高官に通告すべきだと

判断した場合は、そのような通告の手続きがとられるべきだ。（後略）

日本にのみ核を除いた兵器を配備するということは、それ以外の日本の周辺地域（沖縄も含む）には核を装備した兵器を配備していたということだ。

日本の国会での核兵器持ち込み反対の議論を見て、核兵器の配備を極東アメリカ軍は思いとどまったのだ。ちなみに、この当時の日米安保条約、つまり軍事的には占領状態をほぼそのまま継続することを定めた条約では、アメリカ駐留軍はどのような兵器であれ、日本の領土のどこにでも、事前の協議も通告もなしに、配備できることになっていた。

それでも駐日アメリカ大使のアリソンがアメリカ政府に自制を求めたのは、核配備を強行すれば、反原水爆・反米運動にいよいよ火がつき、重光が五五年にダレスと安保改定を議論したのちにも懸念されたように、「間接侵略」を招くと判断したからだ。つまり、左翼政権が誕生し、それをソ連が操ることで間接的に日本を侵略するということだ。

パートナーとして選ばれたのは岸

このようにアメリカは、日本での反米運動が収まるかどうか、その結果、日本が自陣営に留まるかどうかについて、大きな懸念を持っていた。それはアメリカがアジアで核戦略を展開するうえでの大きな障害だった。

アメリカ政府はこの障害をクリアするために、安保をもう少し日本に有利なほうに改定することを考慮せざるを得なかった。もし、改定を拒み、左派勢力ばかりか保守勢力もこれに不満を持ち、条約改定ではなく、条約破棄という方向に進むならば、アメリカは日本を失うことになる。それはアジアにおける核戦略の重要拠点を失うことだ。

そこで、日本側の不満が高まって条約破棄という方向に進む前に、日本がこれまで以上の防衛努力をするという条件のもとに、可能なかぎりアメリカに有利な条件で条約を改定する方向で考え始めた。防衛努力とは当然、アメリカから戦闘機などを購入することを含む。アメリカにとって有利な条件とは、改定後も実質的に無制限に（公式には事前協議ののちに）核兵器を日本に持ち込めるというものだ。

このような安保改定を行うにあたって、もっとも好ましい交渉相手を品定めしたのち、ジャパン・ロビーが選んだのが、キャッスルの日記でも見たように、岸だったのだ。そして、彼が安保を改定する理由は、岸が『岸信介の回想』で矢次一夫に語ったところによれば、次のようなものだった。

あの時は日米新時代というキャッチフレーズを謳っただけに、共同宣言の文句の上だけでなく、今後日米対等で互いに信頼しあい、協力しあう、それに反するものがあるなら根本的に改めていかなければならん、という話をして、安保条約はどうしても対等な関係における相互援助条約の格好にもっていかないといけない、今まではアメリカ軍の占領下にあると同じような状態だという主張を（ダレスに対して）したんです。

つまり、日本とアメリカが真に対等な関係になって信頼し、協力し合うために条約改定が必要だというものだ。ちなみに、『岸信介の回想』によれば、五七年六月の岸とダレスとの会談をセッティングし、岸をアメリカ側に売り込むＰＲを行ったのは、ジャパン・ロビーのメンバーにして、のちにグラマン事件の主役の一人となるカーンだった。そして岸の秘書の川部もカーンのもとでＰＲに携わっていた。

岸ならば核密約を結べる

アメリカにとっての問題は、岸の真意をはかりかねていることだった。日本はアメリカの陣営にとどまり、その核の傘のもとで防衛力を増強すべきと考えているのか、それとも単独で自衛できる軍事力を持つことでアメリカの陣営から離脱しようと考えているのか。

さらに一歩踏み込めば、岸が、改定後の条約では、表向きは日本への核の持ち込みを事前協議の対象にすることにするが、密約によって事前協議なしに自由に日本へ持ち込めるようにするという腹芸をしてくれるかどうかだった。

リアリスト岸の現実認識とは、最終的に「自主防衛」を目指すとしても、自分の政権でてきることは、日米安保を改定し、アメリカの核の傘の下にいるあいだにできるだけ防衛力を強化し、次なる段階に備えるというものだったはずだ。つまり、日本は、当分はアメリカの核の傘から離脱せず、密約によって核の持ち込みを許すということだ。

事実、二〇〇九年六月二八日になって元外務次官の村田良平が毎日新聞などの記者に証言したように、岸はアメリカと「核持ち込み密約」を結んでいた。ジャパン・ロビーも、岸に対して密約を結ぶであろうとの心証を持っていたので高く評価したのだろう。

アメリカにすれば、仮に不平等な安保の内容を改めるとしても、大事なことは条約を継続させ、核戦略にとって重要な日本にアメリカ軍の基地を残すことだ。その可否は、岸が総理大臣になるかどうかにかかっていた。しかも、安保改定を、日本がアメリカの核の傘から離脱し、自主防衛の方向へ進まないうちに、なるべく早く達成する必要があるので、アメリカは急いでいた。

しかし、岸の前途も多難だった。四分五裂の自民党内で、必死で多数派工作をしなければ総裁にはなれないからだ。五六年末の岸と石橋湛山、石井光次郎の三人が争った総裁選挙では一億の金が飛び交ったというのだから、石橋退陣後の五七年二月の総裁選ではまったく金を必要としなかったとは考えられない。さらに五九年にも総裁選挙が控えているが、党内の派閥抗争は激しく、岸が総裁の座を守るためにはさらに巨額の政治資金を必要としただろう。

岸に政治資金を与えて、岸政権の長期化を手助けすることは、ＣＩＡの利益にかなう。だが、ポスト岸を狙う河野にも同じように政治資金を与えることは、むしろ岸政権の寿命を縮めることになる。

それに、ダレスは河野を危険人物だと思っていた。プリンストン大学所蔵のジョン・フォスター・ダレス文書からは、河野がソ連から巨額の金をもらっていると密告する日本政府関係者の書簡が何通かでてくる。

加えて、岸が国会議員選挙や総裁選で必要とする政治資金は、ＣＩＡがだす金額では足りそうにない。前述の外交文書は社会党と思しき政党に七万ドル（当時のレートで二五二〇万円）を与えたとしているが、保守親米政治家への政治資金の額は記していない。緒方に資金を与えたときの例を見ても、この七万ドルより一桁多いということは考えられない。

しかし、鳩山辞任後の総裁選挙のときのように一億円くらいかかるとした場合、ＣＩＡがそれをすべて賄うことになれば、額の大きさゆえに露見する危険性も高い。またＣＩＡとてれっきとした政府機関なので、会計上の説明責任を果たさなければならない。

したがって、ＣＩＡは岸が必要とする巨額の選挙資金のすべてを負担するということをせず、グラマン社にかなりの割合の負担を求めることにし、その仲介を行ったのだろう。

戦闘機を売って日本の軍備強化

国務省文書集『アメリカの外交：一九六四—六八年』を読むと、このころの外交文書に「軍備の強化」、「軍備の近代化」、「軍事予算の増額」というキーワードが頻出することがわかる。つまり、アメリカ側が達成すべき第一の目標は、日本にすぐれたアメリカの戦闘機を輸入させて、その防衛力を高めることだった。

しかし、実は戦闘機売り込みに際しても、アメリカ側には優先順位があった。アメリカの航空機産業のバランスのとれた発展を考慮して、ロッキード社にばかり海外の発注が集まることがないよう、すでに開発が終わって利益の回収に入ったF-104Cではなく、開発中で予約も入っていないF11Jが受注できるよう調整することだ。

とくに当時、グラマン社の経営状態は相当悪かった。日本からF11Jを受注したということで株価が上がって助かったという報道があるくらいだった。経営難とはいえ、グラマン社はアメリカの軍需産業の一角を担っているので、その存亡はアメリカの国防にとっても重要な問題だった。

したがって、航空自衛隊の制服組が支持していたロッキード社からグラマン社へ切り替えることは、よりアメリカの国益にかなうことだった。児玉はグラマンが「まだ開発段階で、飛んでもいない」といったが、だからこそアメリカ側は日本に買って欲しかったのだ。

また、安保改定に際してアメリカの最良のパートナーである岸政権が、政治資金を得て長期化することも国益にかなっている。したがって、グラマン社が巨額の賄賂を岸に贈ることによって受注し、岸政権が長期化すればアメリカ政府にとっては一石二鳥になる。

この「賄賂」は日本側では犯罪に相当する。しかし、のちにロッキード事件のときにも明らかになるが、アメリカ側では、商取引に伴うリベートの支払いにあたる。モラルには反しているが、アメリカの法に触れてはいないのだ。

このようなことを考え出し、CIAと岸との間で仲介したのは、アメリカの政治プロデューサーであるカーンやジャパン・ロビー、ジョン・フォスター・ダレスだった可能性が高い。これは、なぜアメリカは外交文書でCIA政治資金の親米保守政治家への供与は明らかにしたのに、グラマン社やロッキード社の賄賂のほうは明らかにしなかったのかということも説明する。CIA資金は国費なので使途を明らかにしなければならないが、グラマン社の賄賂のほうは、一民間会社の「経費」なので、外交文書で明らかにする必要がないのだ。

児玉の岸へのいやがらせ

この構図を、はたして児玉はどう見ていたのだろうか。児玉とすれば、日本の総理大臣がかつての敵国の情報機関から資金をもらうこと自体が許しがたい。かつ、自身や三浦のような右翼主義者を頼らず、アメリカを頼っている点も大問題だ。現に岸は、自分のほうを向こうとしない。CIA資金が、児玉や三浦のような政治プロデューサーの存在意義を脅かしているのは明らかだった。

しかも、岸が直接CIAから資金を得て政権基盤を強化すれば、主流派の最大派閥である河野派に対する依存度が低くなる。児玉は岸を買ってはいたが、岸のあとは河野を総理大臣にしたいと思っていた。岸政権が長期化すると、河野が総理大臣になる時期が先に延びるだけでなく、総理大臣になれるかどうかさえ危うくなる。ＣＩＡとグラマン社による岸への資金提供は、児玉にとって二重三重に有害だったのだ。

そこで児玉は、河野派の代議士で、のちに黒い霧事件で失脚する田中彰治を使って、グラマン・ロッキード疑惑を国会で執拗に追及させた。田中は国会だけでなく、岸が競馬を見に行くと聞けば、グラマン疑惑を書いたビラを貴賓席に撒かせたという。そうこうしているうちに、川島が児玉に「録音テープ」を暴露すると脅されて、ロッキード社支持に変わった。五九年三月一二日の衆議院決算委員会での神近市子議員の次の発言は、これを裏付けている。

昨年（五八年）の九月九日の決算委員会で、この会場でございましたけれど、川島氏あるいは河野氏が証人として御出席になっていろいろと質問があったのでございます。ところが児玉誉士夫氏が、この内容を聞きまして大へん怒って、そして録音テープをわしが持って決算委員会に出てくるということがあったということなんです。（中略）そうすると大へんな騒ぎになりまして、検察庁や警察庁も一応児玉氏が録音テープを持ち出すということをどこかに言い立てたというので、これを恐喝事件として扱おうとしたのだそうです。ところが九月十一日になりまして、川島正次郎氏と児玉氏との間に妥協が成立しまして、そしてこれが中止になったということなんです。

つまり、児玉と「録音テープ」を暴露されたくない川島のあいだに妥協がなって、ロッキードF－104Cに変更することになったのだ。

グラマンからロッキードへ逆転決定

一方で岸にも、いつまでもこの疑惑をめぐって河野や児玉と争っていられない事情があった。この五八年の末に警察官職務執行法（警職法）の改定をめぐって自民党が真っ二つに割れ、灘尾弘吉、池田勇人、三木武夫の三閣僚が辞任してしまった。

この危機を切り抜けるためには河野と川島の協力が不可欠だが、彼らはロッキードF－104Cを支持している。ここは、次期主力戦闘機機種のことでは二人に折れるしかない。

五九年一月、防衛庁長官に佐藤派の伊能繁次郎が就任した。伊能はしかし、ロッキードF－104Cには反対で、自民党の党内事情という政治的理由によって、防衛上の重要決定を「白紙還元」しようとする岸・佐藤を批判していた。

伊能が七七年三月九日に毎日新聞記者に語ったところによれば、岸は伊能が「新機種決定につき指示はありますか」と聞いても「いろいろ言われているだろうが部内で検討し、防衛庁の明確な意見を固めてくれ。あとは君の信念に従ってやりたまえ」としかいわなかったという。

しかし、佐藤や党首脳は、伊能にプレッシャーをかけつづけた。グラマン決定を白紙還元して岸の苦境を救ってやってくれというのだ。

伊能は変節したとの非難を覚悟で六月二四日、「次期主力戦闘機については、（五九年）九月にロッキードF－104の新造一番機が飛んでから改めて調査団を派遣のうえ決定する」という閣議決定を呑んだうえで、後任にひきついだ。

この間に、いったい何があったのかも、国会の議事録から想像がつく。五九年一一月九日の衆議院予算委員会で、岸は社会党の小松幹議員との間に次のようなやりとりをしている。

小松（幹）委員 （前略）さらに、これは私的なことで相済まぬわけでありますが、岸さんは本年の五月ごろ児玉誉士夫さんとこの件でお会いになり、何かこの次期戦闘機の問題で相談を受けられたことがあるでしょうか。

岸国務大臣 私は児玉君と飛行機の問題について話し合ったことはございません。

小松（幹）委員 それでは北海道炭砿《ママ》汽船の萩原氏ですか、大映社長の永田氏等が児玉さんと岸さんの中に入って話をした、こういうようなことが言われておりますが、それはどういうことなんですか。

岸国務大臣 私は全然そういう記憶はございません。

小松（幹）委員 六月七日の朝ロッキードの日本の販売会社の社長のハル氏が南平台の岸信

介氏の宅を訪れております。六月七日の朝です。一体ロッキードの販売会社の社長ハル氏と岸さんは何を相談なすったのでございますか。
岸国務大臣　私はハル氏と会ったことは全然ございませんし、南平台の私の宅を訪れたという事実もございません。
小松（幹）委員　それでは、私の入れている情報は、六月七日の朝ハルさんが南平台の岸信介氏のところを訪れたことをはっきり言っておる者がありますし、また、児玉氏がこの問題で相当あなたに圧力をかけた、こういうようにも聞いているのです。（中略）あらためてお伺いしますが、そういうハル社長と南平台の自宅で会ったことはございませんか。もう一回聞きます。
岸国務大臣　私はハルという人に会ったことは今日まで一度もございませんし、いわんや、南平台を訪れたという事実はございません。

岸は否定したり、記憶にない（後年ロッキード事件で繰り返される言葉）と述べたりしているが、児玉やタニマチやハルの強い働きかけがあって、グラマン決定は白紙還元され、これに反対する伊能が譲歩に追い込まれたのだということがわかる。その情報を社会党に流したのは、鳩山を通じて党の創設資金を出したとみられる児玉だろう。
伊能の後任の防衛庁長官には赤城宗徳が就任し、国防会議が航空幕僚長の源田実（のちに旧海軍関係者として唯一人児玉の葬式に参列した）を団長とする調査団をアメリカに派遣した結果、五九年一一月にロッキードF－104Jの採用を決定した。

誰がいくら手にしたのか

これによって児玉は数億円、自民党は二四億ほど政治資金を得たと噂された。その根拠は戦闘機の購入価格の総額が約一〇〇〇億円なので、そのおよそ三パーセントの三〇億円がリベートとして支払われただろうという推測だ。この推測は天川勇という航空機の情報に詳しい人物が述べたもので、この疑惑をめぐる国会論議で追及する議員が、しばしば拠り所としている。

実際、この推測はほぼあたっていたのではないだろうか。森脇将光（造船疑獄などでも名前が出てくる金融業者）は、のちに児玉がこの疑惑に火をつけてくれた衆議院決算委員会委員長の田中彰治に対して、謝礼として二〇〇〇万円渡したと述べている。

田中は児玉が手にしたのは一億円程度だと思っていたので満足していたのだが、あとで実際は三億ほどだったことを知って怒り、児玉と口をきかなくなったという。この話からも、児玉が手にしたのは三、四億ほどだったと推測される。だが、児玉はそれらの金のほとんどを、河野や田中を始めとする政治家や工作に関わった人々に渡してしまっただろう。自民党に渡ったとされる二十数億円も、グラマン社に支払う違約金や岸政権を存続させるためのさまざまな工作資金として消えてしまっただろう。

結果として、児玉がロッキード・グラマン事件でしたことは、ロッキード社の望みどおり次期主力戦闘機の機種を変え、岸にのみ集中していたアメリカ側からの政治資金を、自分の息のかかった政治家、とくに河野にも、自分を通して分配したということになる。

では、このような戦闘機の売り込みと親米保守政治家への政治資金供与、とりわけ安保改定の最も望ましいパートナーである岸の政権を長期化させるための政治資金供与という全体のスキームを考え出し、それを実行に移していたアメリカ政府とCIAは、このような児玉の「力技」とロッキード社の「裏切り」をどう見ていたのだろうか。

CIAは賄賂工作をオーケストレーションしていた

七六年にロッキード事件が明るみにでたとき、クリックテンデンの記事をはじめとしてアメリカの新聞報道は、前CIA局員と日本人関係者などからの証言を引いて、CIAがロッキード社の賄賂工作の一部始終を知っていたと報じた。

しかも、クリックテンデンは、CIAはロッキード社がこのような工作をしていることをグラマン社に教えなかったといっている。つまり、アメリカ政府はグラマンを日本に勧め、それが受け入れられたのに、ロッキード社が横車を押して、それをひっくり返そうとするのを傍観していたということだ。

なぜ、アメリカ政府およびCIAは、ロッキード社の横車を傍観していたのだろうか。それはおそらくアメリカ政府関係者やCIAのなかにも、商取引なのだから自由に任せたほうがいいと考える者やロッキード社の息のかかった者がいたからだろう。

七六年三月二三日付『ワシントン・ポスト』の記事によれば、ロッキード社が元CIA局員を雇用してさまざまな業務や取引に活用したり、主要国のアメリカ大使館のブリーフィングに現地社員として出席させていたりしたという。

CIAが一枚岩であったとしても、すべての幹部および局員が一糸乱れず、大統領や長官が支持した戦闘機メーカーの売り込みに協力したということはありえない。大統領が代われば、長官も代わる。民主党から共和党へ、共和党から民主党へ、政権が変わることもある。しかし、CIA局員の考え方と利害が、そのたびに変わるわけではない。大統領周辺や国務省にもいろいろな分子がいるが、CIAも例外ではない。

したがって、アメリカ政府およびCIAが一旦はグラマン支持の方針を打ち出したのに、ロッキード社が決定逆転工作を進めていくのをとめもせず、ただ傍観していたということは十分ありえる。また、そうせざるを得なかったとも考えられる。というのも、グラマン社にロッキード社の決定逆転工作のことを伝えたり、下手に介入したりして、この問題が紛糾したとき、アメリカ政府の秘密のスキームそのものが露見し、アメリカや日本のメディアにそれを騒がれでもしたら安保改定さえも危うくなる恐れがあるからだ。

七六年四月三日付『ワシントン・スター』の記事（CIAデータベース所収）は、CIAは戦闘機メーカーの賄賂工作を知っていただけでなく、「賄賂工作のオーケストレーションを行っていた」という前ＣＩＡ局員の証言を掲げている。オーケストレーションとは、賄賂工作の音頭取りだけでなく、仲介と仲裁と調整をも含むのだろう。

グラマンからロッキードに次期主力戦闘機機種が変更になったとき、アメリカ政府ないしＣＩＡは両社のあいだに立って、なんらかの調停ないしは調整をしたはずだ。すでにグラマン社から岸や保守親米の有力政治家に対し、巨額の賄賂が渡っていたとみられるからだ。グラマン社が売り込みに使った必要経費は、受注したロッキード社が補填すべきだろう。Ｆ−１０４Ｊが実際に航空自衛隊に納入されたとき、当初よりかなり割り増しになっていたが、それはこのことがあったためかもしれない。

そして、この記事にある「オーケストレーション」とはいい得て妙だ。ＣＩＡは直接手を下したり、資金を与えたりしてはいないのだ。だが、大きなスキームを考えだして提示し、それに向けた動きのイニシアティヴをとり、協力・仲介・調整して、便宜を提供している。このようにして、ＣＩＡの工作とそれに関連する工作とをオーケストレーションして、アメリカの政策目標の達成を助けるのだ。

自民党に賄賂を贈るのはアメリカの国益にかなう

七七年三月一日付のジェリー・ランドーによる『ウォール・ストリート・ジャーナル』の記

事（ＣＩＡデータベース所収）などは、その前の報道で明らかになった事実を踏まえつつ、鋭い分析を行っている。

ロッキード社は、このように政府に知らせた上で、数百万ドルを代理人に支払うことで、航空機の販売拡大を行っているだけではない。政府の調査官が指摘しているようにこの会社は、偶然であれ、意図的であれ、保守的自民党に権力を握らせ続けることで、アメリカの国益を守っている。その見返りとしてこの与党はワシントンが望むように日本を再軍備し、ロッキード社は数億ドルのＦ－１０４を売るのである。

ハルと児玉の奮闘により、途中でグラマンがロッキードに変わってしまったが、アメリカ製戦闘機売り込みと親米保守政治家への賄賂の提供がアメリカの国益にかなうものであり、したがってＣＩＡがオーケストレーションしなければならないものであることにはかわりがない。

この記事に欠けている視点があるとすれば、当時のアメリカ政府にとって、岸政権を維持することと、保守的自民党政権を維持することのあいだには、はっきりした違いがあったということだ。

筆者がこれまで述べてきたように、アメリカから見て、ＣＩＡ秘密資金は、アメリカの航空機メーカーの日本の政治家への巨額の賄賂とは性格が違う。単に自民党政権を維持するためというより、岸政権を長期化させ、安保改定を行わせ、アジアにおける核戦略の拠点を確保しつづけるための「必要経費」だったのだ。一方の岸にとっても、アメリカ製の戦闘機を買うための一〇〇〇億円以上の軍事費は、安保改定のための「必要経費」だったのだ。

児玉はひとまず、岸・グラマン・CIAの陰謀を打ち砕いた。だが、その過程でロッキード社と手を結ぶことになった。のちにわかるのだが、実はCIAはこのロッキード社の背後にも控えていたのだ。児玉のしたことはグラマンをロッキードに変えただけで、結局はCIAの手のひらの上で踊らされていただけだった。

第8章　掌中の玉は河野一郎か、岸信介か
――ロッキード社秘密顧問から安保改定の黒子へ

安保改定期

光琳の間の誓約

五九年一月一六日、帝国ホテル光琳の間で、岸信介、大野伴睦、河野一郎、佐藤栄作、萩原吉太郎、児玉誉士夫、永田雅一が一堂に会し、以下のような念書が交わされた。

誓約書

昭和三十四年一月十六日　萩原　永田　児玉三君立会の下に於て申合せたる件については協力一致実現を期すること　右誓約する

昭和三十四年一月十六日

岸信介
大野伴睦
河野一郎
佐藤栄作

文中にある「申合せたる件」とは、大野が岸の政権維持に協力すれば、岸が大野を次の総理大臣にするという、政権禅譲の密約だ。これがどのような文脈ででてくるのか、まずは背景を説明しよう。なぜなら、それが岸暗殺未遂事件に児玉が関与したかどうかの判断に関わってくるからだ。

五八年末、岸内閣は、警職法の改正に失敗したことに加え、反主流派の池田勇人（国務大臣）、三木武夫（経済企画庁長官）、灘尾弘吉（文部大臣）の三閣僚が「党内人事の刷新」を要求して辞表を提出したため、政権崩壊の危機に陥った。これを切り抜けるべく、岸は反主流派の意を汲んで「党内人事の刷新」を行わざるをえなかった。

そこで、岸は党三役を、幹事長に福田赳夫（岸派）、総務会長に益谷秀次（池田派）、政調会長に中村梅吉（河野派）と交替させることで党内融和を図ることにした。その目玉は、とりわけ反主流派の怨嗟《えんさ》の的となっている総務会長の河野を退け、そのポストに反主流派の人材を据えることだった。

当然、この党内融和策は、主流派である河野派と大野派の反発を買った。岸は、今度はこの主流派を離反させないように、なにか手を打たなければならない。しかも、総裁選挙は新年一月二四日を予定しており、時間がなかった。

そこへ河野が取り引きを持ちかけた。岸のあと大野を総理大臣にすることを約束してくれれば、河野派と大野派は岸を支持しようというのだ。もちろん河野の意図は、このようにして総理大臣の座が大野に引き継がれれば、そのあとは自分が大野から禅譲を受けたいということだった。それを確実なものとするために、河野は岸に口約束だけでなく、念書を書くように求めた。

それが、冒頭に引いた誓約書だ。岸はこれを書くことで、反主流派に大幅に妥協しながらも、主流派の支持もつなぎとめるというアクロバットを成功させ、総裁選挙を乗り切ろうとしているのだ。児玉はこの政治的パフォーマンスをセットすることで、岸が大野・河野からの支持を確保することを手助けした。

児玉は岸とグルになっていた

重要なのは、児玉がこの一札を『悪政・銃声・乱世』で「女郎の起請文」と呼んでいることだ。つまり、児玉はこれが空手形になることをうすうす知りながら、大野と河野がこれで矛を収めるのを傍観していたということだ。

そういえば、この文書には「中合せたる件」とはあるが「大野を岸のあとの総理大臣にする」と明言されてはいない。また、その中身を「必ずそうするよう約束する」とはしておらず「協力一致実現を期する」としている。「実現を期する」のだから、「協力一致」しても実現しないことも想定されている。

しかも、この誓約書に佐藤栄作の名前まである。佐藤は、政権を失って尾羽打ち枯らした吉田茂に最後まで一人したがった経緯から、吉田を総理の座から引き摺り下ろすために権謀術数の限りを尽くした河野を憎んでいた。

佐藤は、河野総理への道を開くことになる大野への禅譲には、内心絶対反対だったはずだ。だからこそ、その佐藤を岸が説得して誓約書に署名させたことが、河野・大野側に対するアピールになったのだろう。

しかし、よく考えてみれば、誓ったところで守るはずもない佐藤が署名したということが、誓約の中身が明記されていないこととともに、この一札が空手形だったことを暗示している。

問題は、佐藤はいいとして、なぜ児玉もこの茶番をプロデュースしたのかということだ。児玉は河野と大野のパトロンだったはずだ。なぜ岸が「食い逃げ」するのを知りながら、彼らがこの念書で引き下がるのをみていたのだろうか。まるで、岸とグルになって彼らをだましているかのようだ。

実際その通りだったのだ。

つまり、児玉は一見、河野・大野側が政権を委譲されるよう、この政治的パフォーマンスをセットしたように見せつつ、実は空手形をだすことでなんとか窮地を脱しようとする岸に手を貸したのだ。このことは、のちの児玉の行動を見ると一層はっきりする。

この図式はこれまでの通説からすると、かなり意外だといえる。従来、児玉は鳩山の後継者である河野を掌中の玉と思い、彼を総理大臣にするため尽力したとされてきた。そして、そのために河野と同じ党人派で、仲のいい大野とも親しくしたとされているからだ。

なぜ児玉は岸を助けたのか

では児玉は、なぜ岸を助けようとしたのだろうか。前章でみたように、ロッキード・グラマン事件では河野を使って岸を追い詰め、総理大臣としての面目を失わせておきながら、今度は河野と大野を裏切って、岸の政権維持に手を貸している。だが、児玉からすれば、これには少しの矛盾もなかった。

政治プロデューサーとしては、日本の防衛を売り渡して、己の政権維持のための資金を得ようとする岸は許せなかった。一国の防衛が、政治家の都合でどうにでもなるものであってはならないからだ。

しかし一方で、児玉は安保改定に賛成の立場で、これに取り組もうとしている点において、岸を支持していた。安保改定こそが「自主防衛」の前提条件だからだ。だから児玉は岸のために一肌脱いだのだ。岸が私利私欲に走るならばこれを妨害するが、「自主防衛」のために体を張ろうというなら支持するということだ。

このような児玉の態度は、鳩山のときにすでに見た。再軍備を叫んでいたときは鳩山を政権につけようと尽力したが、鳩山が意欲を失うと緒方のもとに走った。政治プロデューサーであって、タニマチではないからだ。

同じ論理で、大野や河野も、政権掌握それ自体を目的としていて、「自主防衛」を真剣に考えてはいないので、児玉は彼らに手を貸すことには消極的だったということだ。少なくともこのときの大野と河野は、政権欲に駆られていたのであって、国のため尽くそうとはあまり思っていなかった。これは、彼らが党人派の政治家であって、党務と派閥の利害の調整は得意だが、政治課題を掲げ、それにむけて党や政府を牽引していくタイプではなかったせいもある。

それはそれでいいだろう。そういう政治家も必要だし、彼らが総理大臣になって悪いことはない。問題は、安保を改定しようというこの時代に、日本の政治のトップには、彼らのような党人派タイプがいいのか、岸のような政治課題達成タイプがいいのか、ということだ。

これは自明だった。岸は多くの困難が予想されるにもかかわらず、不退転の決意をもって安保改定に取り組もうとしていた。児玉も安保改定は日本が一日も早く成し遂げなければならない課題だという認識を岸と共有していた。

それは安保改定に反対する人々を『悪政・銃声・乱世』のなかで「彼らは安保がなんだかわからないで反対している」と非難していること、なによりも安保反対デモのとき自衛隊からも警察からも見捨てられた岸に「やくざ軍団」を送ろうとしたことが示している。

なぜ安保は改定しなければならないのか

そもそもサンフランシスコ講和条約と抱き合わせで差し出された日米安全保障条約は、幕末の不平等条約にまさるとも劣らないものだった。

この条約はアメリカ軍が日本政府の事前承認なしに、日本のどこにどんな武器や装備を配置してもいいことになっていた。それでいながら、その武器と装備をもったアメリカ軍は日本を防衛する義務を負っていなかった。もっとも問題なのは、一旦締結したが最後、日本の側からは破棄できないことだった。

岸は、これを改定すべく、五七年八月六日に「安全保障に関する日米委員会」を設置し、次のような改定要綱をまとめている。

1. アメリカは日本を防衛する義務を負うものとする。
2. 日本は、防衛に必要な施設を米軍に提供する義務を負う。
3. 日本国内の施設内におけるアメリカ軍の行動について、日本政府はある程度関与できるものとする。
4. 日本における米軍の配備、配置、持ち込む兵器の種類、施設の日本防衛以外の使用等については、事前に協議し、日本政府の承認を受けなければならない。
5. 本条約に一定の期限を設ける。

これらのうちアメリカの核戦略からみてポイントになるのは4だろう。これを厳密に守ればアメリカは日本に自由に核兵器を持ち込めなくなる。だが、これには裏があった。

二〇〇九年に元外務次官の村田良平が新聞記者たちに暴露したように、この条項は密約によって空文化することになっていた。つまり、正式の条約上は日本に核を持ち込む際は事前協議が必要なのだが、密約上は事前協議なしに持ち込めることになっていたのである。リアリスト岸からすれば、安保が改定できるのなら、このような密約の一つや二つあっても問題ではないだろう。

安保改定は、アメリカ軍の完全撤退と自立自衛を達成するための通過点であって、最終目標ではない。あとでまた密約を破棄すればいいだけの話だ。

核密約を児玉が知っていたかどうかはわからないが、彼もこの改定要綱にもろ手を挙げて賛成したことは疑う余地がない。とくに最後の点は「自主防衛」にとって前提条件となるものだ。条約に期限を切り、両国の協議によって延長または破棄を決めるとしないと、日本は永遠に駐留アメリカ軍に占領され続けることになる。

岸政権崩壊の危機

児玉が岸サイドについていたことは、このあと岸が再び政権崩壊の危機に直面したときにも、明らかになる。ここでも児玉はスパイ工作を行って岸を助けようとした。

その危機は、大野と念書を交わしてから半年後にやってきた。五九年六月二日の参議院選挙で自民党は勝利を収め、内閣改造を行うことになったが、その人事は半年前以上に困難をきわめた。

岸は支持をつなぎとめるために大野と河野ら主流派への妥協を迫られるのだが、それをして池田や佐藤の反主流派が反発し再び離反されては、政権が維持できなくなる。予想通り、河野は強気にでて、「河野幹事長、池田総務会長、佐藤政調会長」という党人事案を岸に突きつけてきた。河野はこれを、安保改定のための最強の布陣だと説明した。しかも、次期総理は大野という約束があるのだから、ここで河野を党内ナンバー2の幹事長に就けるというのは、大野のあとは自分が総理大臣だと認めよということだ。

もちろん、河野のいいなりになってこの人事案をのめば、反主流派の不満が爆発して、党と政府が混乱することは火を見るよりも明らかだ。そこで、岸は実弟の佐藤に大蔵大臣のポストを降りるように説得した。河野を幹事長にはできないが、最重要閣僚ポストの大蔵大臣に据えることで我慢してもらおうと考えた。

ところが、佐藤は大蔵大臣の座を手放そうとしなかった。彼とすれば、河野を総理大臣の椅子から遠ざけるだけでは飽き足らず、政権中枢からもできるだけ追いやりたい。犬猿のなかである河野は、将来自分が総理になるうえでもっとも邪魔な存在でもあるのだから当然だ。

困った岸は、こんどは池田に入閣を求めた。河野を外す以上、池田にも党三役ポストを提示するわけにはいかない。だが、最低でも閣僚にはなってもらわないと池田派の議員が岸のいうことをきいてくれない。

一方の池田としては、およそ半年まえ、党人事の刷新、つまり自分の党三役入りを主張して国務大臣を辞任したのに、ふたたび党三役を逃し閣僚入りを受け入れたのでは面目が立たない。したがって、池田が岸の入閣要請を受け入れることはないだろう。そう河野は算盤をはじいていた。だから、このまま突っ張れば、岸は自分を幹事長に就けるか、さもなければ政権を投げ出すしかなくなる。「岸のあとは大野」という密約があるので、むしろそうなってくれたほうがいい。大野のあとは、自分だ。

児玉は岸のために工作した

実際、岸は政権を投げ出す寸前まで追い込まれていた。児玉が岸のための工作を行ったのは、このようなときだった。彼は河野・大野と岸のあいだを飛び回り、メッセンジャー・ボーイになったり、説得役になったりした。『悪政・銃声・乱世』の次の一節は、児玉が岸の意を受けて河野を入閣させようと動いていることを示している。

赤坂の料亭〝長谷川〟の一室で、大野さんと膝をまじえたじぶんは「おやじ、この勝負の結果は〝トンビに油揚げ〟でおわるかもしれませんよ！」と劈頭《へきとう》にいった。

するど伴睦老は、寝起きの悪いトラのような顔つきで、「トンビとは一体、だれのことかい？」と、不審そうにいう。

「このままだと、苦しまぎれに、岸さんは池田と組むでしょう」ズバリじぶんは答えた。

「いやあ、オレは池田のほうで逃げるとおもうがね。しかしきみは、どうしろというんだ」

大野さんは、まだ合点がゆかぬらしい。

「わたしとしてはこの際、河野さんを入閣させることがいいと思う」と、自分はいった。

大野さんは、ちょっと考えていたが、「きみのいうとおりで良かろう。それなら、ぼくから河野くんにいおう」と、肚をきめたようすである。

ちょうどその途端、さっとふすまが開いて、当の河野さんが、つかつか部屋にはいってきた。（中略）そしていきなり、池田派の動静について口を切った。

「いま入手した情報によると、池田はいくら岸に口説かれても、ぜったい入閣しないことに決めたそうだ」

河野さんは、昂然といい放った。

（ここでもし、大野・河野の両実力者が岸内閣を支持せず、池田氏が入閣しないとなったら、はたして現政府はどうなるか！）（中略）

じぶんはむしろ、悪いときに河野さんがとび込んできて、つまらんことを——と思ったが、いまさらどうにもならぬ。

結局、河野のこの言葉で、大野は岸の河野に対する入閣要請を受け入れることを思いとどまるのだが、ここで児玉は明らかに大野を諭して河野に入閣を促すよう求めている。それだけでなく、岸の身になって、「大野・河野が支持せず、池田が入閣しないとなったら現政権はどうなるか！」と心配している。

そのうえ、児玉はこのようなやりとりをしたあと、電話で岸に大野・河野の様子を伝え、「明早朝に大野氏を訪ねて、直接会って話をすれば人情に弱い大野氏のことゆえ、河野入閣にきっとホネを折ってくれるだろう」と助言すらしている。まさしく、岸から送り込まれたスパイ兼工作員のようだ。

児玉の大野・河野を見る冷たい視線

しかも、児玉は、河野と大野をかなり冷ややかな目で見ている。彼らは驕り昂ぶって、自分たちの要求を呑むか、さもなければ政権を投げ出せ、と岸に迫っている。岸のあとは大野という密約があるからだろう。

しかし、日本は安保改定を前にして重要な時期を迎えている。これには「自主防衛」がかかっている。ここは自分たちの野望よりも、国のことを考えるべきだろう。それなのに、国のことよりも自分たちのことを考え、岸への協力を拒み、彼を追い詰め、政権を投げ出させようとしている。大野と河野は、安保改定の重要さがわかっていない。

児玉は彼らのパトロンでありながら、彼らのこの態度に眉をひそめていることが引用した記述からうかがえる。あるいは児玉がこのように岸のエージェントのごとく動くのは、グラマン内定を白紙化し、ロッキードに逆転決定することを許してくれた岸に対するお返しなのかもしれない。

しかし、この児玉の工作は結局実らなかった。河野が入閣を受け入れる前に、児玉がほのめかしていたように、池田が態度を一転させて、通商産業大臣を承諾してしまったのだ。池田に好意的な人は、安保改定を成し遂げるために岸に協力するよう吉田にいわれ、池田はプライドを捨てて大義につくことにした、と説明する。

だが本音では、池田は自分が入閣せずに岸が政権を投げ出せば、大野・河野側に総理大臣の座が渡り、自分の政治生命も終わると思ったからではないだろうか。

池田の入閣承諾によって、閣僚人事は一気に進んだ。党人事のほうも川島正次郎幹事長、石井光次郎総務会長、船田中《なか》政調会長に決まり、かろうじて大野派の船田が末席に連なることになった。河野派からは中曾根康弘が科学技術庁長官、松田竹千代が文部大臣で入閣した。だが、これで安保改定に臨む体制は一応整った。

河野は大いに怒り、今後岸政権には一切協力しないという声明を記者会見で発表した。

こうして、岸政権を誕生させ、支えてきた旧民主党の河野派と旧自由党の大野派は、反主流派へ転落した。しかも、代わって主流派になった池田派、佐藤派、石井派は、いずれも旧自由党に所属していた。自由党を除名され、民主党の幹事長から自民党総裁へと進んだ岸は、いまやかつての敵、旧自由党幹部に支えられて政権運営をし、安保改定を目指すことになった。児玉の工作は実らなかったが、岸は政権を維持し、政治的状況は児玉が望んだ方向へ進んでいった。

民主社会党の結党と河野の反乱

このように与党自民党も内部対立を抱えていたが、このころの社会党は対立どころではなく、分裂に向かっていた。これには児玉も関係していた可能性があるので少し見ておこう。

自民党は派閥抗争にあけくれ、民心はすでに離れているといわれていた。だが、選挙をやってみると、五八年五月の衆議院選挙や五九年六月の参議院選挙でも、社会党は議席こそ増やすものの、政権交代を可能にする数には達しなかった。

そこで五九年九月、九段会館で党大会を開き、党の引き締めを図った。右派の旗頭西尾末広は、左派を批判し、党の体質改善を主張した。社会党立党のとき、鳩山から児玉資金を回してもらったとされるあの西尾だ。ところが左派はこれに激しく反発し、逆に西尾を党の統制を乱したとして、左派の圧倒的多数で統制委員会にかけることになった。

西尾は社会党を離党し、新党民主社会党を作ることを決心し、新党準備会を立ち上げた。革新勢力は、またしても二つに分かれることとなった。

前にも触れた外交文書集『アメリカの外交：一九六四—六八年』の「編集ノート」は、これがCIAの秘密資金提供による革新勢力離間工作であったことを明らかにしている。

アメリカが日本で行ったもう一つの非公然の工作は、極左的政治家が選挙で選ばれる機会を少なくするためのものだった。一九五九年にアイゼンハワー政権は、より親米的で「責任能力を持つ」野党（民主社会党のこと）が生まれることを期待して、CIAに左派的野党から穏健分子を引き離すための非公然の計画を承認した。その経済的支援は一九六〇年では七万五〇〇〇ドルに限定された。一九六〇年代の初めは、だいたいこの金額で推移した。

つまり、自民党政権が倒れないように、そしてもし倒れるような不測の事態が起きたときは、穏健な社会主義政党である民社党がその受け皿となるようにしたかったのだ。

これは日本の左派政党が政権を握らないようにするためのCIA工作だった。だが、西尾が鳩山を通じて児玉資金を受け取っていたと推測されること、児玉が社会党の穏健派と気脈を通じていたこと、ロッキード社から巨額の工作資金を得ていたことを考えると、あるいは児玉が一枚かんでいたのかもしれない。CIAとはW作戦以来気まずくはなっていた児玉だが、左翼勢力を分裂させる工作となれば、協力してもおかしくない。CIAも岸を支持する児玉を好ましくみていたはずだ。それに、この分離工作も安保改定のためだったという疑いがある。民社党は結党当初こそ安保改定に反対したが、あとになって賛成に転じている。

一方、身勝手な思惑から閣僚にも党役員にもならず、主流派から反主流派に転落した河野は「党内野党」となり、安保改定を邪魔しにかかった。条約の期限が一〇年だということ、行政協定の改定が不十分なこと、在日米軍の配備・装備に関する事前協議制度に不備があることなど揚げ足をとり、河野派の総会で反対決議をしたり、自民党安保改定委員会でも反対論を繰り広げたり、結論がでるのを妨げようとした。

岸は『岸信介回顧録』で、河野のこの行為を「言い掛かり」と呼んでいる。児玉もまた『悪政・銃声・乱世』のなかでこう非難している。

反岸的な感情と、国会の審議とは、おのずから別問題であり、これを混同することは――混同するつもりはなくとも、世間にそう思わせることは――政治家・河野一郎にとって、けっしてプラスではなかっただろう。つまり、感情は感情、政治は政治で、それを河野さんほどの人がはっきりさせないことは、なんとしても遺憾であった。

河野の反対にもかかわらず、政府原案は一〇月二一日の自民党総務会で了承され、二六日の両院議員総会で承認された。その後、紆余曲折を経て、この原案は六〇年五月一九日夜半に衆議院本会議で可決された。

死を覚悟した岸と佐藤

六月一〇日、アイゼンハワー訪日の打ち合わせのために大統領報道官ジェイムズ・ハガティーが来日した。岸は、この安保改定の意義を日本国民に宣伝するために、アイゼンハワーに日本を訪問してもらい、改定発表の場を一大政治セレモニーにしようと計画していた。

ところが、来日直後に事件が起きる。

ハガティーを乗せた車が羽田空港周辺の道路でデモ隊に包囲され、身動きが取れなくなってしまった。そこでアメリカ海兵隊がヘリコプターを出動させ、やっとハガティーを救出できた。まるで日本国内で軍事救出作戦をやったようなものだ。

大統領報道官ですらこうなのだから、大統領自身だったらどうなるのだろうか、と誰しも思わずにはいられなかった。アイゼンハワーの訪日を取り消すように、という声が自民党内でも強くなっていった。

岸は、柏村信雄警察庁長官にアイゼンハワー大統領訪日の警備のことを相談した。長官は、警察の機動隊は長期にわたるデモ隊との衝突ですっかり消耗しており、とてもアメリカ大統領の警備はできないと駐日アメリカ大使ダグラス・マッカーサー二世に告げた。

次いで岸は赤城宗徳防衛庁長官に自衛隊の出動を要請したが、こちらも断られた。自衛隊にデモ隊が襲い掛かり、これに対し発砲でもしようものなら、日本人同士が血を流す内乱に発展しかねない。それは岸も理解しているので、無理強いすることはなかった。

こんな岸に手を差し伸べたのは、児玉だけだった。

彼は、本書の冒頭の引用で名前をあげた河野の訪ソ壮行会に集まった親分衆に呼びかけて、一万五〇〇〇人にものぼる組員を動員し、学生や労働者の鎮圧に当らせると約束してくれた。岸はどんなに感激したことだろう。児玉は、岸だけでなく、岸の周辺にいる有力政治家のあいだでも点を稼いだ。

六月一五日、国内は騒然としていた。総評、中立労連などが全国でデモを呼びかけ、五〇〇万人を動員した。国会周辺にも二〇万人のデモ隊が押し寄せた。このなかの七〇〇〇人の全学連の学生が国会構内に乱入し、これを抑えようとした警官隊と乱闘になった。この騒ぎのなか、東京大学の学生樺美智子が圧死した。

六月一六日、石原幹市郎国家公安委員長、柏村警察庁長官、小倉謙警視総監が首相官邸に召集されて、アイゼンハワー訪日の警備について話し合った。これら三人の警察トップは、大統領訪日の警備にまったく自信が持てないと述べた。岸は、児玉が「やくざ軍団」を動員すると約束してくれたにもかかわらず、この計画を断念せざるを得なくなった。同時に、このとき総理大臣を辞任する意思を固めた。

六月一七日、岸は小倉警視総監に首相官邸から立ち退くよう要請された。デモ隊の標的になっており、とても守りきれないという理由だった。岸はこの言葉に激高し、「首相官邸が危ないというなら、どこが安全なのか」と食ってかかったといわれる。

岸は立ち退くどころか一八日夜には首相官邸に泊まりこんだ。一九日零時の安保改定関連法案の自然成立まで立てこもるつもりだった。見るに見かねた弟の佐藤もやってきた。

その夜、佐藤はブランデーをもってきて、それを呑みながら、兄弟二人で自然成立する明け方まで過ごした。このとき、だんだん気持ちがふさぎこんできた佐藤は、「兄さん、ここで死ぬなら本望だね」といったという。岸信介と佐藤栄作、二人とも今日もっとも人気のない総理大臣だが、いざというときは国家のために命をかけるという心構えを持っていた数少ない政治家だったようだ。

岸暗殺未遂事件

一九日零時、法案は成立した。兄弟も無事だった。岸はその日のうちに閣議を開き、そこで辞任の決意を表明した。

岸の退陣表明によって世間の注目は、安保改定から次期総裁選挙へと移った。

このときの児玉の対応は、岸政権のときとは違って、大野のために動いた。なぜなら、岸は安保改定を成し遂げ、政権の座からも降りているからだ。こうなれば、児玉が支持すべきは、とりあえずは大野だ。

児玉はさっそく動いた。大野と河野にいろいろ情報を与えたり、いっそ大野派と河野派は自民党から離脱して新党を作ってはどうかと提案したりした。だが、大野はこれを聞き入れず、結局、大野派は池田の対立候補である石井光次郎を支持することにした。すると、川島と彼にしたがっていた岸派の議員まで池田支持に変わってしまった。つまり、大野とは密約があるが、その大野が自らレースを離脱したのだから、石井を支持するいわれはないという理由だ。

この結果、七月一四日の総裁選挙は、初回投票では池田二四六票、石井一九六票、藤山愛一郎四九票、決選投票では池田三〇二票、石井一九四票で池田が第四代自民党総裁となることが決まった。

総裁選の結果をうけ、首相官邸で祝賀会が行われようとしていたとき、岸は荒牧退助という右翼の暴漢に襲われ、腿を刺された。命はとりとめたが、全治三ヵ月の重傷を負った。調べて見ると実行犯は大化会に属していたことがわかった。岩田富美夫らが作ったこの右翼団体は、児玉とつながりが深い。

しかもその手口も、右翼や暴力団の刺客によく見られるやりかただった。古沢襄の「四十六年前の右翼襲撃事件」によれば、岸の長女洋子はこのように語っていたという。

「あの手口は、殺人罪に問われないで、出血多量で死に至らしめるというプロのやり方。父を恨みに思う人の差し向けた刺客だということを聞いたことがございます」

右翼や暴力団の刺客というものは、人を襲うとき、体幹部ではなく、足を狙うといわれている。体幹部を狙えば、傷害ではなく、殺人を意図したことになり、殺人罪となって刑期が長くなる。脚ならば、たとえ死んでも傷害致死で刑期が短くてすむ。だが、医学的にみれば、太腿は体幹部に劣らぬ急所だ。ここには動脈が走っていて、これが切れると致死率はかなり高く、闘牛士が牛の角に衝かれて死ぬ場合もこの部位の場合が多いという。刺客のこの方面に関する知識は豊かだ。

ＣＩＡは、児玉や河野が背後にいると考えていたようだ。ＣＩＡは六五年三月一九日付で作成した児玉の経歴（Bio-Data）のなかで、この背景を次のように分析している。

六〇年、児玉と河野は、密かに池田勇人が自民党総裁になるのを阻止する工作を行った。池田が総裁選挙で勝利すれば、河野が政治的に孤立するからだ。

六〇年七月の岸首相への傷害事件と関連して、児玉の名前があがっている。いくつかの報告書は、岸が自分のあとは大野伴睦に政権をわたすという誓約の立会人に児玉がなっていること（それは大野の最近出版された回顧録でも確認されている）に言及して、この右翼による岸襲撃と、児玉と河野の関係とは結びついていると暗にいっている。

つまり、大野密約を岸が破ったので、その制裁として児玉と関係がある荒牧が岸を襲ったということだ。だが、それはこれまでみてきたことからもありえない。情報源自体のバイアスをひきずった分析だといえるだろう。

児玉が岸を暗殺する動機はない

これまで見てきたように、児玉は安保改定を目指す岸を助けるため、岸とグルになって大野と河野の協力を取り付けるセレモニーをセットしている。また、前にも見たように、大野は総裁選挙に出馬して敗れたのではなく、大野派と石井派の一本化の段階でみずから降りている。これは岸の責任ではなく、いろいろなデマに振り回され、石井派がしかけた神経戦に音をあげた大野がだらしないといえる。

一本化調整の前の党幹部による話し合いのときに、岸が大野をもっと推せばよかったというかもしれないが、池田派や佐藤派は岸のいうことなど聞かなかっただろう。それは、政争を醒めた目で見ていた児玉にはよくわかっていたことだ。

それに、暗殺の対象がなぜ岸なのか、ということもある。岸が政権にしがみついていて邪魔だというならわかるが、彼はすでに辞任を決意している。辞めた人間を殺したところでなんの意味があるだろうか。

たしかに池田総裁が誕生したことによって大野と河野は政治的に孤立したが、その状況は岸をどうこうしたところで変わらない。約束を破ったというなら密約の場にいた佐藤も同罪で、しかもこちらはポスト岸の有力候補で、河野の不倶戴天《ふぐたいてん》の敵だ。大野政権や河野政権を実現させるうえで邪魔なのは、明らかにこの弟のほうだ。しかも岸のほうは自派の川島に大野擁立に動くよう一応は命じているが、佐藤は最初から大野も石井も支持するつもりはなく、いつ支持を表明したら池田がもっともありがたく感じるかのみを考えていた。この点でも裏切りの度合いは、佐藤のほうが大きい。

そう考えると、この犯行は児玉・河野・大野周辺の人間が実行したが、それは児玉の政治的意図とは関係なく行われたと見るべきだろう。つまり、大野密約が破られたことを知った彼らの周辺にいたものが、義憤に駆られてか、「男をあげる」ために起こした単独犯行だということだ。事実、現職総理大臣（襲われた時点で）が暴漢に襲われたというにしては、メディアも警察も扱いが相対的に小さかった。

河野の新党結成騒ぎ

一方の児玉・河野・大野にとっても、仇敵《きゆうてき》池田が政権を握った状況でなすべきことは、過去の人となった岸に恨みを晴らすことではなかった。そんな余裕はさらさらない。非主流というより孤立に追い込まれた状態で、どうやって生き残っていくかを真剣に考えなければならなかった。

事実、河野はこのあと、自民党を脱党して新党を作る動きを模索している。児玉の『われ敗れたり』によると、河野は自派議員を軽井沢に集合させ、そこで新党結成の旗揚げをするつもりだった。だが、そのまえにパトロンたちの了承を得ておく必要がある。そこで、児玉、萩原、永田を帝国ホテルに呼んで、意見を聞いた。永田は賛成したが、児玉と萩原は反対した。このとき児玉はこういっている。

あなたが脱党宣言をすれば同志の多数がワッと喜んでくれると思ったら大間違いだ。あなたは代議士の生態を知ってるはずじゃないか。いまの政治家はみんな陽の当るところに出たがるのに、いくらあなたの説に同調しているからといって脱党までして苦労したがる政治家なんか、残念ながらあんたのそばにはいない。

しかし、河野はなかなかあきらめようとしなかった。そこで、三人は条件をつけた。二五人以上の同志が集まったら、新党立ち上げを許すことにした。

河野はその場にやってきた重政誠之と中曾根康弘に、ついてくるのは何人いるかと尋ねた。重政は「まあ、ありますよ」と曖昧な答えをした。これに対して中曾根は「ほんとうについてくる者は十名そこそこでしょう。泣き泣きついてくるのは七、八名いますかな」と思うところを正直に述べた。河野は顔色を変えて「中曾根君、ちょっと用がある」といって廊下へ連れ出して、そのあと追い返してしまった。

児玉はこのときの中曾根を次のように褒めている。

このとき私は、中曾根氏の人物を見たと思った。私はともかくとして、永田、萩原両氏は当時河野さんのブレーンでもあり、また後援者だった。その前で敢然と河野さんの間違いを指摘してはばからず、はっきりと情勢の判断を下している。チョット普通の人間ではできないことだと思った。

後年、児玉は中曾根の後援者となり、二人ともロッキード事件に巻き込まれていくのだが、その仲はここに始まったのだろう。自派だけで二五人がそろわないと知った河野は、大野派にも呼びかければ数がそろうと考え、児玉にその工作を頼んだが、前掲書によれば、河野に脱党させたくない児玉は、箱根の小涌園まで大野に会いにいきながら、河野の要請を伝えたあとで、この要請は断ってくれと大野にいったという。

渡邉恒雄は中曾根の工作員

実は、大野は読売新聞記者の渡邉恒雄（のちの読売新聞社主筆・社長）から、児玉が河野の脱党に加わるように説得にくる、という情報を得て警戒していたが、むしろ児玉は河野の話にのるべきではないと止めたので、大野は「いっぺんに相好をくずし」たという。

渡邉が誰からこの情報を得たのかは明らかだ。それは中曾根しかいない。彼は河野に追い返されたあと、河野が必ず大野に協力を要請すると思って、渡邉を使って情報をリークしたのだろう。そうすれば、河野の脱党計画をつぶし、自分が道づれになることを阻止できると考えたのだろう。

こうして、河野は敗北し、孤立した。そして、大野派の凋落も既定路線となった。ただし、彼らは次期主力戦闘機機種選定問題では、グラマン内定を覆すことに成功していた。五九年、佐薙航空幕僚長の後釜に座った源田実がロッキードF－104Jが候補機種としてふさわしいという報告をまとめ、国防委員会もこれを了承した、というのはすでに見たとおりだ。六二年には日本に導入され、実戦配備された。

しかし、これは五八年の段階で合意していたことなので、彼らが六〇年安保以後にあげた勝利とはいえなかった。児玉―河野―ロッキードがすでに固めた路線は、岸が辞め、池田政権になったからといって、簡単に覆すことのできるようなものではなかったのだ。

児玉は、河野を使ってロッキード・グラマン事件で岸に天誅を加えた一方で、今度は河野を退けて岸を支持し、「自主防衛」への第一歩である安保改定を実現させた。政治プロデューサーの面目躍如だ。

一方、CIAから見ると、ロッキード社よりは経営難のグラマン社から次期主力戦闘機を買ってもらいたかったし、それに向けて工作したことはたしかだが、アメリカの航空機メーカーから買う限り、たいした違いはなかった。CIAは政府機関であり、特定の企業のコンサルタントではない。

要はどちらからであれ、岸に政権維持に必要な資金が渡り、彼が安保改定を成し遂げられればいいのだ。実際そうなった。

児玉は、結局はＣＩＡの作戦遂行を助けたのだ。

第9章　外交交渉と利権のはざまで
――安保改定の黒子から日韓国交正常化の立役者へ　池田政権期

朴正熙革命政権に手を差し伸べた児玉と木下産商

日本国内で安保闘争が終息に向かっていた六一年五月一五日、韓国では朴正熙が軍事クーデターに成功した。この元満州国軍中尉が、政権を握ると真っ先にアプローチしたのは日本だった。武力によって奪った政権の承認と、それを維持するための経済援助を求めたのだ。

戦後の日韓関係の正常化は、五二年の第一次日韓会談で始まっていたが、当時の韓国大統領李承晩が日本に強硬な態度をとったため、はかばかしい進展を見ていなかった。皮肉なことに、この軍事政権の誕生が日韓の国交正常化交渉を一気に進めることになる。

CIA文書は、その事実を雄弁に物語っている。六二年二月六日付文書では、軍事クーデターの中心人物でKCIA（韓国中央情報部）部長の金鍾泌が、池田勇人総理にアプローチするために「池田に影響力を持つ児玉」とコンタクトをとっている、という報告書が早々とあがってくる。朴政権の上層部は児玉がどういう人物かわからなかったものとみえて、さっそく児玉についてのファイルを送るようCIA東京支部に求めている。

この三ヵ月ほど前の六一年一一月、朴は政権承認を求めてアメリカへ行った帰り道、日本にも立ち寄って池田総理大臣とも会談している。この首脳会談を実現させたのも、実は政治プロデューサー児玉だった。

ロー・ダニエル著『竹島密約』は、金鍾泌が六一年に朴・池田会談を実現させる交渉のために来日したところ、大物政治家は様子見を決め込んで誰も会わなかったことを明らかにしている。そこへ児玉があいだに入ることによって、ようやく朴は池田総理を始め、石井、佐藤、大野、河野と会うことができた。ちなみにダニエルの著書は、「竹島密約」を含む日韓国交正常化の過程を第一次資料によって明らかにしている。

これらの有力政治家にしても、児玉の紹介だということで金に会ったのだろう。児玉が大物だということもあるが、一民間人という立場も大きかった。彼があいだに入ることで、非公式な会見のニュアンスが生じるので、あとで問題になったときいい逃れできるからだ。

この児玉による民間レヴェルの非公式な打診や仲介、下交渉が、正式の会談を実現させるために大いに貢献したことは否定できない。児玉が池田総理に影響力を持っていたかどうかは見方によるだろうが、少なくとも金鍾泌にとって、児玉は池田につながっている非公式のラインだったのだ。

その一方で、児玉は韓国前政権の要人とも会っていた。六三年四月二四日付ＣＩＡ文書では東日貿易の久保正雄とともに、崔昌永（在日本大韓民国民団団長）と会っていることが報告されている。ただし、会っているという報告だけで何が話されたかは記述されていない。

ここで注目すべきは、岸政権下でのインドネシア戦争賠償で巨大な利権を手に入れた東日貿易が、日韓関係の文脈ででてくることだ。しかも、そこには児玉も加わっている。

岸は総理時代にインドネシア賠償において、木下産商など息のかかった企業に大型契約を与えたのは良く知られている。同じようにこの賠償ビジネスで巨額の利益を得た東日貿易の社長と児玉が同席して、韓国を代表する人間と会談しているということは、児玉もまたインドネシア賠償利権に関わっていたことを暗示している。

その一ヵ月後の五月二三日付ＣＩＡ文書は、暗示ではなく、それが事実であることを、児玉と木下産商との関係を明らかにすることで証明している。

児玉誉士夫の木下産商との関係

1．六三年（　　　）《ママ》は（　　　）と（　　　）に木下産商は児玉の利権に使われているといった。彼はなおもこのように付け加えた。木下産商は横浜造船の輸出代理店でインドネシアとさまざまな事業を行っている、また、社長の久保正雄はスカルノ大統領と親しい関係だ。

2．児玉の朴―金ラインと日韓関係に対する利害を考えると、木下産商を金鍾泌の代理である崔英澤《チェ・ヨンテク》がコミュニケーションのチャンネルとして使うのは当然だ。

3．東京に作戦本部をもつ金鍾泌、崔英澤、金商仁《キム・サンイン》、呉定根《オ・チョンクン》、安田商事の社長朴老鍾《パク・ノジョン》からなるグループはソウルの金鐘洛、朴正熙と児玉の関連会社をつうじて秘密の連絡を行っている。

4．木下産商は、東京都中央区宝町二丁目五にある大手商事会社で、リオデジャネイロ（これは金鍾泌にとって都合がいい）を含む世界の主要都市のほとんどに支店を持っている。東京支局はこの会社について膨大なファイルを持っている。

5．（　　）の六三年二月一八日の報告書によれば、陸軍大尉趙致遠《チョウ・チウオン》は木下産商の支店長に任命された。趙は朴正熙と金鍾泌の命を受けて辻政信の最近の行動をチェックするため東南アジアを旅している。趙は辻と関係が深いといわれる。同時に趙はインテリジェンスにおいてアメリカ人とイギリス人とコンタクトを取っていると考えられている。上の情報の信頼性は不明である。

この報告書は、児玉と木下産商の関係以外にも、重要な事実をいくつも明らかにしている。その第一は、児玉の関連会社と木下産商が、朴革命政権の工作拠点とネットワークを提供しているということだ。というより、当時の金鍾泌にとって、木下産商こそがＫＣＩＡの対外工作本部のカヴァーだったのだ。その偽装工作のさいに彼が頼ったのが児玉だった。

第二は、木下産商や東日貿易のようにインドネシア賠償で巨額の契約を得た企業が、政変後の韓国にアプローチしていたということだ。木下産商はインドネシアに賠償として引き渡す一〇隻の船舶のうちの九隻を受注した岸御用達の会社だ。その会社がKCIAの連絡網やカヴァーとなって、公にできない関係を結んでいる。

韓国との国交正常化は、日本の占領が終わり日本が独自に外交を行うようになったときからの課題で、いずれ賠償を行うことは認識されていたので、これら二社も以前から韓国に目を向けていたということだろう。

とくに木下産商がここに出てきている意味は大きい。つまり、児玉だけでなく、岸および岸周辺の人間が、朴革命政権と密やかな関係を結ぶうえで関わっていたことを強く暗示しているからだ。のちに児玉と岸は、日韓国交正常化の日本側功労者ナンバーワンの地位を競うのだが、最初の段階では両者は一緒だったと考えられる。

第三は、木下産商韓国支店長（ただし木下産商はKCIAのカヴァー）に任命された趙致遠が、革命政権の命を受けて辻政信の「最近の行動」をチェックするために東南アジアに送られているということだ。ということは、東南アジア視察旅行の途中でラオスのビエンチャン北方で六一年に消息をたった辻は、六三年の段階ではまだ生きていたか、生きていると信じられていたということだ。

ＣＩＡは日本政府から情報提供を受けて、辻が雲南省共産党過激派によってラオスのビエンチャン北方から昆明に拉致され、そこに監禁されているということを知っていた（これについては拙著『大本営参謀は戦後何と戦ったのか』の第五章に詳しい）。だから、報告書で辻のことに言及しているのだろう。

それにしても、なぜKCIA局員が辻の調査のために東南アジアを旅行しなければならないのだろうか。考えられることは、趙は、木下産商の社員というカヴァーのもとに東南アジアで秘密工作にあたったのだが、そのついでに辻の消息を調べるように命令されたということだ。命令したのはKCIAトップの金鍾泌だが、その金に要請したのは辻と密接な関係を持っていた児玉だろう。

児玉は、中国側に面の割れている日本側の人間よりも、KCIAのほうが辻の情報を探りだせるかもしれないと思ったのだろう。いずれにしても、これは児玉とKCIAが最初の段階からさまざまなことを頼んだり、頼まれたりする関係にあったことを示している。

朴正熙が大統領になる前の重要なこの時期に、児玉や木下産商が革命政権を援助していたということは、なぜ児玉が日韓国交正常化交渉で大きな役割を果たすのかを説明している。

金・大平メモと児玉

これまで日韓国交正常化交渉における児玉の役割は、岸の陰に隠れていた。というのも、岸が『毎日新聞』（七六年二月二四日付）の記事で次のように語ったことが、広く受け入れられたからだ。

日韓関係についても、私や河野氏らをとりまとめて、正常化のために努力したようなことを児玉氏はかいているという。これもオーバーな話で、私に関していえば、早くから当時の柳泰夏在日韓国大使らを通じて私なりに努力してきたつもりだ。児玉氏に頼まれた覚えなどないし、児玉氏に口説かれて考えをまとめたなどといわれるのは心外だ。

二〇一〇年八月一日にＮＨＫは『日韓関係はこうして築かれた』という番組を放送したが、内容は岸の動きが中心だった。児玉も登場してはいるが、その位置づけは付け足しにすぎなかった。それでも、児玉をとりあげたのは、ＮＨＫとしては大変な英断だったのだろう。

たしかに岸は自民党幹事長として、総理大臣として、李承晩政権のときから働きかけを行っていた。だが、重要な国家間の交渉というものは、多くの場合、政府関係者がいきなり始めるものではない。まず、民間人などが非公式にさまざまな打診を行ったうえで、意見と情報の交換をしつつ、少しずつ進めていくものだ。政府関係者が初めからでてきては、面子と面子、建前と建前のぶつかり合いになって決裂してしまう。岸がこの問題を扱っていたときがまさにそうだった。

これに対して民間人、とくに児玉のような政治プロデューサーは、あくまでも相手に非公式な打診をすることができ、受けるほうも気楽に構えて聞くことができる。お互いに体面が傷つかずに済み、かつ含みを持たせた回答をすることができる。クッションとしての児玉の有用性はそこにあった。

事実、朴政権は正式の外交ルート以外にも、さまざまなルートで日本側に働きかけていた。その主なものが、次の二つのラインだった。

1．金鍾泌（KCIA部長）―丁一権（外務部長官）―伊関祐二郎（外務省アジア局長）―児玉誉士夫―大野・河野

2．李厚洛（大統領秘書室長）―金東祚（外務次官）―岸―矢次一夫

これら二つのラインは、木下産商とKCIAの関係をみてもわかるように、相互に密接に関係しているものだ。ちなみに読売新聞記者嶋本謙郎や渡邉恒雄は、大野や児玉との関係から1のラインに入る。

単純化すれば、1は非公式の民間ライン、2は公式の外交ラインといえるだろう。実態としては、児玉の非公式・民間ラインが強力に働き、さまざまな準備と下工作を重ねたあとで、岸の公式・外交ラインがこれに加わって、あるいはこれを引き取って、正式の外交的舞台を整えたといえる。

実際、正式な予備交渉で大平正芳外務大臣と折衝にあたったのは、韓国の外務部長でも国務総理でもなく、KCIA部長の肩書きの金鍾泌だった。KCIA部長は、文民国家ならばたいしたものではないが、軍事政権下の韓国では大統領に次ぐナンバー2の地位だった。しかも、

朴を担ぎ出したのは金ら情報将校グループで、金は朴の兄の娘と結婚していた。

この金が岸や外交関係者たちよりも先にアプローチしたのは、児玉だった。前に見たＣＩＡ文書からも分かるように、それは児玉がインテリジェンスの世界の大物だったからだ。戦前、戦中、占領期、戦後を通じて、児玉は中国と朝鮮半島のインテリジェンスに関わってきた。情報畑出身の金が児玉に吸い寄せられるのは自然なことだった。

朴も満州国軍中尉という経歴から、満州にいた日本の旧軍人たちにコネクションを持っていた。だが、これらの旧軍人たちは、戦後はさほど政治に影響力を持てなかったが、児玉は違った。彼は、大野や河野など大物政治家に働きかけることができた。とくに大野は在日朝鮮人に暴行を受け、歯をへし折られたことがあり、韓国に対して強い反感を持っていたが、児玉に説き伏せられ、宗旨替えしている。児玉はさらに河野に強力に働きかけて、大野とおなじく賛成派に取り込むことに成功している。大野派と河野派の改宗がなければ、日韓国交正常化はもっと困難なものになっていたので、これは児玉の大殊勲だといえる。

前掲書『竹島密約』や二〇〇五年八月二六日に公開された韓国側の外交文書は、日韓国交正常化交渉のもっとも重要な場面でも児玉が活躍していたことを明らかにしている。韓国側の公文書でも明らかなように「請求権と無償を合わせて一億（ドル）。長期低利子借款三、四億（ドル）」という大平外務大臣がだした案を韓国側に伝えるのに仲介したのは、児玉だった。政治的プロデューサーは外交プロデューサーにもなれるのだ。

こうしてみると、日韓国交正常化交渉は、児玉ラインが地ならしし、岸ラインがそこに種をまき、大平が実ったものを刈り取ったといえる。

児玉はこの日韓基本条約締結後も、韓国政府と自由民主党有力議員とのあいだの重要なパイプであり続けた。実際、児玉は日韓親善に果たした功績が大きいとして、七一年に韓国から二等樹交勲章を贈られている。これは、六五年の日韓国交正常化当時の総理大臣佐藤栄作、外務大臣椎名悦三郎、日韓経済協会会長植村甲午郎の一等樹交勲章には及ばないが、児玉には彼らのような公式の肩書きがないことを考えると、韓国がどれほど児玉を高く評価しているかがわかる。

七六年一月二九日のCIAファイルには、七三年に起きた金大中拉致事件で日韓関係がもめたとき、当時幹事長だった中曾根が児玉に解決策を授けてもらったと出てくる。ロッキード事件発覚の直前のことだ。児玉の韓国コネクションの強力さ、幅広さを物語るエピソードだ。このころの日韓関係に関しては、児玉は外務大臣よりも力を持っていたといえる。

児玉と町井の韓国利権

六四年六月四日のCIA報告書は、児玉が金鍾泌に資金を供与していることを伝えているが、その金額については記述していない。また、供与の目的についても使途についても明らかにしていない。したがって、この資金が工作資金なのか、あるいは、何かの利権の斡旋に関する報酬なのかわからない。児玉の金に対する資金援助の報告は他にも数多く存在するのだが、まだ金が存命中のため非公開にしている。

同年一二月のＣＩＡ報告書は、彼の「養子」（この文書はそう書いている）の町井久之が韓国国際協会の厳堯燮に五〇万円の献金をしていることを報告している。これは金額が小さいために公表したのだろう。ただ、ＣＩＡは額があまりに小さく、相手があまりに小物のために、この献金の意図を測りかねている。

後年ロッキード事件が起きたとき、児玉は大韓航空にも売り込みをかけていたことがわかったが、それはこの日韓国交正常化交渉での功績によって可能になったものだ。

一方、児玉の「養子」町井は、日韓国交正常化交渉にはあまり貢献できなかったが、利権だけはしっかり手に入れている。六本木のＴＳＫ・ＣＣＣターミナルビルの建設に関して韓国外換銀行から支払い保証約六〇億円の信用を供与され、これに基づいて日本不動産銀行から五四億円の融資を受けたことが日本のマスコミによって暴かれている。これは児玉が得た利権のおすそ分けだろう。

とはいえ、児玉も町井も、ジャーナリズムが書きたてたように、利権のみを目当として動いたとは思えない。児玉も町井も韓国に対してはひとかたならぬ思い入れがある。その国と自分が今いる国とが国交を正常化する方向で動きを起こしたとすれば、なにかしたいと思うのは当然のことだろう。

ただし、児玉は最初から木下産商などの賠償ビジネスと手を携えていたので、国交正常化が成れば、かなりの利権が手に入ることは十分意識していただろう。そして、実際それを手に入れたことは、大韓航空への売り込みについてもロッキード社から手数料を貰っていたことからも明らかだ。だが、だからといって彼らの功績が色あせるわけではない。

反共産主義のための日韓国交正常化

この日韓国交正常化交渉にはアメリカも深く関与していた。CIA文書からでてくる六四年一〇月の韓国大統領府政務秘書官のメモは「今や明らかに（日韓）会談の中心地は、ソウルでも東京でもなく、ワシントンに移った」と述べている。実は、日本も韓国も自国に有利となるようその影響力を利用しようとアメリカに働きかけていた。日米韓関係研究の第一人者李鍾元（早稲田大学教授）も「日韓条約交渉は、事実上、米国との関係を軸にした日米韓三国の交渉だった」というほどだ。

このため、アメリカの国務省のなかには、この児玉の「偉業」に感銘を受けたものがいた。ただしこのことを記述しているのがCIA文書なので、その人物の名前は削除されている。

のちに『ニューヨーク・タイムズ』記者のアン・クリックテンデンが記事のなかで、児玉は駐日アメリカ大使館関係者と長年関係があったと述べているが、この人物のことかもしれない。

児玉は六三年一〇月の黒竜倶楽部の年次会や翌年一月の錦政会の新年会でも、「（エドウィン・）ライシャワー駐日大使に〈金鍾泌を自家薬籠中のものにしなければならない〉という書簡をおくった」と発言しているので、ライシャワーかその部下と緊密な連絡を取っていたことがうかがわれる。

たしかに、児玉が達成した偉業は、アメリカの国益にとっても大いにプラスになった。アメリカは五二年の日本占領終結以来、日韓が友好的関係を築くよう促してきた。日韓両国は、アメリカにとって共産主義に対する防波堤と防壁であり、その重要性は高い。

李承晩大統領がきわめて反日的政策をとったため、両国は友好的関係どころか国交さえ断絶していたが、アメリカの軍事力の傘のもとで共産主義の脅威と戦っていかなければならないという点では、目的と利害が一致していた。

事実、朴は六二年九月にジョン・F・ケネディ米大統領に送った書簡で、日韓国交正常化は「反共産主義戦線の結束強化という大局的見地」から見るべきで、「韓日両国の共同利益だけでなく、極東の安全、全自由陣営の結束強化」のためにも必要だと述べている。

アメリカとしては、経済的に繁栄し始めた日本が韓国と友好関係を結び、あわせて経済援助を行い、アメリカの負担を減らしてくれれば大助かりだ。日韓国交正常化は、このアメリカの二つの願いを同時にかなえるものだった。

その願いどおり、国交正常化と同時に、日本が韓国に与えた経済援助が呼び水となって、のちに「漢江の奇跡」と呼ばれる経済発展が始まり、最貧国から経済大国へと成長を遂げていった。それは、アメリカが韓国を支えるために自国民の血税を注ぎ込まなくても済むようになったことを意味している。この国務省の職員が児玉の偉業を称えた背景はこのようなものだった。

筆者は、この日韓国交正常化は、児玉には知らせずに（on unwitting base）、ＣＩＡが国務省（つまり駐日アメリカ大使館）を通じて資金と便宜を供与した工作だった可能性があると思っている。その根拠は、これまで見てきたように、この交渉での児玉の活動をくわしく報告する様子がＣＩＡ文書からくっきりと浮かび上がるからだ。

自分たちが関わっていなくても、朴政権の誕生は東アジアにおける重要な動きだから、それについての情報を集めるのは当然であるといえるが、それにしても資金とか人の動きがあまりにも細かく把握されている。やはりこれはＣＩＡが関与していたからだと思われる。

ＣＩＡは児玉の国費招待を拒否

このような児玉を、ある人物がＣＩＡの資金を使ってアメリカに招待しようと計画していたことが、六四年三月一五日のＣＩＡ報告書から明らかになった。

この児玉ファンはラス・シェルドン・ノウルズという女性で、アメリカ政府から石油開発のために南米に派遣されたこともある実業家で、且つこの方面の記事やラジオ・レポートをさかんに発信しているジャーナリストでもあった。前に述べた「感銘を受けた」アメリカ大使館関係者とは別人だ。彼女の記事やラジオ番組はＶＯＡにも使われていたので、国務省とＣＩＡとも多少のつながりがあったのだ。

しかしながら、児玉を長年監視してきたＣＩＡ幹部は、同年三月二〇日の文書で、けんもほろろの回答をしている。いわく、彼女は「児玉が政治家から学生運動、果てはやくざまで動かせる」といっているが、これは日本をよく知らない人間のいうことだ。国務省の提案は、「マフィア」の親分を国費で呼べといっているようなもので、ＣＩＡは断固反対だった。

六四年といえば、ＣＩＡ長官はアレン・ダレスからジョン・マコーンに代わっていた。民主党政権の国務省には、共和党政権下でＣＩＡ長官になったダレスの対日工作の内容を知らない人間も増えていたようだが、さすがにＣＩＡはインテリジェンス機関だけあって、しっかりデータの引き継ぎをしていたようだ。

ノウルズ女史が考えるように児玉を簡単に洗脳できるのなら、ＣＩＡはとっくにそうしていただろう。児玉を飼い慣らすなどということは、どんなに大金を与え、便宜を供与し続けようと不可能だ。何度試みようと、児玉にしてやられるだけだ。以後、児玉を国費でアメリカに招待する話は、二度とでてこなかった。

一方、児玉のほうはといえば、日韓国交正常化での大成功の余韻に浸っている暇も、ＣＩＡによる招待旅行が実現しなかったことを残念がっている余裕もなかった。

日韓国交正常化が成る一年前の六四年五月二九日、大野伴睦が心筋梗塞で急死し、国交正常化協定の署名が行われた直後の六五年七月八日には河野一郎までがこの世を去ったからだ。

池田はその政権末期には、ライヴァル佐藤栄作との確執から大野を副総裁に、河野を建設大臣にしていた。つまり、岸政権のときのように、主流派と反主流派が入れ替わるという現象が起きていた。このままでいけば、二人のどちらかが、池田派から政権の禅譲を受ける可能性もあったのだ。ところが、やはり運がないのか、まず大野が病に倒れ、これによって孤立し力を失った河野まで次期総理大臣レースから脱落してしまった。

六四年の一一月、喉頭がんで余命いくばくもなかった池田は、佐藤に総理大臣の座を譲り、ここに佐藤政権が誕生した。兄である岸信介を政権につけるため、そしてその政権を維持するために多くの犠牲を払ってきた弟がようやく自ら総理大臣の椅子に座った。河野はこれに堪えられなかったのか、腹部動脈瘤を破裂させ、憤死してしまった。

児玉がパトロンとなり、長いあいだ培養してきた総理大臣候補は、相次いで政治の舞台から消えていった。この政治的状況の激変に児玉は適応しなければならなかったが、それは茨の道だった。

第10章　角栄、小佐野との接点は？

――政治プロデューサーから政治ブローカーへ　佐藤政権期

児玉のコンサルタント契約と中曾根の自主防衛論

のちにロッキード事件のとき明らかになったアメリカ証券取引委員会の文書によれば、児玉が、久方振りにロッキード社のために売り込み工作を再開したのは、六九年一月一五日のことだった。六九年といえば佐藤栄作の総理大臣在位は五年目に突入している。このとき、児玉がとくに何を売り込むことになっていたのかは明らかになっていない。だが、当時ロッキード社が日本に売りたいものといえば、旅客機トライスターと哨戒機P3Cだった。

奇妙なのは、この翌七〇年に防衛庁長官として三度目の入閣をはたした中曾根康弘が、F4Eのあとの次期主力戦闘機や、P2Vのあとの哨戒機を国産にしようと動いていたことだ。もし児玉がP3Cも売り込もうとしていたとすれば、両者のしていることは矛盾する。

同年七月一六日、中曾根は「装備品の生産及び開発に関する基本方針」という次のような事務次官通達を出させている。

①「装備品の生産及び開発に関する基本方針」

1 （略）

2 防衛力の本質からみて、国を守るべき装備品はわが国の国情に適したものを自ら整えるべきものであるので、装備の自主的な開発及び国産を推進する。

3 （略）

4 装備の開発及び生産は、長期的観点に立ち、その効率性、経済性及び安定性を考慮しつつ、計画的に推進するものとする。

5 （略）

②「防衛産業整備方針」

1〜6 （略）

7 自国産業による開発、生産

自主防衛の見地から、わが国を防衛すべき装備の開発及び生産は、わが国産業自らがあたることが望ましいので、今後の装備の開発及び生産は、原則として自国産業に限定するものとする。

これは自衛隊の装備を国産にしていくというもので、中曾根の「自主防衛」を次期防衛力整備計画に反映させようというものだった。おそらく、これには児玉は諸手を挙げて賛成しただろう。

中曾根は「自主防衛」について『朝日新聞』（六九年三月七日付）の記事のなかで「七〇年代は日本の自主防衛を主力とし、補充的に集団安全保障に頼るように方針を転換すべきだ」と語っている。つまり、七〇年の安保は自動延長するがそのあとは「集団安全保障」へ、つまり「安保が従で、自主防衛力を主」にしなければならないという。

彼はそうしておいて、「集団安全保障」のほう、つまり安保を破棄する方向へ持っていこうとしていた。これについても彼は『毎日新聞』（六九年九月七日付）の第二回日米関係民間会議をまとめた記事のなかで、「一九七五年ごろ日米両国の新しい親善関係を樹立するため、現行の日米安保条約をいったん廃棄すべきだ」と主張している。

中曾根の次期計画概要は、翌七一年四月の第四次防衛力整備計画（四次防）概要に反映された。これは最大総額五兆一九五〇億円をかけて日本の防衛を強化することを謳ったもので、この金額は当時世界第一二位であった日本の防衛費を、一躍第六位に躍進させるものだった。

その防衛思想も、侵略してきた敵を日本の領海や領土で迎え撃つというより、公海上でたたくというもので、これはかなりの前進だ。

この中曾根の自主防衛論はアメリカに好意的に迎えられた。というのも、これはニクソンが六九年七月にグアムで発表した（外交教書になるのは七〇年二月一八日）いわゆる「ニクソン・ドクトリン」を受けたものだからだ。その内容は以下のようになっている。

アメリカは、すべての条約上のコミットメントを維持する。

同盟国およびその生存が、アメリカの安全保障にとって死活的だとわれわれが判断する国の自由を、核保有国が脅かした場合、アメリカは盾を提供する。

その他のタイプの侵略の場合は、要請されれば条約上のコミットメントに合致した軍事的・経済的援助を与える。しかし、直接脅威にさらされた国が、自国防衛のために人材を提供する一義的義務を負うものと期待する。


重要なのは最後の部分で、簡単にいうと、アメリカに守ってほしければ、まず自ら血を流して戦えということだ。アメリカは泥沼のヴェトナム戦争から抜け出せずにいて、同盟国の安全保障をすべて自国が引き受けるのではなく、同盟国にも防衛分担を求めることで負担を軽減することを考えていた。

中曾根は、防衛庁長官就任後の七〇年九月にアメリカを訪れ、帰国後の一〇月に総額一六〇億ドル相当の次期防衛計画概要を発表したが、このスタンドプレーでアメリカの政財界関係者の注目は中曾根に集まるようになった。

しかし問題は、同盟国に防衛分担を求めた「ニクソン・ドクトリン」にもかかわらず、「安保を従とし、自衛を主とし、将来は安保を破棄する」という自主防衛の考え方をアメリカがどこまで受け入れるか、だった。アメリカの負担を軽減することはいいとして、日本がやがて自立し、対等になることまで望むだろうか。当時のアメリカにとってもっと受け入れ難いのは、これとセットになってでてくる防衛装備の国産化だ。あとで詳しく見るように、これがロッキード事件のもとになる。

児玉は日本を売ったのか

いうまでもなく、中曾根は河野が死去したあと、児玉が次期総理候補として「培養」していた政治家だ。中曾根が児玉の意向と関係なく「自主防衛論」を打ち出すだろうか。それに、明らかにこの考え方は、児玉のこれまで採ってきた路線と軌を一にしている。

そもそも六〇年の安保改定は、将来日本が安保を破棄できるようにするため、成し遂げたのではなかったか。安保を破棄しなければ、アメリカ軍は日本からいなくならない。アメリカ軍がいる限りは、五二年発効のサンフランシスコ平和条約で形のうえでは占領が終わったといっても、現実には続いているも同然だ。外国の軍隊がいる国は独立国とはいえない。

また、F－104やF4Eの輸入のときにも明らかになったように、防衛装備をアメリカに頼ると、政治が金権化し、腐敗する。輸入でなくても、国産でも同じ問題は起こりうるが、少なくともそれは国内問題であって、アメリカに弱みを握られずにすむ。中曾根の自主防衛論が防衛装備の国産化とセットになってでてくるのは、このような思いがあったからだと解釈するのは好意的すぎるだろうか。

いずれにせよ、児玉は遅くともこの四次防の段階で、ロッキード社のコンサルタントを辞めるべきだった。旅客機はいいとして、哨戒機も売り込めば、「自主防衛」に反することになるからだ。だが、児玉はP3Cを売り込むことをある程度承知の上で、コンサルタント契約を継続していると考えざるを得ない。

児玉とロッキード社の間では「修正四号契約書」が七三年七月二七日付で交わされているが、これが本物だとすれば、P3C五〇機の確定的契約に際して児玉は一五億円を受け取ることになっていた。つまり、P3Cを大量に輸入し、哨戒機の国産化を妨げることで、巨利をむさぼろうと考えていたことになる。

もっとも、好意的に解釈するなら、児玉は七〇年前後の段階では、ロッキード社とのコンサルタント契約と「自主防衛」とは、必ずしも矛盾しないと考えていたかもしれない。つまり、哨戒機はいずれ国産化すればいいのであって、すぐにそれを実現するかどうかは別だ。むしろ、P3Cを購入し、それをライセンス生産し、ノウハウを蓄えてから国産化を進めたほうが経済効率はいいという考え方もある。

事実、あとでくわしく述べるが、ロッキード社は、巨額の開発費が経営を圧迫し、倒産の危機にあった。むやみに独自開発して国産化しようとしても、巨額の開発費がかかり、児玉がよくいっていたように、三菱重工などに防衛予算を食い物にされるだけだ。一旦ライセンス生産すれば、そのあと三菱重工と対抗できるメーカーが育てられるかもしれない。競争がなければ、良いもの、しかも安いものはできない。七五年六月ころに国内業者が巻き返してP3C内定を覆そうとしたときも、防衛庁はP3Cを国産哨戒機が開発できるまでの「つなぎ」だといってなだめている。

また、当時のアメリカは、沖縄返還後の日米間の外交課題として貿易不均衡の是正を大きく取り上げようとしていた。だがこの段階では日本側が貿易不均衡を認めるかどうか、また認めた場合どのくらい是正するかはまだ決まっていなかった。

アメリカ側のいい分がすべて通れば、日本が欲しがっていた濃縮ウランに加えて、旅客機、哨戒機、戦闘機、ヘリコプターなどもアメリカから輸入しなければならなくなる。だが、日本側が強く出ることができれば、濃縮ウラン以外は輸入しなくても済むかもしれないし、旅客機の輸入だけで済むかもしれない。これはその時になってみなければわからない。このように考えれば、児玉がロッキード社のコンサルタントを辞めなかったからといって、必ずしも金のために節を曲げたことにはならないはずだ。

もちろん、悪意にとることもできる。要するに、この当時の児玉は「自主防衛」を後回しにしてまでも、まずはロッキード社からの巨額のコンサルタント料と工作資金が欲しかった、と考えることもできる。

鳩山一郎が総理の座を降りて以来、ながらく児玉はキングメーカーの地位から遠ざかっている。警察ににらみがきいた河野亡きあとは、国家権力に対する盾も失われていた。しかも佐藤政権が長期化するにつれて、政治プロデューサーとしての資金力も政治的影響力も弱くなってしまった。もともと、児玉が持っていた政治的影響力の源泉のかなりの部分は資金力だったのだから、まずは資金を蓄えることが先決だ。そう思っていたと考えられなくはない。

さいわい、「政界の風見鶏」と称された中曾根は、河野の宿敵だった佐藤政権下でも運輸大臣や防衛庁長官を歴任するなどうまく立ち回っていた。まずは資金を手に入れて中曾根をバックアップし、彼が政権を握ったら、そのときこそ国内の軍事産業を競わせ、育成しながら「自主防衛」を実現すればいい。しょせん金と権力がなければ、理想は実現しない。

トライスター売り込みに関しては、児玉にとって幸運なことに、中曾根のほかに橋本登美三郎が要職についていた。橋本も三七年から四五年まで上海駐在で、朝日新聞の外信部長や東亜部長を歴任した。橋本は上海コネクションと緒方コネクションで児玉と結びつきがあってもおかしくない。

こうした児玉にとって都合のいい人間が絶好のポストにいたため、児玉の工作は次々と実を結んでいった。

児玉と小佐野の結びつき

六九年にロッキード社とコンサルタント契約を結んだ児玉は、やがて全日空の大株主である小佐野賢治に働きかけを強めた。実は児玉と小佐野は、ロッキード社の売り込み工作以前から結びつきがあった。

ロッキード事件以前から児玉と小佐野と田中角栄が料亭で会食したり、同じパーティに出席したりしていたことを指摘するジャーナリストは少なくない。なかでも説得力が強いのは、毎日新聞政治部編の『黒幕・児玉誉士夫』で、児玉と小佐野と田中がどのように結びついたのかを解き明かしている。それによれば、児玉と小佐野が接点を持ったのは、六四年の京成電鉄株買占め事件のときだったという。

このとき小佐野は買占め側で、児玉は防衛側である京成の代理人だった。二人は赤坂の料亭「赤坂金龍」で手打ちを行い、以後小佐野は児玉に日本航空の割引券を千数百枚渡すようになった。日本航空の大株主でもある小佐野は、萩原吉太郎との関係で北海道によくいく児玉に割引航空券を回したのだといっている。

また小佐野は、児玉の「養子」町井久之がおこなった「土地転がし」に力を貸したこともある。町井は六三年四月に、五億円で八王子市内の土地を購入した。ここに「東京工科大学」を作ろうとして、大学教授などに相談したが、うまくいかない。一年半後、大学建設を断念した彼は、その土地を日本通運と日綿実業に一五億円で売ることにした。

ところが話が急だったので、日綿実業は買い入れ資金の準備ができていなかった。そこで、児玉は小佐野に日綿実業に対し三億五〇〇〇万円の融資を行うよう頼み、その見返りとして相応の土地を渡したという。このとき売買された土地は、やがて緑地指定を解除され、住宅公団に転売された。

これには、大蔵大臣だった田中角栄が関わっていたとも囁かれた。この噂が本当ならば、このとき初めて、きわめて間接的ながら児玉は田中と関係を持ったことになる。

前掲書によれば、この噂を田中彰治議員が聞きつけて、小佐野をゆすりにかかった。困った小佐野は児玉にもみ消しを頼んだ。田中彰治は前にも見たように、第一次次期主力戦闘機機種選定のときに児玉とタッグを組んだことがあったからだ。だが、児玉もこの男は扱いかねたと見えて、小佐野に訴訟を起こすことを勧めた。

しかし、小佐野はことを荒立てることを避けた。というのも、田中角栄は次期総理大臣の呼び声が高い。裁判にもちこめば、田中彰治は田中角栄の名前をだしてくるに違いない。それは次期総理候補にとって痛手になりかねない。ここは、我慢して金で済ませたほうがいい。

このとき、児玉は小佐野・角栄と〝共犯関係〟になった。

しかしながら、児玉も小佐野も多くの事業や取引に関わっているので、このようなことがあっても、それだけで二人の関係が強まったとはいえない。児玉と角栄の結びつきにいたっては、やはり間接的なままに留まっていたといえる。

田中角栄は佐藤派の有力者だった。当時の総理大臣佐藤栄作と児玉は仇敵の関係にあった。これでは、児玉と角栄の結びつきが薄いのも当然だった。

ところが、こうした関係は佐藤政権が終わることで激変する。

佐藤政権から田中政権へ

七二年五月一五日の沖縄返還を花道に、佐藤はついに七年半の長期政権に終止符を打つことを決意した。これによって、児玉と中曾根は総裁選の渦のなかに引き込まれていった。

ポスト佐藤を最後まで争ったのは、ともに佐藤派に所属していた田中角栄と福田赳夫だった。佐藤は以前から福田への禅譲を求められていたが、権力を握ったものの常として、なかなかこれに応じなかった。むしろ、田中を近づけるなどして、この動きを牽制した。

しかし、政権末期にはいよいよ覚悟を決めて、福田に政権を譲る方向に動いていた。田中はこれに反発し、佐藤派から独立することにした。このとき田中を支えたのが、一人は佐藤派の同僚だった橋本登美三郎であり、もう一人、とくに資金の面から田中を助けたのが小佐野だった。

「角福」が争う総裁選挙は七月五日に行われることになった。児玉は当初、中曾根派議員とともに模様眺めをしていたが、途中から田中支持を働きかけはじめた。彼の得意のインテリジェンス収集によって、田中勝利を確信したらしい。

しかし、中曾根派は田中支持と福田支持とに二分していて、みな児玉のいうとおり田中に票を入れたわけではなかった。萩原などは福田支持の姿勢を終始くずさず、中曾根派議員にもそのように呼びかけたために、児玉と衝突してしまい、二人はしばらく不仲になった。

しかし、この総裁選挙は大接戦の末、決選投票で田中が福田を破った。そのため、児玉の働きかけと、一部の中曾根派議員の田中への投票は大いに評価された。

児玉に田中優勢の情報を流し、田中支持に回るよう中曾根派議員への説得を頼んだのが、橋本と小佐野だということは想像するに難くない。田中の勝利によって、橋本は党運営の要である幹事長のポストを手に入れた。次の総理大臣が狙える位置だ。

中曾根派は、佐藤派の仇敵河野派の出自でありながら、自民党主流派に連なることができた。児玉も、その中曾根派のバックとして、田中政権の恩人の一人として、小佐野や橋本にはおよばないまでも、田中に対しなにがしかの力を持つようになった。

河野が亡くなってから長らく失っていた政権への影響力を、児玉はようやく手に入れることができた。そして、それはトライスター売り込み工作を、それまで以上に有利にした。

「日米関係構造汚職」

六九年にロッキード社の売り込み工作を始めた児玉だが、それは自発的ではなく、ロッキード社からの依頼があったからだ。では、なぜロッキード社は、六九年になって児玉を動かしてまで、日本に航空機を売り込もうとしたのだろうか。この事情がわからずに日本側の動きだけを追っても、真相の半面だけしか見ることはできないだろう。

ロッキード事件が明るみにでたときも、日本の報道機関のほとんどは、これを「金権田中と右翼のボス児玉の汚職スキャンダル」として報じた。つまり、政治家個人と右翼のボス個人が、個人的欲望から引き起こした汚職スキャンダルという捉え方だ。

しかし、第七章で明らかにしたように、アメリカの航空機メーカーが絡むこの種の事件は、日本側の政治家個人の欲望もさることながら、日米関係に淵源がある。日本の政治家や黒幕は、CIAや国務省（直接的には大使館）の秘密工作の対象となり、アメリカが外交目的を達成するためのコマにされた面もある。

日本の汚職事件を追い続けた室伏哲郎は、「構造汚職」という言葉を作ったが、これらの事件に関しては「安保構造汚職」あるいは「日米関係構造汚職」というべきだろう。事実、この問題の根源は、アメリカの航空機産業の情況と、六八年に大統領に当選したリチャード・ニクソンがとった政策にあった。そこで、この本質を明らかにするために、太平洋の対岸に目を転じ、少し時間をさかのぼって、「日米関係構造汚職」の根源に迫りたい。

ニクソン大統領の経済担当補佐官ウィリアム・M・マグルーダーは、六八年当時アメリカの航空機産業が抱えていた問題を、七三年時点で大統領にあげたメモで次のように明らかにしている。

下院議会がSST（Supersonic Transport）プロジェクトを否決し、ほかの「反」航空機産業的法案を通したのは、この重要な産業への支援を行わないシグナルになっている。

ヨーロッパとアジアの関係者は、わが国の民間ジェット機を購入する際、また、特定の開発計画の提携を打診する際、「見返り」（offset）合意のもとにわが国の技術的「ノウハウ」を買うことにかなりの熱意を示している。

ボーイング747とDC10のような開発計画の経費は非常に巨額になっているので、わが国の銀行家はジェネラル・ダイナミクス社のこれまでのありさまや、最近のロッキード社の問題に鑑みて、新しい開発計画への融資に対して極めて消極的になっている。

われわれ国民の多くにとって、わが国の安全保障、技術的資源、貿易収支、納税、雇用に大いに貢献してきた産業が、政府の財政支援を受けた外国の航空機産業との厳しい競争に突入し、その活力を保つための資金を持っていないように見える。


引用文中にある「SST」とは、ケネディ政権のときに打ち出された、超音速旅客機を政府の肝いりで開発する計画のことだ。これは巨額の開発費を費やしたが、音速を超えることでさまざまなトラブルが生じるため打ち切られた。だが、ボーイング747やDC10のような副産物がそこから生まれた。

また、「見返り」合意とは、ロッキード社がエアバスの機体、イギリスのロールス・ロイス社がエンジンを開発し、完成したあかつきには、イギリスの航空会社がこれを優先的に購入するというものだ。

マグルーダーはここできわめて重要な点を指摘している。つまり、航空機メーカーは国防産業でもあるので、これらが衰退し、独力でやっていけなくなるということは、アメリカの国防の弱体化を意味するということだ。

日本人は旅客機と哨戒機や戦闘機などは別々のものと考えがちだが、どれも同じ航空機メーカーが作っている。そして、航空機メーカーとはアメリカでも最大手の軍産複合体なのだ。

マグルーダーはこの航空機産業イコール国防産業が陥っていたピンチから脱する道が、拡大するエアバス市場から、できるだけ多くの利益をあげることだと述べている。もちろん、メモでも指摘されているように、これらのメーカーの衰退は国防の弱体化だけではなく、技術の発展の阻害、貿易収支の悪化、税収の落ち込み、雇用の喪失にも派及する。つまり、航空機産業の弱体化はまさしく国力の衰退につながるのだ。

優等生がまっさきに危機に陥った

ともするとわれわれ日本人は、アメリカの国防産業が世界中に戦闘機や哨戒機や輸送機を売りまくり、莫大な利益を上げてきたように思っている。しかし実際には、これらの「製品」は、開発リスクがきわめて大きい。銀行に利子を払ったうえで、成功した利益から失敗した損失を引くと、収支はそれほどプラスにならないか、下手をすると大幅なマイナスになる。メモに名前がでてくるジェネラル・ダイナミクス社とロッキード社がそうだった。いいかえれば、ロッキード社の経営危機は、アメリカ航空機・国防産業が構造的に抱えている問題の一つのあらわれにすぎなかったのだ。

事実、ロッキード社とロールス・ロイス社の共同開発は、まさしくマグルーダー・メモに述べられている、リスク回避のための共同事業の模範例だった。ロッキード社は、エンジンの開発をイギリスのロールス・ロイス社に委託することにした。開発のリスクが分散するし、完成したエアバスをイギリスの航空会社で使ってもらえることも期待できたからだ。

しかし皮肉なことに、リスクを回避するためにロッキード社が手を結んだはずのこのロールス・ロイス社は、七〇年の終わりに経営危機に陥り、翌七一年二月に倒産してしまう。エンジンのないエアバスは飛べないので、ロッキード社はこの会社を再生させたうえで合弁し、エンジン開発を継続させる道を選んだ。だが、とうてい一企業で負える負担ではないので、ニクソンに政府保証緊急融資を求めることになった。

ちなみに、ニクソンとロッキード社は、ニクソンが大統領選挙に最初に出馬した六〇年から関係があった。リチャード・ニクソン大統領図書館に残る「副大統領期文書」は、その関係が六〇年にロッキード社内で労使紛争が起こったとき、ニクソンが労働長官のジェイムズ・ミッチェルを紹介して以来だということを示している。ニクソンは労使紛争に苦しむロッキード社に政府高官を紹介することで、自分に対する支持を取り付けようと思ったのだ。もちろん、合法的に献金も受け取っていた。ロッキード社はカリフォルニアを代表する企業なので、地元選出のニクソンを支持して見返りを期待するのは自然なことだ。

しかし、ニクソンはロールス・ロイス社の倒産によってロッキード社がいよいよ経営危機に陥った七一年まで、この期待に応えなかった。それでも、ロッキード社を見捨てず、救済策を講じたことに航空機産業全体が好感を示したことは、翌年の二期目の大統領選挙に好影響を与えただろう。

児玉の工作資金は政府緊急融資保証からでた

ここまで、ロッキード事件のアメリカ側の淵源を見てきたが、ここで改めて、以下の事実を指摘しておこう。

ロッキード社が児玉にコンサルタント料のほかに工作費を払い始めるのは、ニクソンが大統領になったあとの六九年からだ。そしてその金額が二五〇〇万円というレヴェルから上昇したあと、一気に巨額なものになっていくのは七一年以降だ。

つまりニクソンが政権に就き、やがて救済に乗り出してきたので、ロッキード社は児玉に巨額の工作資金をだせるようになったといえる。だからこそ、上院外交委員会多国籍企業小委員会（以下「チャーチ委員会」とする）のフランク・チャーチはロッキード社の不正支払いを追及したのだ。

もう一つ注意を喚起したいことがある。それは、児玉がこのアメリカのスキームのなかでコマとして使われてきたということだ。そのことに児玉自身もうすうす勘づいていたのかもしれない。だが、F－104のときにできたロッキード社とのしがらみがあり、また、佐藤政権のあいだに失ってしまった政治的影響力をとりもどすために巨額の資金が欲しかったので、その誘惑から逃れることができなかったのだろう。

とはいえ、ニクソンは自身と結びつきの強いロッキード社だけを救うために救済策を打ち出したわけではなかった。あくまでもアメリカの航空機産業全体の窮状打開策の一環として救済策をとったのだ。ロッキード社の困窮の原因はアメリカの航空機・国防産業全体に共通していた。そして、この救済策が、当時日米間で問題化していた貿易不均衡の問題とリンクしていた。つまり、対米貿易黒字を溜め込んでいる日本にアメリカのエアバスを買ってもらえば、これによって貿易の不均衡を是正し、航空機メーカーを救済し、アメリカの国防産業を守ることになる。

とくに日本に関していえば、巨額の貿易黒字を減少させるほどエアバスを輸入させることに成功するなら、それは日本独自のエアバス開発を阻止するか、少なくともそのスピードを緩める効果が見込める。これもまた長期的にはアメリカの航空機メーカー・国防産業の利益になる。

もちろん、ニクソンとしては日本にエアバスを輸出するなら、経営危機にあるロッキード社のものから優先的に売り込みたいのだが、なんらかの理由でそれがだめなら、アメリカの別の航空機メーカーでもよかった。とにかく、この当時の情況では、戦闘機でも対潜哨戒機でもなく、まずエアバスを売ってこの市場で優位に立たなければならなかった。

マグルーダーのメモにもあったように、このころはアメリカ以外にも航空機産業に参入する国がでてきていた。そして、日本も例外ではなかった。田中が通産大臣のときに取り組んでいたのは、中曾根と同じく民間航空機、戦闘機、哨戒機ともアメリカ製のものをライセンス生産するのではなく、国産にするというものだ。六八年ころから通産省は国産の大型中距離旅客機を開発する「ＹＸ計画」を進めていた。

ロッキード社社長だったコーチャンの『ロッキード売り込み作戦』によれば、七二年一月ころ当時通産大臣だった田中は、「ＹＸ計画」のことでコーチャンと会談している。コーチャン自身は、このときロッキード社が「ＹＸ計画」に加えて、共同で航空機開発をすることを申し出たと書いている。

まさしく、マグルーダー・メモの分析通りになったわけだ。だが、結果のほうから見るとこのあとの日本政府は、日米共同開発によるＹＸ計画推進から、アメリカ製航空機輸入へと舵を切っている。つまり、共同開発の線からも退き、開発から撤退してしまうのだが、あとでくわしく見るマグルーダー・メモはこれがそれほど早い段階ではなく、七二年八月三一日・九月一日の田中とニクソンのハワイ会談の直前だったことを明らかにしている。

是正のための緊急輸入の金額が大きくなれば、日本は航空機のほかに、哨戒機や戦闘機も輸入品目になる可能性があるので、そうなるようアメリカ側は日本側に働きかけていたが、それがどうなるかは、ハワイ会談の数週間まえまではわからなかったのだ。

第11章　六億円領収証の謎

――政治ブローカーから背徳的フィクサーへ　田中政権期

児玉と中曾根の力技

皮肉なことに、自らの身の破滅のもとになった七二年のトライスターの売り込み工作において、児玉はあまり表舞台に登場しなかった。少なくともロッキード・グラマン事件のときのような大向こうをうならすような活躍はなかった。もっとも目立ったのは中曾根通産大臣で、田中角栄総理大臣はその次、黒子となったのは小佐野と児玉だった。児玉は中曾根と小佐野に働きかけ、彼らを通じて田中に旅客機輸入や哨戒機国産化白紙撤回を働きかけたという形になる。

コーチャンの『ロッキード売り込み作戦』を読んでも、児玉はあまり表にでてこない。ただし、動きとしては目立たなくても、ロッキード社から巨額の資金を受け取り、それを小佐野や中曾根などに渡すなど、資金の流れで重要な役割を果たしたことは後に公表された領収証が示している。

例外的に児玉の顔が見えるのは、以下に述べる田中・キッシンジャーによる軽井沢会談のときと、田中・ニクソンによるハワイ会談のあとの「割り当て逆転」のときだけだ。だが、これら二つの例は、児玉が中曾根の陰に隠れつつも、黒子の役割をしっかり果たしていたことを示している。そして、のちにロッキード事件と呼ばれることになる一連の動きのなかでも重要だ。

そこで、まず軽井沢会談をめぐる一連の動きから見ていくことにしよう。

コーチャンが来日したのは七二年八月一九日。軽井沢で田中・キッシンジャー会談があったのと同日のことだった。なぜ同じ日なのかといえば、あとで詳しく見るように、キッシンジャーらアメリカ政府高官と連携して、コーチャンらが動いていたからだ。

『ロッキード売り込み作戦』によれば、コーチャンはこの三日後の二二日に児玉と会い、小佐野への工作について相談している。このとき児玉は「中曾根氏をよく知っているから、エアバスのことはまったく心配はない」と請合ったという。そして、「前の選挙では田中・福田派が勢力拮抗していたが、中曾根が田中派につくことで田中総理大臣が誕生したので、中曾根は田中に対してきわめて強い影響力を持っている」と説明を加えたとしている。

まるで、中曾根に頼めばなんとでもなるという口ぶりだ。だが、通産大臣である中曾根よりも、総理大臣である田中のほうが権限が大きいのは当然だ。「田中内閣誕生に貢献したから影響力を持っている」といっているが、本当だろうか。そうだとすれば、田中がハワイ会談前後に下した決定は、コーチャンの意を受けて児玉が中曾根を動かし、彼の強い働きかけによって影響されたということになる。

日米共同開発から輸入へ突然切り替わった

筆者がニクソン大統領図書館から発掘したニクソン文書で検証してみた結果、コーチャンのこの部分に関する記述は事実であることがわかった。それを示すのがハワイ会談に先立って八月一九日に軽井沢で行われた田中・キッシンジャー会談の「会談メモ」(Memorandum of Conversation)だ。

メモはまず、次のような取り決めがあったことを明らかにしている。

三六〜三八億ドル（日本側は三二億ドルを主張）の貿易不均衡を、七三年度三月までに三〇億ドル以下にする。そのためにエバリーに四億四〇〇〇万ドルの輸入を約束したが、五億ドルにしてもいい。輸入品目は濃縮ウランと民間航空機と農産物とする。

文中で「エバリーに四億四〇〇〇万ドルの輸入を約束した」とあるのは、七月二九日にアメリカ通商交渉特別代表ウィリアム・エバリーと中曾根が秘密会談し、この席で四億四〇〇〇万ドルの輸入を約束したことを指している。中曾根がエバリーと個人的に会談したことは、七七年四月一三日、衆議院ロッキード問題に関する特別調査委員会に中曾根が証人喚問されたとき、自ら証言している。

さらに重要なのは、最後の「輸入品目は濃縮ウランと民間航空機と農産物とする」とした部分だ。これは、きわめてそっけない言い方だが、言外に日米共同開発で旅客機を開発する計画を棚上げし、かわりにアメリカから輸入することを意味している。

実際この決定を受けて、マグルーダーは八月三〇日、つまりハワイ会談の前日、現地入りしたキッシンジャーに次のようなメモを送っている。


議題を決める会議の協議項目には、アメリカの大型民間航空機の購入についての貿易合意ないし理解を入れるといいだろう。

この議題がでてきたら、これに関する日本側の事前の準備（エアバス、あるいはエアバスとP3Cの受け入れ状況）について、一言二言触れるといいだろう。その要点は以下の通り。

a．田中首相は通産大臣時代に、日本の民間航空機産業を復活させることに熱心だったことが報告されている。日本の産業と金融の代表団が七一年の五月から六月にかけてヨーロッパとアメリカを訪れたとき、（その国の）航空産業の能力を調査していた。いくつかの兆候から、日本が双発のエアバスをボーイング社と共同開発することになるだろうと信じる人もいた。だがボーイング社との話は大蔵省が支持を取り下げたときにあっけなくつぶれてしまった。

b．およそ六週間前、エアバスを共同開発するという話がボーイング社、ロッキード社、マクダネル・ダグラス社と再開された。

c．三週間まえすべての話は、突然DC10、L－1011あるいはB－747を購入するための交渉に切り替わった。あらゆる製造業からの報告では、日本の競争力は落ちていないということだ。次の点で大幅な譲歩が話し合われてきた。

中間金の支払い

オプション機の数と引渡し時期

特注

保証と保証書

引用文中のa、b、cの項目が示すように、箱根会談（七月二五日から二八日）までは、ロッキード社だけでなく、ボーイング社もマクダネル・ダグラス社も、日本との共同開発を模索していた。巨額の開発費のリスクを分散させるためだ。

それが「三週間まえ」突然覆され、急遽航空機の緊急輸入がきまり、その結果、日米共同開発が消えたのだ。大量にアメリカの旅客機を輸入しなければならないのだから、当分、日米共同開発も、もちろん国産化も見送りということだ。

前に引用した児玉がコーチャンにかけた言葉にしたがえば、田中にそうさせたのは田中に影響力をもつ中曾根であり、中曾根にそうさせたのは、コーチャンのコンサルタントである児玉だということになる。

田中と中曾根は武器輸入で同意したのか

たしかにこの軽井沢での予備会談の日の朝七時半に、中曾根は軽井沢にある田中の別邸を訪ねている。キッシンジャーとの会談は九時半からなので、田中は直前の一時間あまりを中曾根との相談に費やしている。これも衆議院ロッキード問題に関する特別調査委員会で中曾根自ら証言している。会談の前に、中曾根が直接田中に働きかける時間があったということだ。

中曾根がなにを話したのかも想像できる。この一一日前の八月八日に経済関係閣僚協議会が開催されたとき、通産大臣の中曾根は海上保安庁にはヘリコプターと武器、運輸大臣にはエアバスの緊急輸入を求める発言をしている。しかも、「英断を下して」欲しいという強い迫り方だった。

エアバス輸入がかなりの路線変更だったことは、マグルーダー・メモも示すように、前任者の田中が旅客機国産化の問題と取り組んでいて、日米共同開発の線で落ち着かせようとしていたことからもわかる。これについて田中はコーチャンと会談までしていた。それを、田中からポストを引き継いだ中曾根が田中と相談して変えてしまったのだ。

八月八日の経済関係閣僚協議会において、中曾根のイニシアティヴと田中のフォローによって、エアバス緊急輸入のコンセンサスが内閣で形成された。マグルーダー・メモは「三週間まえ」とあったが、まさに八月八日のことである。

この翌日の『読売新聞』は、関係者のリークをもとに「やっぱり密約?」という見出しを付け、中曾根の強い要請は、これに先立つ七月二九日の中曾根・エバリー会談で結んだ密約に基づくものだったという見方をしている。その証拠に、エアバス緊急輸入や武器輸入の話は、外務省の鶴見清彦外務審議官も初耳だとしている。もしそうなら、中曾根は、外務省の頭越しにエバリーと交渉し、勝手に密約を結んでしまったということになる。田中はすぐにこれに賛成しているので、事前に知っていたと考えられる。

このように考えれば、軽井沢予備会談の日の朝に、田中と中曾根が話すことは、「五億ドルの武器とヘリコプター、それにエアバスの導入」しかあるまい。それを証拠付けるように、キッシンジャーとの会談で、田中はエアバス緊急輸入のことで同意したあと次のように提案している。

これは内密の話だが、このような例をあげよう。私は事務方に日本の武器の輸入を増やせないか問い合わせた。これは七億ドルから八億五〇〇〇万ドルくらいになる。これを来年の三月までに、統計上の数字で出せといわれるなら、それは無理だ。私がいいたいのは、たとえば五年くらいかけてそれをやるというならできるということだ。

田中がここで提案しているのは、七三年三月の会計年度末における貿易収支が、日本側の主張する三二億ドルになるのか、アメリカ側が主張する最大三八億ドルになるのかはわからないので、もしアメリカ側の主張するような数字になったら、その差額を是正する方法として、七億ドルから八億五〇〇〇万ドル分の武器を輸入するということだ。ただし、七三年三月までに一度に購入するのではなく、毎年少しずつ輸入し、五年くらいかけてその金額を達成するという。

このような田中の政策急転換が生じた際にイニシアティヴを発揮した、中曾根とキッシンジャーの関係を改めて詳しく見ておくことは無駄ではあるまい。

中曾根がしばしば自慢するように、キッシンジャーとは、彼が五三年夏のハーヴァード大学のサマーセミナーに参加して以来の仲だ。参加をすすめたのはハーヴァード出身のCIC隊員「コールトン」で、当時キッシンジャーは助教授だったと中曾根自らが著書『天地有情』のなかで語っている。

この「コールトン」は、ケネス・E・コールトン（Kenneth E. Colton）といい、正確にいうとG－2内のCIS研究分析課に属していた。つまり政治的インテリジェンスを集め分析する専門家だ（これについては早稲田大学大学院政治学研究科加藤哲郎客員教授からご教示いただいた）。芦田均の日記にもでてくるので、特に改進党を担当していたらしい。のちに日本では上智大学や国際基督教大学、アメリカに帰国してからはアメリカン大学やケント大学で、占領中に日本で得た知識をもとに政治学を講じた。

キッシンジャーのサマーセミナーは、実はアメリカの情報機関の政治的インテリジェンス収集の場でもあった。このセミナーは、五八年からはハーヴァード大学国際関係センター（Center for International Relations）主催の正式プログラムとなったが、クリストファー・シンプソンの『大学と帝国』（*Universities and Empire*）によれば、これにはCIAが資金提供していたという。

中曾根が参加した五三年の段階でも、キッシンジャーはCIAからの資金援助を得て、このセミナーを行っていた可能性が極めて強い。各国の若手政治家を集めて行うセミナーはCIAにとって、政治的インテリジェンスを集め、培養すべき政治家の品定めを行う絶好の機会となるからだ。

中曾根がキッシンジャーやCIAなどの意図を察知していたかどうかは、もちろん別である。彼は彼で、自分が政界でのし上がっていくうえで利用できるものは総て利用しようとしたに過ぎない。また、中曾根はキッシンジャーに頼まれたからというよりは、自分のためにイニシアティヴを発揮したと考えられる。

それにしても、このようなとき中曾根とキッシンジャーがコンビになったということは、アメリカにとって極めて大きな幸運だったといえる。結果として、キッシンジャーとCIAは、忘れるほど前に播いておいた小さな種から大きな収穫を得ることができた。

P3C導入に道を開いた「武器輸入」

さて、中曾根も田中も「武器輸入」といっているが、その品目の最有力候補はロッキード社のP3Cだ。ということは、田中は哨戒機国産化白紙撤回とP3C輸入で、中曾根の意向を重んじていたとも考えられる。その中曾根の背後にいるのは、いうまでもなくロッキード社のコンサルタントである児玉だ。

コーチャンの著書にでてくる「中曾根氏をよく知っているから、エアバスのことはまったく心配はない」は本当だったのだ。しかも、「中曾根は田中に対してきわめて強い影響力を持っている」ので、武器輸入、つまりP3Cの輸入のことまで軽井沢の予備会談の議題（といっても表にでない密約）に入れさせることができたのだろう。

キッシンジャーとロバート・インガソル駐日アメリカ大使は、田中のこの提案を聞いて心のなかで快哉を叫んだに違いない。これによって、旅客機だけでなく、哨戒機や戦闘機も輸入される公算が大きくなり、中曾根の自主防衛にもとづく防衛装備の国産化は阻止できる可能性が高まった。そして日本の旅客機、哨戒機の国産化計画が当座のあいだ棚上げされる見通しも強まったのだ。しかも、マグルーダー・メモでは「あらゆる製造業（航空機の）からの報告では、日本の競争力は落ちていないということだ」と評価しているにもかかわらず、だ。

コーチャンがこの軽井沢会談の当日に来日したのは、この合意内容をいち早く知り、日本側に売り込みをかけるためだったと考えられる。

さらに、このあとの八月二九日に作成された「取扱注意　大統領のみ」と書かれたハワイ会談用のメモを読むと、品目と金額はあとになるほど増えている。なぜわかるかといえば、このメモには少なくとも三つのヴァージョンがあり、あとになるにつれて輸入品目と輸入金額が増えているからだ。つまり、日本側が大幅に譲歩したのだ。

最初のヴァージョンは八月一九日の軽井沢会談で決定した「濃縮ウラン、農産物、民間航空機」のみだったが、第二版ではあらたに「ウラン鉱石」、「ウラン精製設備」の品目が加わっている。最終版では、さらに「救援機」、「空港管制システム」、「防衛調達」も入ってくる。

最後の「防衛調達」については次のように書かれている。

防衛調達

四次防のあいだに約二億ドルの防衛装備を毎年購入するというのが日本政府の意向だが、個人的に内密に、購入額を毎年三億ドルから四億ドルに引き揚げる意向があると（田中が）示唆することもあってしかるべきだ。

これは、日本に哨戒機の国産化をあきらめさせて、二億ドルの防衛調達をさせるだけでは足りず、さらにそれに一億ドルないし二億ドルの積み増しをさせようとしていると読める。まさしく、寸を与うれば尺を望む、だ。

最終的ヴァージョンでは品目と全体の輸入金額が次のようになっている。

農産物	一億五〇〇〇万ドル
濃縮ウラン	一億六〇〇〇万ドル―三億二〇〇〇万ドル
ウラン鉱石	二億ドル
民間機	二億ドル
救援機	四〇〇〇万ドル
管制システム	二〇〇〇万ドル
防衛調達	一億ドル―二億ドル
計	八億七〇〇〇万ドル―一一億三〇〇〇万ドル

これをみると、すべて八月三一日のハワイ会談以前に決まっていたことがわかる。

このような、エアバスの輸入だけでなく、防衛装備の輸入までも呑んでしまう道を開いたのが、田中と中曾根のどちらなのかはわからない。ただ、自主防衛を唱えていた中曾根と、防衛ではあまり目立たない田中とどちらが譲歩しやすいかといえば、田中のほうだろう。

田中は歴史的な意義を持つ日中国交正常化を進めていたので、アメリカに邪魔されないために譲歩したのかもしれない。この交渉は九月二九日、「日本国政府と中華人民共和国政府の共同声明」として実を結んでいる。そして、哨戒機国産化廃止を決定するのは一〇月九日だ。このタイミングは田中が「哨戒機国産化では譲歩するので、日中国交回復には横槍を入れないで欲しい」とシグナルを送っていると受け取れる。

田中はアメリカを出し抜いて、先に中国との国交回復を成し遂げたが、これによって激怒したニクソンをなだめるために、航空機国産化、哨戒機国産化、防衛装備国産化を一時棚上げにしなければならなくなったのだ。

コーチャンは「割り当て」に異を唱えた

このあとに児玉が表舞台にでてくるのは、ハワイ会談で旅客機の緊急輸入についての合意が発表されたあとの「割り当て逆転」のときだ。コーチャンの『ロッキード売り込み作戦』によるとそれはこのようなものだった。

七二年一〇月五日、コーチャンのもとに福田太郎から待ちに待った連絡が入る。ロッキード社内定についての小佐野からの情報を知らせる内容だった。その要点は前掲書によれば以下の通りだ。

1．日本政府は国内の二大航空会社がロッキード社、ボーイング社、マクダネル・ダグラス社の三社のエアバスをそれぞれ購入すべきだと決定する。

2．A．日本政府は、わが国で最も名声があり多数の航空機を発注すると見られる日本航空がロッキード社に注文することを強く希望する。B．ダグラス社にも機会を与えるため、機数は少なくなるが全日空がDC10を購入するものとする。C．ボーイング社に機会を与えるため、日本航空がボーイング747ジャンボ機を追加発注することを承認する。

ところが、これを聞いたコーチャンは「それじゃ、ロッキード社にとっては、致命的な大失敗だ。日航がわれわれに回ってくることは破滅だ！」と叫んで撤回を求めたという。

その理由は、おおよそ次のようなものだ。

日本航空が必要としているのは国際線用のジャンボ機で、トライスターのようなエアバスではない。したがって、トライスターを購入するように指導しても、さまざまな理由をつけてしぶるだろうし、買ったとしても数機だろう。

これに対して全日空の目的は、国内線の拡充だ。国内旅客の増加から考えて、最終的には四六機のエアバスが必要になるだろう。もともと若狭得治社長の前任の大庭哲夫はダグラス社DC10の購入計画を進めていたくらいなので、政府がこのような決定を下せばすぐにでもDC10を大量発注するだろう。

形のうえでは、ロッキード社、ダグラス社、ボーイング社に機会を与えたうえで、ロッキード社をとくに優遇したかのように見えるのだが、日航と全日空の実情を考えると、それは全くの錯覚だった。いわばロッキード社締め出しともいえる内容だったのだ。

実際、コーチャンは、これは日本政府内の誰かがめぐらした陰謀だと断定した。たしかに七八年にダグラス・グラマン事件が発覚したとき、ダグラス・グラマン社も政府関係者に強力に働きかけていたことが判明するので、そうだったのかもしれない。

児玉と中曾根は小佐野抜きで「割り当て」を逆転した

コーチャンは、この決定を覆すために直ちに行動を起こした。

まず福田に対して、小佐野と面会できるよう頼んだ。この会見は早くも翌日の午前に実現した。ただし、小佐野は同日ハワイに発つことになっていたので、短時間だった。

『ロッキード売り込み作戦』によれば、不満たらたらのコーチャンに、小佐野はこういったという。

「日航の注文がもらえるというのに、それを不満だというあなたの気持ちがわからない。喜ぶべきことではないですか。あなたもそれを望んでいたんじゃないんですか。そういう文句をいってくるのは、あなた、失礼ですよ」

コーチャンも必死に食い下がる。

「いや、そうではない。これは、明らかにだれかが仕組んだ〈陰謀〉だと思います。このままでは、ロッキード社の飛行機は、日本では一機も売れない事態になるかも知れないのです」

小佐野もハワイに発たなければならないので、「とにかく、今となっては、どうにも変えようがない」といって、それ以上相手にしようとしなかった。

そこで、コーチャンは児玉に泣きつくことにした。福田はすぐに同日の夜の八時に児玉と会えるよう手配してくれた。コーチャンから話を聞いた児玉は「だれか、政府首脳レベルで、全体像のわかっていない連中が決めてしまったんだな」といったという。そして、コーチャンを前にして中曾根に電話をし、翌日の朝一番でこの件について善処するとの言質をとった。

そして、信じられないことに、翌日の正午ごろ、コーチャンは福田から知らせを受ける。その内容は、中曾根が「陰謀」を覆すことに成功した、というものだった。同じ情報は、丸紅専務の大久保利春からもコーチャンのもとに届けられた。全日空も、そのあとすぐに条件提示のことで打ち合わせるため本社に来るよう、電話をしてきた。

コーチャンは午後には条件について話し合い、それが終わったのち、用意していたダルマに目を入れた。こうして一〇月三〇日、全日空はトライスターの購入を正式に決定した。

中曾根や児玉が働きかけたとはいえ、このように短時間で、あっさりと「割り当て」を覆したというのは驚くほかない。児玉が流すロッキード・マネーが、日本の政界や官界にいきわたると同時に、それによって中曾根が強力なイニシアティヴを発揮していたという証拠だろう。だから、中曾根がロッキード社の希望を事務方に伝えさえすれば、半日で「割り当て」を逆転することができたのだ。ただし、これについて、のちに中曾根自身はこの当日電話があったことを否定している。

しかし、「割り当て」があったということは、前にも引用したマグルーダー・メモの後半の部分が証明している。

貿易交渉における譲歩で重要な点は一つの事実に絞られる。どのメーカーが選ばれるか決めないままで支払われるドルの金額が決まった場合、日本はアメリカの航空機メーカーを競わせ、より多くの利益を引き出すことによって、実質的コストを下げにかかるだろう。これをどうしたら防げるかわからないが、次のような二つのアイディアを思いついた。

A．さらなる値引きを避けるために、合意の一部として日本側に（どの航空機メーカーから何機買うかの）選択をまかせる。

B．当該航空機がアメリカの航空会社に最初に購入されたとき（たとえばアメリカン航空がDC10、イースタン航空がL－1011、PPAが747を最初に購入したとき）と同じ契約条件にする。

この方策は競争を避けるためにとられるのだが、貿易収支を改善し、弱体化したアメリカの産業を助けるという二つの願いを念頭においている。航空機はすでに建造され、航空路線に就航しているのだから、競争することは（日本に対する）経済的譲歩になってしまう。競争が過度のものになれば、これらの目的が達成できないことになる。

このメモには日本側がエアバス輸入について詰めるべき細部である「中間金の支払い」や「オプション機の数と引渡し時期」、「特注」、「保証と保証書」などが書かれていた。

注目すべきは、値引きを避けるために、「日本側に航空機メーカーの選択をまかせる」、あるいは「エアバスが最初にアメリカの航空会社に購入されたときの契約条件を、日本側に呑んでもらう」というところだ。

コーチャンの「割り当て逆転劇」の記述は、結局、日本側は自らが航空機メーカーを選ぶほうを選択したことがわかる。この場合の「日本側」とは「日本政府」のことだ。

日本政府は航空機メーカーを選ぶにあたって、どの航空機メーカーの旅客機をどの航空会社に割り当てるか決めたのだ。もちろん、官僚が「割り当て」を作り、総理大臣や所管大臣や族議員がこれにゴーサインを出すという、表の決定プロセスとおなじことが行われたはずだ。そうだとすれば、イニシアティヴを握っていたのは、児玉の意を介した中曾根だった可能性が強い。

児玉と中曾根は何を工作したのか

ロッキード社が証拠として提出した、同社と児玉との間の修正四号コンサルタント契約書によれば、児玉はこのあとＰ３Ｃ受注工作に本格的に取り組む。ここからの児玉と中曾根の二人の動きを、チャーチ委員会のためにアメリカ証券取引委員会が公開した資料をもとに、資金の流れによって追ってみよう。ただし、あとでくわしく触れるが、この契約書および領収証は一部信頼性に問題がある。

『ロッキード売り込み作戦』によれば、児玉はコーチャンに「中曾根に任せれば大丈夫」といったあとで、きわめて重要な一言も付け加えていた。つまり、コーチャンに五億円を用意するようにという一言だ。この五億円はトライスター受注の成功報酬だろうか、それともP3C輸入の前提となる哨戒機国産化白紙撤回の工作費だろうか。

立花隆が『田中角栄研究』で明らかにしたアメリカ証券取引委員会資料によれば、一〇月一六、一七日の二回に分けて、ロッキード社から東京支社に五億円が送金されている。これは児玉が述べた金額に一致する。

哨戒機国産化が国防会議で白紙撤回されるのは一〇月九日なので、素直に考えれば五億円はそのための工作費だったということになる。児玉も一〇月二〇日から同月二六日までの間に、計六枚総額三億九五〇〇万円の領収証を切っている。五億円ではないが、それに近い。九月二〇日にもロッキード社は東京支社に二億円送っているが、これは時期からみてトライスター受注の成功報酬だろう。

ハワイ会談の合意では「防衛調達」であって、必ずしも哨戒機ではない。それを哨戒機とし、さらにP3C採用へ導くのだから大変な力技だ。P3Cは一機およそ七億八〇〇〇万円と国産にくらべて半分になるが、日本はこれを五〇機から一〇〇機輸入することになっていた。ドルに換算すると一機二一六万ドル（当時はまだ一ドル三六〇円）で、五〇機だと一億八〇〇〇万ドル、一〇〇機だと二億一六〇〇万ドルになる。これはキッシンジャー・田中会談で決めた七億ドルから八億五〇〇〇ドルには及ばないが、ハワイ会談の大統領用メモにある五年間で一億ドル（五〇機の場合）から二億ドル（一〇〇機の場合）という線にほぼ沿っている。ロッキード社から児玉や政治家に対する成功報酬も、五年にわたって支払われ続けることになる。五億円でそれがどうにかなるのなら安い。

一方でこの決定は、一機一五億円の哨戒機を二〇〇機受注する予定になっていた三菱重工を青ざめさせた。だが、その見返りなのであろう、哨戒機国産化白紙撤回の二日後の一〇月一一日には田中の裁断でT2練習機を国産にするという決定がなされ、その二日後にやはり田中の鶴の一声で五九機（約八七〇億円分）を国内生産することが決まった。つまり、哨戒機国産化白紙撤回の埋め合わせはしているのだ。

六億円はニクソンに還流したのか

あとで大問題となるのは、児玉がその後の一一月一日から一一月一九日のあいだも合計九枚、総額六億一〇〇〇万円の領収証を出していることだ。にもかかわらず、ロッキード社から支社への送金は、一〇月一七日の三億五〇〇〇万円を最後に、七三年五月一一日までまったくない。

ロッキード社から支社に送金がないのだから、支社は児玉に資金を渡しようがない。資金をもらっていないはずの児玉が、なぜ一一月に入ってからも六億一〇〇〇万円分もの領収証を書き続けたのだろうか。これはロッキード社が、なにかに使った資金のマネーロンダリングのためのカラ領収証だと考えるべきだろう。

事実、ロッキード社は六億円分の小切手をスイス銀行から振り出していた。ドル建てのものが合計一四枚で一六六万六六六七ドル（約五億円）、スイスフラン建てのものが合計四枚で総額一二六万五四一五フラン（約一億円）だった。

ロッキード社の主張は、これらの小切手を児玉にわたし、児玉はその分の領収証を書いたということだ。ところが、児玉はこれを自宅で紛失したと玉川警察署に届け出た。上海で特務機関を動かしていた児玉が、自宅で六億円もの小切手を紛失するような間抜けなことをするだろうか。しかも、児玉はいつもロッキード社から支払いを現金で受け取っているのだが、どういうわけか、このときはドル・フラン建ての小切手で受け取ったというのだ。

のちに福田太郎は検察に対して、これらの小切手は小佐野に渡すためのものだったと供述している。仮にそうだとすると、なぜ児玉の場合のように日本円の現金ではなかったのか。小佐野が国際人だということはわかるが、児玉を通じて日本で渡すのに、わざわざドル建ての小切手にする必要があるのだろうか。

これは、ロッキード社の日本以外の国での工作に使われた資金のマネーロンダリングで、そこには福田も関わっていたと考えるべきだろう。児玉がカラ領収証を乱発した一一月は、アメリカで大統領選挙の本選挙が終わりつつある時期だ。日本でも自民党総裁選のあとがそうだが、諸々の清算のために巨額の資金が必要になるのだ。

ロッキード社は「消えた六億円分のスイス銀行小切手」のほかにも辻褄あわせを用意していて、六九年六月一日付修正一号契約書によれば、トライスター三機から六機までの発注確定に対し、児玉に一二億二〇〇〇万円支払うことになっていたという。

しかし、児玉が巨額の領収証を出し始めるのは発注が確定する一〇月三〇日の前だし、発注のあとに支払った金額も六億一〇〇〇万円と半分にしかならない。実態とまったくあっていないのだ。修正一号契約書にある一二億二〇〇〇万円は、最初から決まっていたのではなく、七二年にロッキード社が会計処理のためにでっちあげた数字ではないだろうか。

七三年以降の児玉の工作

七三年八月になると、児玉はふたたび巨額の領収証を出し始めるが、これらはどうもカラ領収証ではなかったようだ。八月一一日には五〇〇〇万円の領収証を出すが、この五日前には国防会議で哨戒機の専門委員が決まり、前日には専門家会議が発足している。領収証を出したということは、何かしたということだ。

つづいて同年一一月三日には、額面二六五〇万円の領収証を二枚だしている。一一月一〇日に哨戒機の調査団が欧米に派遣されているので、かなりかさばる餞別をやったのだろう。

翌七四年には、二月二五日に一五〇〇万円、五月三一日に二八〇〇万円、一二月二〇日には二八〇〇万円の領収証をだしている。このうちでロッキード売り込みとの関係がはっきりしているのは一二月二〇日付のものだ。というのも、この翌日には国防会議の専門家会議が「玉虫答申」をだしているからだ。これはドル減らしを理由に国産化が白紙撤回されたが、その情況はもうなくなったとし、あらためてP3Cを含む七つの候補機種を検討し「いずれの案も否とする決定的要因はない」としながらも、国産化には九年かかるので、「現実の問題として防衛庁は一段先の研究を含みとしつつ、当面P3Cの導入をはかることもやむをえない」としている。以前は貿易黒字の縮小のためといいながら、その情況がなくなると、今度は国産化では間に合わないからという理由でP3Cを導入するとしている。なにか工作があったとしか思えない結論だ。

さらに七五年には、三月四日に五〇〇〇万円、五月七日に八一三四万円の領収証を発行しているが、これは五月二五日に海上自衛隊の調査団がアメリカにP3C調査のために派遣され、六月二六日にはその報告書が提出されているので、P3Cに有利な調査報告書がでてくるよう、調査団や関係方面にかなり活発にはたらきかけたのだろう。

また、『読売新聞』（七五年六月一五日付）を読むと、七二年の国産化白紙撤回にもかかわらず、日本の国内メーカーが巻き返しにかかっていたことがわかる。つまり、三菱重工や川崎重工業などが、哨戒機の国産化は五年でできるので、国産化するまでの「つなぎ」としてP3Cを輸入する必要はないと、訪米調査団の報告がでるのをまえにして、大いにアピールしている。

しかし、児玉の工作は効を奏したとみえて、政府は同年七月一一日にはP3C導入を内定し、一一月一八日には決定してしまった。

この売り込みにおいて、児玉がイニシアティヴをとって中曾根がそれに従ったのか、あるいは自主防衛を唱える中曾根はP3Cに関してはまったく動かなかったのか、真相はわからない。とはいえ、まったくの部外者である児玉がなにかをなしえたとすれば、そこには与党の派閥の長である中曾根による直接的・間接的フォローがあったからと考えていいのではないだろうか。

ちなみにロッキード事件が発覚するのは、この次の年のことになる。

以上、児玉ルートだけをクローズアップしたが、丸紅ルートでもP3C売り込み工作は行われていて、こちらは児玉ルートを上回る億単位の資金が投入されている。そのときに丸紅が出したのが有名な「ピーナッツ」、「ピーシーズ」領収証だ。これらは国会では、トライスター売り込みの成功報酬の支払いに際して出されたものだと説明されたが、時期からみてP3C売り込み工作資金の領収証だと考えられる。

CIAはマネーロンダリングをしていた

ところで、児玉と中曾根のこのような動きに、CIAはどう関わっていたのだろうか。この問に答えているのが、ロッキード事件発覚後に発表され一大センセーションを巻き起こしたタッド・シュルツの「両替屋（*Money Changer*）」と題する記事だ。当然、ＣＩＡもこの記事を問題視したので、ＣＩＡデータベースのなかにはいっている。その要旨をまとめると次の四点になるだろう。

1. ロッキード社が六九年から七五年にかけて、東京の代理人と政治家に支払った秘密の支払いのほとんどは、ニューヨークに本社があるディーク社を通じて送金されている。この会社は何年にもわたって、ＣＩＡの世界規模での資金工作の非公然のチャンネルとして使われてきた。

2. この関連の方面で現在進行している調査の関係者によれば、ＣＩＡは非公然の外交目的を達成するために、ロッキード社の資金工作のかなりの部分をオーケストレーションしてきた可能性さえあるという。

3. ディーク社は六九年六月にロッキード社の送金代理店となっている。これはこの航空機メーカーが児玉誉士夫と最初のコンサルタント契約を結んだ六ヵ月後である。ディーク社の最初の送金は、ロッキード社と児玉のあいだに拡大契約（expanded contract）が結ばれた時期と一致している。インテリジェンス関係者によれば、児玉が三年の収監ののち日本の監獄（巣鴨）から釈放された時から、ＣＩＡとは協力関係（working relationship）にあったということだ。

4．ディーク社の香港支店は、七二年のニクソン再選運動に対する不正献金のマネーロンダリングに使われたという噂がある。ただし、このことをCIAは知っていたが、ディーク社はこの工作の性質について詳しく知らなかったのではないかといわれる。

ここに端的に書かれてあるように、CIAがロッキード社に与えた支援とは「資金工作のオーケストレーション」だったといえる。その中心は、シュルツも書いているようにマネーロンダリングだ。第八章でも述べたように、国家機関であるCIAは、とくにロッキード社のために何かをするということはできない。実際、ニクソンもロッキード社を助けるというより、アメリカの航空機メーカー全体を救済するために動いている。

したがって、CIAができる「資金工作のオーケストレーション」の大部分はマネーロンダリングなどだ。これならば、手を貸したとしても、ほかのメーカーに不公平にはならない。

片山はCIAとつながっていた

たしかに、ロッキード事件発覚後、ロッキード社のためにカラ領収証を書いた人物がマスコミの注目を集めた。その名は「シグ（本名シゲトモ）・片山」。片山はおよそ七万ドルの報酬と引き換えにロッキード社のために合計八枚、総額六億二〇〇六万五〇〇〇円分のカラ領収証を書いていた。

片山は国会に呼ばれた。七六年六月二日の衆議院ロッキード問題に関する特別調査委員会に証人喚問されたとき、松永光議員（自民党中曾根派）の質問に対して、自分の会社ID社の所在地はケイマン島であり、カラ領収証を書いたのも香港で、日本やアメリカの法は犯していない、とかわした。

占領中はG−2にいて戦争犯罪容疑者を調査し、その後CIAと関わったのではないか、と増本一彦議員（共産党）に訊かれると、片山はG−2ではなく経済科学局に所属し、その後CIAと関わったことはない、とも断言した。当然ながら、自身およびID社と、ディーク社および同社香港支店とのつながりも否定した。

しかし、この片山証言を否定する調査結果もじつはある。ジョナサン・マーシャルは著書『麻薬戦争』（*Drug Wars*）のなかで、CIAがバハマ諸島に作ったキャッスル銀行と、片山がケイマン諸島に作ったID社とのあいだに取引があったことを明らかにしている。マーシャルは『コカインの政治学』（*Cocaine Politics*）という研究書を共著で出している、れっきとした政治学者だ。

マーシャルはまた、「片山の五〇年代初めの仕事というのはアメリカのインテリジェンスのために麻薬を扱うことだった」という日本人ジャーナリストの談話を引用している。しかも、児玉が戦争中に麻薬を扱っていた事実もあげ、片山と児玉は占領中この麻薬コネクションでつながっていた、という主旨の記述もしている。

そうだとすれば、片山はどこに所属していたかは措くとしても、「阿片王」の里見甫や児玉や昭和通商を調査していたのだろう。したがって、彼はこのころから児玉と福田を知っていた可能性がある。

片山は、アメリカのインテリジェンス機関との関係から、OSSのOBでCIAのマネーロンダリングをしていたディーク社社長のニコラス・ディークも知っていた。彼はディーク社の極東支店がある香港までわざわざいってカラ領収証を作っているのだから、関係ないはずがないだろう。

そうすると片山はCIAから香港に派遣され、そこでロッキード社の裏金づくりのためにカラ領収証をせっせと書いていたことになる。これをロッキード社日本支社支配人の鬼俊良や、ロッキード社と児玉の連絡役だった福田が知らないはずがない。

注目すべきは、片山がマネーロンダリングに加わってくるのは七三年五月以降で、その前は七一年一月一二日に福田宛の四万一七〇〇ドル分と同年一二月七日に「佐藤」宛の六〇〇〇万円分を書いたにすぎない。これは、六億円分のドル・フラン建て小切手を作ったことと、それを児玉が紛失したとしたことに関係があるのかもしれない。片山が登場してくるのはこのあとなのだ。この件でなにかトラブルがあったため、児玉のかわりに片山にマネーロンダリングを頼む必要性が生じたということだろう。

児玉領収証は偽造

では、児玉の出した領収証は、どうだったのだろうか。その答えは、実際の金銭のやり取りがあったときに作られた正規のものに混じって、一部そうでないものもあったということだ。

これについては興味深い事実がわかっている。毎日新聞記者が領収証に使われているゴム印を印刷関係者に鑑定してもらったところ、児玉の「児」の字が日本にある母型とは違っていていることを突き止めた。その上で、ロサンゼルスかサンフランシスコの日系人が営む印刷所で作られたものではないかという見解を得たのである。

これは領収証に金額を書き込む際に、かなり古いタイプのチェックライターを使用していることとも関係してくる。日本人にせよアメリカ人にせよ、金額は自筆で入れるのが普通だが、それをわざわざチェックライターで記載している。およそ児玉がしそうもないことだ。

偽造が疑われる領収証は七二年一一月の九枚分、金額にして合計六億一〇〇〇万円分だ。前述のように、この時期はロッキード社から日本支店への送金がないのだから、児玉は六億円を受け取っているはずがないし、ならば当然領収証を出すはずがない。

この条件を踏まえると、福田が前述のチェックライターでカラ領収書を偽造したと考えることに矛盾はないだろう。これにロッキード社の鬼も関わっていたかもしれない。

この六億円相当分の小切手は、先に見たようにスイス銀行から振り出したドル建て・フラン建ての二種だが、この小切手は、小佐野ではない、児玉以外の誰かに渡ったのだろう。ただし、社内的にはカラ領収証を根拠に、児玉に支払ったものとして会計処理された。その偽装を児玉が知るに及んでトラブルになり、モメたにちがいない。ロッキード社としてみれば、このようなマネーロンダリングに手を貸すのもコンサルタントの仕事だと考えていただろう。結局、児玉はスイス銀行の小切手を自宅で紛失したと無理な作り話をして警察に届け出た。

おそらく、このあと児玉がカラ領収証を作らせなくなったので、代役として登場したのが片山だった。実際、片山のカラ領収証乱発は七三年からだ。これですべて説明がつく。

CIAによる「資金工作のオーケストレーション」とは、こういったすべてのことを指すのだろう。地味だが、重要な任務だ。そもそも秘密資金が作られなければ、工作はできないのだ。ただし、CIAがこんなカラクリを使ったのは、ロッキード社に対してだけではない。マグルーダー・メモにもあったように、アメリカ政府はマクダネル・ダグラス社やボーイング社も手助けしなければならなかった。のちにアメリカ証券取引委員会の資料が明らかにしたように、この二社もまた海外の支社などをつかって不正支払いをしていた。この二社のために、CIAが何もしていなかったとは考えにくいだろう。

第12章　明暗を分けた「ロッキード」の終わり
――背徳的フィクサーとして死す　「角影」政権期

児玉の転落

児玉はこのロッキード売り込み工作において、田中総理大臣と共犯関係になった。その結果、小佐野賢治には及ばないものの、それなりの影響力を一国のトップに対して持つにいたった。これは鳩山内閣のとき以来だから、久しぶりだ。中曾根と二人三脚でロッキードを売り込み、日本政府の重要な防衛政策の決定に影響を与えた。これはロッキード・グラマン事件以来だった。

ただ残された課題は、田中は日中国交回復こそ成し遂げたが、児玉の悲願である「自主防衛」を犠牲にせざるを得なかったことだ。中曾根も、貿易を管轄する通産大臣なのだから、防衛装備の国産化を推進するつもりなら、P3Cの輸入を阻む権限もあったはずだ。だが、七二年一〇月九日の哨戒機国産化白紙撤回のときも、これに反対しなかった。

七二年の就任時には「今太閤」人気に沸いた田中内閣だったが、その政権は長く続かなかった。七四年、立花隆が『文藝春秋』に掲載した「田中角栄研究――その金脈と人脈」がきっかけとなって、その金権体質が非難されるようになり、就任から二年後の七四年一二月に退陣を余儀なくされたのだ。

福田赳夫と大平正芳が意欲を示した後継総裁選びだったが、副総裁椎名悦三郎の裁定に委ねることになり、最終的に「青天の霹靂」で三木武夫に政権は移譲された。巷間いわれる「クリーン三木」で金権政治のイメージを払拭する狙いがあっただろうが、実は椎名の真の思惑は違ったという。椎名は自分自身が総理大臣になるか、この三木をはさんだ後に、再び田中を総理の座に戻そうと考えていたという。

この構想は実現こそしなかったが、田中は最大派閥田中派の数の力を保持して、「闇将軍」として院政をしいた。

田中政権で主流派に与した中曾根は、この三木政権でも重要ポストに恵まれた。幹事長就任である。いよいよ総理を狙うだけでなく、手が届く地位まで手に入れた。総理の座を射止めるには、巨額の政治資金が必要になる。

児玉は、中曾根が政権を握ったら、自主防衛を強く打ち出すよう求めていただろう。あるいは、P3Cの後継機はぜひ国産にしてもらおう、国産の防衛装備による自主防衛を確立してもらおうとも思っていたかもしれない。中曾根が関わったかどうかわからないが、P3Cの売り込みも、七五年一一月の国防会議の専門家会議の「先送り裁定」によってほぼ決定にこぎつけていた。

ところが、七六年二月五日の『朝日新聞』は、児玉を奈落に突き落とす次のような記事を掲載した。

米上院の多国籍企業小委員会（チャーチ委員長、民主党）は四日の公聴会で米ロッキード航空会社が多額の違法な政治献金を日本、イタリア、トルコ、フランスなどに行っていたことを公表した。（中略）リストによると、数年前から一九七五年末までに七百八万五千ドル（約二十一億円）が日本の右翼政治家、児玉誉士夫氏に贈られている。（中略）三百二十二万三千ドル（約十億円）がロッキードの日本エージェントとして丸紅に支払われている。

あろうことか、売り込み工作全体を指揮していたコーチャンが、アメリカ上院の多国籍企業小委員会で、ロッキード売り込み工作についての秘密を暴露しはじめたというのだ。秘密作戦全体の指揮官が、工作の内容、工作の対象、工作員の氏名、資金の出所を話すなどありえない話だ。

コーチャン証言の記事が報じられた日を境に、日本中が蜂の巣を突っついたような騒ぎになった。金額が途方もないのと、「右翼の大物」児玉の名前がでてきたからだ。

新聞記者たちは一斉に、児玉の自宅に電話をかけた。だが、応対した太刀川恒夫秘書は、児玉は旅行中で不在だ、と答えた。自宅まで押しかけてインターホーン越しで問いただす記者もいたが、同じ返答をもらっただけだった。このとき、児玉は実は自宅にいた。その事実が明らかになったのは、一二日の夜に、東京女子医大教授喜多村孝一が児玉宅に往診にきたためだった。

記者団に児玉の容態を聞かれた喜多村は、「失見当識《しつけんとうしき》」という病名を告げた。これは、時間や場所や人に関する見当を失う病気だということだった。

三木総理大臣はこのスキャンダルに対し、異例ともいえる早い対応をとった。二月六日の衆議院予算委員会の集中審議で「日本の政治の名誉にかけてもこの問題はやはり明らかにする」と言明し、翌日には官房長官に真相究明の指示を出した。のちの参議院議員平野貞夫は『ロッキード事件』で、三木がこのような断固たる態度をとったのは、院政を敷いている政敵田中を葬り去る絶好の機会と捉えたからだ、と説明している。

二月一五日にはアメリカ上院のチャーチ委員会での資料の調査が進み、児玉―ロッキード社契約書や児玉がロッキード社に出したカラ領収証の時期が、トライスター売り込みやP3C売り込みの時期と一致することがわかった。

中曾根はアメリカ大使館にもみ消しを要請した

衆議院予算委員会での証人喚問がはじまった。二月一六日には、小佐野賢治、若狭得治、渡辺尚次の全日空関係者を、翌一七日には檜山広、伊藤宏、大久保利春の丸紅側の人間を、相次いで国会に呼ぶことになった。テレビ中継もされた証人喚問にもっとも恐怖を感じたのは、召喚された関係者ではなく、当時の三木自民党の女房役・中曾根幹事長だったようだ。中曾根は、ひそかに行動を起こした。

『朝日新聞』（二〇一〇年二月一二日付）がのちに記事に使用することになる、フォード大統領図書館所蔵の文書（ジェイムズ・ホジソン駐日アメリカ大使—国務省、七六年二月二〇日付公電、ジェラルド・フォード大統領図書館、二〇〇八年公開）によれば、中曾根は二月一八日、駐日アメリカ大使の関係者と接触し、「もし高官名リストが現時点で公表されると、日本の政治は大変な混乱に投げ込まれる」、「できるだけ公表を遅らせるのが最良」と伝えてきた。

これだけでも大変なことだが、中曾根はその翌日の朝になって要請内容を「もみ消すことを希望する」に変更している。文書には、中曾根の言葉としてローマ字で「ＭＯＭＩＫＥＳＵ」と書いてある。

中曾根はこのもみ消しを依頼する理由として、「田中」と「現職閣僚の二人」が事件に関与しているとの情報を得たと明かし、「三木首相の判断によれば、もしこれが公表されると、三木内閣の崩壊、選挙での自民党の完全な敗北、場合によっては日米安保の枠組みの破壊につながる恐れがある」と説明した。幹事長は党役員の要職だが、閣僚ではない。自分はそこからはずしたことになる。

だが、この中曾根の説明に説得力は感じられない。なぜなら、三木は、一刻も早く関係していた政府高官の名前を明かし、政敵田中を葬り去ろうとしていた。だから「もしこれが公表されると、三木内閣の崩壊、選挙での自民党の完全な敗北、場合によっては日米安保の枠組みの破壊につながる恐れがある」というはずはないだろう。したがって、これは三木ではなく中曾根の考えであることは明らかだ。

中曾根は、自分にも累が及ぶことを恐れて、前日は「発表延期」要請だったものを「もみ消し」要請に変えたのではないか。中曾根は駐日大使のホジソンとは前から知り合いだった。これによって、中曾根はアメリカ側に弱みを握られてしまった。

また、第五章に引用したクリックテンデンの記事は、駐日大使館の関係者（かつＣＩＡ局員か）が児玉と長年の付き合いがあったとしているが、児玉と中曾根の関係を考えれば、この大使館関係者は中曾根とホジソンの連絡役もつとめたはずだ。

どうやって児玉は偽患者になったのか

必死の中曾根は、平野貞夫著『ロッキード事件』によれば、児玉の国会への証人喚問の阻止を秘かに画策したという。その甲斐あって、児玉は主治医喜多村孝一の診断書に加えて、二月一六日に国会派遣の医師団による「脳血栓による脳梗塞後遺症で、国会における質疑応答には、肉体的・精神的に耐え難い」という診断書を、衆議院予算委員会委員長の荒船清十郎に提出したので、証人喚問されないことになった。

二〇〇一年の『新潮45』四月号に掲載された元東京女子医大脳神経外科助教授の天野惠一氏の手記は、このときの児玉の診断について注目すべき指摘をしている。それによると、国会派遣の医師団が児玉宅につく前に、主治医の喜多村孝一が脳梗塞の症状と似たような状態にする、セルシン・フェノバールという薬剤を注射で打っていたという。これは強力な睡眠作用と全身麻酔効果をもたらすものだ。

これが事実だとしても、喜多村医師がこの注射を打ったのが、児玉の依頼によるものなのか、それとも偽りの診断書を書いた自分を守るためのものだったのかはわからない。平野は、『ロッキード事件』のなかで、中曾根がさまざまな国会情報を伝えていたので、喜多村がこのような細工をできたと指摘している。

また、二月二七日の午後、喜多村医師が児玉宅を訪れたあと、児玉の容態が急変したとして救急車で東京女子医大病院に搬送される騒ぎがあった。この時は、マスコミ陣が押し寄せたために、自宅へUターンしている。これも本当に容態が急変したのか、それとも国会証言を拒否し続けるための「実績作り」だったのかわからない。

児玉の三男守弘によれば、この事件の五年ほど前に脳卒中で倒れ、当時も後遺症が残っていたということだ。

いずれにせよ、これによって、児玉は証人喚問を逃れ、マスコミの注目は証人喚問された証人たちに集まり、児玉は一旦背景に退くことになった。だが、児玉はほとんど自宅軟禁状態におかれた。

一方この騒動の最中、一旦正式決定していたP３C導入は、二月一四日に白紙撤回された。

ロッキード事件はウォーターゲート事件から始まった

さて、コーチャン証言に話を戻そう。

このコーチャンによる秘密の暴露について、CIAが田中や児玉を破滅させるために仕組んだ陰謀だ、と言い張るジャーナリストはいまだに多い。だが、現実というものは、見かけよりもいつも複雑だ。したがって筆者の答えも、少し複雑なものになる。

つまり、このスキャンダルは陰謀ではなく、初めは自然発生的に生まれたものだったが、それに対する日本側の対応のまずさがアメリカ側に利用された結果、あたかも陰謀が最初からあったかのように見える、ということだ。

陰謀ではない証拠に、このスキャンダルの発覚によって、正式決定していたP３C導入がまた白紙に戻ってしまった。この当時P３Cは単なる哨戒機というより、日本の防衛装備の国産化を阻もうとするアメリカが打ち込んだ楔だった。その導入を危険にさらしてまで、スキャンダルを明らかにする必要が、アメリカ側にはたしてあったのだろうか。

とはいいながら、アメリカ政府は、この一連の騒動があったにもかかわらず、翌七七年には日本政府にP３C導入を正式決定させることに成功している。これは、ある段階でアメリカ政府がスキャンダルを逆手にとって、日本に圧力をかけるために利用したからだ。どうしてこんなことが可能だったのだろうか。

そこで、コーチャンがチャーチ委員会で、ロッキード売り込み工作の秘密を明らかにせざるを得ない情況においこまれた時点に戻って、このスキャンダルをめぐって日米のあいだでどのように攻守交替が起ったのか、その過程を見ていこう。

フランク・チャーチ上院議員がその名を知られるようになったのは、七五年、上院政府情報活動調査特別委員会（U.S. Senate, the Select Committee to Study Governmental Operations with Respect to Intelligence Activities）で、ＣＩＡの不正を暴いたことがきっかけだった。その彼に大統領候補になれるチャンスが訪れた。少なくとも、彼はそう思った。

それは、世にいうウォーターゲート事件だった。現職大統領が元ＣＩＡ局員（第五章で登場したハワード・ハントが中心だった）を使って野党民主党の党本部を盗聴させようとしたことが発覚し、七四年にはニクソンが任期途中でホワイトハウスのローズガーデンからヘリコプターで去ることを余儀なくされた、一大スキャンダルだった。

これによりアメリカ国民の共和党とＣＩＡに対する不信はピークに達した。このとき、チャーチはこう計算した。民主党所属で、ＣＩＡ叩きで実績をあげた自分が、いま共和党やそれと癒着した大企業、さらには癒着に関係していたＣＩＡを攻撃すれば、大統領候補になれるのではないか、と。

そこでチャーチは、政治献金の違法性に関してはすでに白と決着がついている多国籍企業の賄賂商法を問題にすることにした。こうしてチャーチ委員会は誕生することになった。その第一のターゲットとなったのが、当然ながらニクソンとの関係が深く、かつ二億五〇〇〇万ドルの政府保証緊急融資という特別な恩恵を受けたロッキード社だった。このときの保証緊急融資理事会法案は、大議論の末、上院では一票の差で可決したのだが、チャーチたち野党議員は、これには裏があるとにらんでいた。

コーチャンは高をくくっていた、が、準備していた

一方のコーチャンは、『ロッキード売り込み作戦』にも書いているように、当初はチャーチ委員会のこうした動きに対して、高をくくっていた。不正政治献金問題が白と結着している以上、自分たちは、日本に対してはともかく、アメリカに対しては罪を犯したことにはなっていない。ビジネスにリベートやキックバックはつきもので、しかも自分たちが支払った賄賂は取引額全体の二、三パーセントに過ぎない。

なるほど、外国の政府高官や有力者に賄賂を贈って自社の航空機を売り込むのは、国際的モラルや信義には反しているかもしれない。だが、他の航空機メーカーや他の業界もやっていることだ。実際、ロッキード社は日本への自社製品の売り込みに二〇〇〇億円も使ったが、アメリカ証券取引委員会の調べによれば、ライヴァルのダグラス・グラマン社も一五〇〇億円、ボ

ーイング社にいたっては三〇〇〇億円にのぼるという。そうしたカネの一部は、航空各社を救済するために尽力したニクソンの再選のための資金として彼のもとに還流したはずだ。

コーチャンからすれば、自分たち航空機メーカーがしていることは、モラルに欠ける点はあるとしても、アメリカの貿易赤字を減らし、国内の航空機産業や国防産業の衰退に歯止めをかける意味で、国益におおいにかなっている。だからこそ、ＣＩＡをはじめとするインテリジェンス機関や政府機関も自分たちを支援してきた。むしろ、ＣＩＡからすれば、チャーチ委員会がしていることのほうが、アメリカの信用を失墜させ、外交関係を損ねる、アメリカの国益に反する行為ではないのだろうか。

実際に、コーチャンは国務長官ヘンリー・キッシンジャーに依頼して、そのような趣旨の書簡を当時の司法長官エドワード・レヴィに七五年一一月二八日付で送らせている。

この書簡はレヴィを経由して一二月一二日にワシントンＤＣ連邦地方裁判所に提出された。連邦地方裁判所はこの要請に基づいて、連邦証券取引委員会がロッキード社に提出を要求していた、外国政府高官関係の資料の公表を禁ずる保護令を出した。これで、コーチャンは安堵の胸をなでおろしたはずだった。

ところが、このあと信じられないことが起こる。ロッキード社の会計事務所アーサー・ヤングが、誤って上院外交委員会多国籍企業小委員会に送った関係書類が公表されてしまったのだ。

このアクシデントは、クライアントの秘密を守る義務と、多国籍企業小委員会に協力しなければならない義務との板ばさみになった会計事務所が、誤送という窮余の策によって問題を解決したものだった、ということがのちに明かされる。

ウォーターゲート事件以降、政治家や大企業の不正に対する風当たりは、それほど強かったということだ。

こうした状況がなければ、チャーチといえども、このロッキード社の不正工作を委員会に取り上げることはできなかった。当時はニクソンに関わるもの、大掛かりな不正にかかわるものは、すべてさらけだそうという雰囲気があった。

こうしてコーチャンは七六年二月四日、上院多国籍企業小委員会に召喚され、ロッキード社の賄賂工作について証言をすることになったのである。

ここで一つ注意すべき点がある。それは、コーチャンはこの事態をある程度予想し、周到な準備をしていたということだ。『ロッキード売り込み作戦』にもこう記されている。

米議会がロッキード社の調査を始める八カ月前、一九七五年六月ごろ、議会はやはり軍用機の生産で知られる米ノースロップ航空機会社を追及し、幾度か公聴会を行った。このノースロップ社の公聴会で、海外不正支払いはロッキード社のやり方をまねた、などと証言されたため、米議会や連邦証券取引委が、秘かにロッキード社の調査を始めたわけである。

最初は、われわれに対して単に事情聴取をしたい、という要請であった。（中略）しかし、われわれは、これが次第に強制命令に転じていくだろうことを危惧したのである。

われわれは顧問弁護士らと精力的な検討を始めた。とくに、もしロッキード社の特定の資料が公表された場合、国際的な混乱を巻き起こすことが考えられたから、その点を弁護士らに強調した。

つまり、ノースロップ社の海外不正支払いが問題になったとき、ロッキード社にも追及の手が及ぶことを見越して、「国際的な混乱を巻き起こすこと」を予想したうえで、顧問弁護士に「検討」させていたということだ。

心ならずも証言する羽目にはなったが、準備は万端だった。この点を覚えていていただきたい。つまり、のちに日本の検察が児玉を有罪に導くために使用した資料は、コーチャンが前もって顧問弁護士などに「検討」させて用意していたものだったのだ。

チャーチにとって都合のいいことに、ロッキード社の秘密資金の受取人のなかには、アメリカのインテリジェンス関係者のあいだで悪名高く、かつてのA級戦犯容疑者で日本の政治プロデューサーになっている児玉誉士夫の名前があった。これは賄賂工作をいっそうセンセーショナルでマスコミうけするものにするだろう。そして、実際そうなった。

ロッキード社のもみ消し工作

しかしながら、二月にチャーチ委員会が調査資料を公開して以降、ロッキード社はそれ以上の資料公表を阻止すべく必死の工作を行っていた。ロッキード社会長のロバート・ハックは、同委員会委員で共和党選出のチャールズ・パーシー議員に、資料をこれ以上公開しないよう要請している。この事実は、二〇〇六年七月二五日付『読売新聞』の記事で公表されたチャーチ委員会関係者の談話によって明らかになった。

そのチャーチ委員会でも〝異変〟が起きていた。委員長のチャーチが、世界を震撼させるニュースを発信したあと、大統領候補を目指しての全国遊説に出かけてしまい、委員会を留守にしたのである。政府の債務保証を受けた多国籍企業の不正支出を暴くといっても、それはチャーチが政治的野心を遂げるための道具にすぎなかったということだ。これは日本の三木と同じだ。

委員会の運営方針についても細かい議論をする時間はチャーチにはない。そこでチャーチは、資料公表のさじ加減について、パーシーに任せたのだった。パーシーはチャーチの上院におけるライヴァルで、かつ共和党選出ということから、大企業寄りと見られていた。ハックはパーシーの手腕に期待したはずだった。事態はロッキード社側に絶対的に有利だった。

ところが、資料公開をめぐって議論が白熱してきたとき、パーシーは委員会を中座してしまった。これはロッキード社から見れば「裏切り行為」以外のなにものでもない。しかもその理由は、「知人で女優のエリザベス・テーラーがやってきたので議会を案内しなければならない」という、聞く人がわが耳を疑うものだった。

これは、パーシーが中座できるよう、わざわざこの日に予定を入れていたという事実があとで関係者の話から明らかになった。つまり、彼女が来たから委員会を中座したのではなく、中座の口実作りのために彼女を招いたということだ。

ロッキード社の依頼にもかかわらず、パーシーは資料公開に反対したくなかったのだ。この問題に対するアメリカと世界の関心は高いので、反対すれば、彼も不正に関わっていたかのようにメディアに報じられる恐れがある。

エリザベス・テーラーとの約束は、会計事務所の誤配とおなじく、ロッキード社の資料を公表せよという国際世論の圧力との板ばさみになった彼の窮余の策だったのだ。

このあと委員会の資料、つまりコーチャンが前もって顧問弁護士と相談して用意しておいた資料は、ほとんどそのまま四月一〇日に東京地方検察庁に引き渡されることになった。

CIAの刺客

話を日本に戻すと、三月九日に児玉ルートの捜査に関して重大な警察発表があった。取り調べていた福田太郎（当時は東京女子医大病院に入院中）の供述から、児玉がロッキード社に対して出したカラ領収証はすべて本物であると警察は断定した。福田については、ロッキード社日本支社支配人の鬼俊良とともに、二月二〇日にはロッキード社や児玉との関係について、新聞などで報じられていた。

ただし、福田自身は、カラ領収証はロッキード社日本支社長のクラッターの依頼をうけて、領収証を出さない主義の児玉を二日にわたって説得した末にようやく書いてもらった、としている。また、領収証を作成した人物も、児玉個人か児玉周辺の人間として、児玉本人だとの断定を避けた。少しは良心がとがめたのだろう。自分が偽造したものもあったからだ。

福田はこのあとの六月に肝硬変で死亡するので、日本の司法とメディアも、死に臨んでの証言だからと信用したようだ。

だが、はたしてその解釈で正しいのだろうか。毎日新聞社会部編『構造汚職』によれば、彼は東京国税局に押収されていた金の延べ棒五本だけでなく、ヨーロッパの銀行口座に億に近い預金を遺族に残していた。自分ひとりならともかく、家族がいて、しかもひと財産残している。となれば、話はきれい事では済まされまい。そもそも、彼はロッキード社（あるいはCIA）と児玉のどっちの側にいるかといえば、ロッキード社側にいる人間だ。秘密を暴露せざるを得なくなることを想定したコーチャンが、福田に何らかの「用意」をさせていた可能性が高い。

その証拠に、前にも述べたように、丸紅や全日空など他のルートは資金の「入り」と「出」の両方を示す具体的証拠が出てくるのに対し、児玉に関しては、「入り」に関してはあまりはっきりせず、「出」に至ってはまったくわからなかった。

入りを示す領収証も、証拠能力に問題があった。前にも述べたように、この領収証には日付と児玉誉士夫の印はあるものの、一般に市販されているコクヨ製の領収証に、チェックライターで金額が打たれ、受取人名もゴム印だった。要するに、自筆の部分がなく児玉が書いたことを証明する材料はない。ここからも、領収証のあるものは、児玉が与かり知らぬところで偽造された可能性が高いといえる。

にもかかわらず三月一三日、東京国税局は児玉・ロッキード社間のコンサルタント契約書と児玉がロッキード社に発行したカラ領収証を根拠にして、児玉が一一億四二〇〇万円の七二年分所得を隠し、約八億五〇〇〇万円を脱税したとして東京地検に告発し、あわせて七二年までの脱税額九億七〇〇〇万円に重加算税を加え、およそ一五億五〇〇〇万円を納めるようにという更正処分をとった。検察は、工作費を「経費」とみずに、「収入」とみなしたのだ。

三木はCIAコネクションを隠蔽した

四月になると、前に引用したクリックテンデンやシュルツなど、アメリカ人ジャーナリストによるＣＩＡと児玉の関係を解明する記事が登場した。日本のマスコミもこれらに飛びつき、大々的に喧伝した。

当然ながら、ＣＩＡはこれらの記事に対して、ロッキード事件に関して児玉との関係を否定する声明を発表した。しかし、クリックテンデンの記事の次の部分は、日本でも大いに問題とされた。

ケネディ政権時代に国務省極東担当国務次官補だったロジャー・ヒルズマンは、一九六一年に就任したとき、CIAが一つまたは複数の日本の政党に資金を供給したことを聞かされた、と回顧している。また、元情報担当職員によれば一九五八年、岸信介首相が再選された選挙のさいに、CIAは多額の資金を与えたという。

あとで見るように、この記事はかなりアメリカ政府を窮地に追い込んだ。これが本当なら、アメリカ政府は内政干渉をしていたことになるからだ。

総理である三木武夫は、四月三日、クリックテンデンの記事を踏まえて、記者とのあいだで次のような問答をしている。

記者　ニューヨーク・タイムス紙が政党にもCIAからカネが流れたと報道しているが、この問題にどう取り組むつもりか。

三木　これも重大な問題で、徹底的に究明しなければならない。自民党は、ロッキード事件の真相究明に力を入れなければならないのだから、当然この問題も放置できない。

記者　ロッキード事件は、これまで個々の政治家の問題だったが、政党が関与していたということは問題が根深いのではないか。

三木　当然徹底究明されねばならない。伝えられているところでは、重要な内容を含んでいると考える。

この声明は総理として至極当たり前のものだが、このあと三木はアメリカ政府に真偽を問いただし、国務省を通じて回答を求めた。

同日、『ニューヨーク・タイムズ』の報道を知った上院政府情報活動調査特別委員会も、同じ調査を国務省に求めていた。

ところが、このあと実に奇妙な展開が待っていた。

四月一五日に日本側にもたらされたアメリカ側の回答は、「アメリカ政府は従来から情報活動に関しては何らのコメントもしないという政策を有しており、現在もこれに変更はない」というものだった。つまり、CIAの活動についてはなにも答えられないという、事実上の拒絶回答だ。

実は、国務省はこれとおなじ回答をチャーチ委員会に対して与えていた。同委員会は二〇〇〇ページにもおよぶ調査報告書をまとめて、四月一七日に解散することになっていた。つまり、チャーチはそれ以上調査を続けることはできなかったのだ。この時間的制約が、国務省とCIAがチャーチ委員会に強い態度をとることができた理由だった。つまり、足元を見たというわけである。

チャーチ委員会に較べれば、日本政府など恐れるに足りない。それがアメリカの本音だろう。この意外なまでの高飛車なアメリカ側の対応に三木は戸惑い、対処に苦しんだ。拒絶回答という現実を日本国民が知れば、ロッキード事件報道が白熱しているときなので、激高するだろう。だが、このことでアメリカ政府を深追いすれば、態度をより硬化させて（高飛車な回答はその兆候を示していた）、資料や情報を提供しなくなる可能性もある。そうすると政敵田中を倒すことはできない。

悩んだ末に、三木はアメリカ側と妥協することにしたようだ。それは、このあとの四月二七日の参議院予算委員会で明らかになる。共産党の上田耕一郎議員が「ＣＩＡの日本での活動を調査せよ。ＣＩＡ要員に国外退去を命ぜよ」と要求したのに対して、三木は「三人の歴代自民党経理局長全員に照会したが、その事実はなかった」と答弁している。

自分の党の経理関係者がＣＩＡなど知らないと証言したところで、ＣＩＡが日本で活動していなかった証明にはまったくなっていない。論点ずらしもいいところだ。

なおも食い下がってくる上田に対して、今度は外務大臣の宮澤喜一までが「具体的な国民の権利侵害の訴えでもあればともかく、抽象的なことで調査はできない」と突っぱねた。

四月三日の記者会見のときとは、まるで手のひらをかえしたような三木の態度の変化だった。

CIAは三木に口止めした

この手のひら返しの裏事情が、最近になって明らかになってきた。『朝日新聞』の記事（二〇一〇年二月一日付）によれば、七六年五月六日、日本のマスコミのCIA報道を問題視した駐日アメリカ大使ホジソンが三木と会談し、「私企業（ロッキード社）の行為（贈賄）を問題とするのと、アメリカの政府機関（CIA）の行為（秘密資金の提供）を問題にするのとでは大きく異なる」と前置きしたのち、三木に対してCIAの問題は提起すべきではないと述べたという。そして、宮澤の国会答弁の例を挙げて、三木にも「今後もこのようなアプローチ」を取ってもらいたいと要請したとされる。つまり、アメリカ側はCIAの秘密政治資金のことを問題にしないように三木に口止めしたのだ。

ホジソンと三木の会談が実現した日こそ五月六日だが、CIA秘密資金のことを問題にしないというアメリカ国務省との話し合いがそれ以前になされていたことは、四月二七日の三木と宮澤の国会答弁からも明らかだ。おそらくアメリカ大使館のなかで宮澤と親しい関係者がまず外務大臣で親米派の宮澤を説きつけ、ついで宮澤が三木を説得したのだろう。

三木自身も、頭を冷やしてよく考えてみると、国民が自民党政治の腐敗に対して怒りと不信を募らせているこの時期に、この問題を明らかにすれば、非難の矛先はアメリカ政府にも向けられるが、それ以上に矢面に立たされるのは自民党であって、自らの政権が窮地に陥ると気がついた。三木政権への非難だけにとどまればいいが、下手をすると保守政治の基盤までもが瓦解してしまう危険性さえあった。

そこで、アメリカ側と三木政権のあいだに、密約とはいかないまでも、暗黙の了解が生まれた。つまり、「私企業（ロッキード社）の行為（贈賄）は問題にするが、アメリカの政府機関（CIA）の行為（秘密資金の提供）は問題にしない」ということだ。あるいはこれに「私企業（ロッキード社）の行為（贈賄）であっても、私企業（民間航空会社）にかかわるものはいいが、軍事（国防調達、P3C）にかかわるものは問題にしない」という了解も加わっていたかもしれない。

くり返しになるが、三木がこのスキャンダルを利用して目指していたのは、最大派閥田中派の党内基盤を突き崩し、自民党内に勢力均衡状態を作り、自分を始めとする少数主流派の政権を永らえさせることだ。それには、敵方の首魁である田中の首をとるか、それができなくても何人かの〝主な武将〟の首をあげればいい。だから、長年続いてきたCIAや国務省と自民党との密やかな関係をすべて暴露して、自民党自体の存立を危うくするところまで真相を解明する気にはならなかったのだ。

ここから、ロッキード事件をめぐる攻守は交代した。それまでは日本がアメリカを攻め、アメリカが受けていたのだが、これ以後は日本が受身に回り、アメリカが攻めるようになった。

児玉隠しはP3C隠し

三木とアメリカ側の暗黙の了解（あるいは密約）は、ロッキード事件自体のもみ消しをアメリカ側に対して働きかけていた中曾根の思惑とも結びついた。いうまでもなく、児玉が当時もっとも強い影響力を持っていたのは中曾根に対してだった。そのことは政界や財界で知らないものはほとんどいない。児玉の名前がメディアに出てきて、ロッキード事件の児玉ルートに国民の注目が集まったとき、最も強い疑惑の目で見られたのは中曾根だった。

実際、一部の新聞も記事の中でしばしば中曾根の名前に触れていた。四七年に二八歳で初当選して以来、総理大臣を目指すと公言してはばからず、ようやく幹事長までたどりついた中曾根は、気が気ではなかっただろう。児玉隠しをもっとも望んだ人間は、中曾根だったことは間違いない。

一方、ロッキード支社の関係者を除けば、この事件でもっともCIAと接点を持っていたのも児玉だった。児玉以外の主要な事件関係者、つまり田中や橋本などの政治家、大久保や伊藤などの丸紅関係者、若狭や小佐野などの航空関係者は、いずれもCIAとの関係はほとんどない。

つまり、アメリカにとっても、児玉隠しはCIA隠しになる。ここに、アメリカと中曾根の思惑は一致する。そして、これらのCIA・児玉隠しは、P3C隠しへと結びついていく。なぜならば、修正四号契約書によれば、児玉はトライスターとともにP3Cも売り込んでいた可能性があるからだ。

P3Cは軍用機であって、一国の防衛と結びついている。CIAや国務省や国防総省の思惑がこのＰ３Ｃの日本への売り込みにからんでいることが明るみにでたとき、民間機であるトライスター以上に、日本国民を刺激する可能性が大だった。だが、Ｐ３Ｃの日本への導入は、アメリカの航空機・国防産業にとって、日本が果たすべきとアメリカが考える防衛の分担にとって、必要なものなのだ。

なによりも重要なのは、このＰ３Ｃは、この時点ではまだ輸入が決まっていなかったことだ。Ｐ３Ｃ採用の可能性が高いことを坂田道太防衛庁長官が衆議院内閣委員会で示唆したのは七六年三月二日のことだ。これは、ロッキード事件の騒動のさなかだっただけに、驚くべきことだ。だが、この事実は他のロッキード関連のニュースと較べて、とくに注目された様子はない。

その後も防衛庁はＰ３Ｃを輸入する意向を変えなかった。その理由は前に見たように、すでにハワイ会談の前にアメリカと密約を結んでいたからだ。

アメリカ側にとっても、Ｐ３Ｃの日本への輸出には、航空機のみならずアメリカ製の警戒システムそのものを日本に導入させ、導入後には日本の警戒システム（それが集める情報も含めて）をアメリカの警戒システムのなかに取り込むという含みもあった。

それだけに、アメリカ政府は、ロッキード事件が日本で騒がれても、できるだけＰ３Ｃに日本国民の目が向かないように、そしてこれ以上ＣＩＡと児玉のことがマスコミに注目されることがないよう願っていた。

児玉ルートは闇へ

こうして、ロッキード事件の捜査は、民間航空機トライスターの売り込みだけに限定し、P3Cの売り込みについてはできるだけ触れない、という方向性が生まれていった。これ以降、田中を罪に問おうとする「国策捜査」と、児玉や中曾根を罪に問うまいとする「逆国策捜査」のせめぎ合いになった。「国策捜査」とは政治的目的のために罪なき人を有罪にする捜査をいうが、筆者がいう「逆国策捜査」はその逆で、双方ともロッキード事件のような構造汚職の捜査にしばしば見られる。

ここで筆者の立場をはっきりさせておくと、「逆国策捜査」では、児玉を証言台に立たせないようにしたり、捜査に関しても杜撰で、期間を短くするなど、相当無理を強いているが、「国策捜査」でも、コーチャンがあらかじめ用意しておいた資料を証拠採用したり、免責を与えてコーチャンから尋問調書をとっているのでどちらも問題だと思っている。

さて、児玉ルートの「逆国策捜査」のほうでは、児玉はできるだけ非公開で、コントロールされた状況でのみ証言させ、国会や裁判所では証言させないように配慮された。

中曾根と児玉にとって幸運なことに、ロッキード事件の捜査で絶大な権限をもつ人間が、彼らとかなり親しい人間だった。時の法務大臣の稲葉修は中曾根派の幹部であり、児玉ともジャパンライン乗っ取り騒動（ジャパンライン事件）のときなどにつながりがあった。中曾根自身も党運営の要である幹事長として、党内に関しては三木を上回る権力を持っていて、稲葉をサポートできた。
こうした状況のもとで、稲葉はその期待に見事に応える。五月六日のホジソン・三木会談ののち、三木がこのCIA秘密資金のことを問題提起することがなかった。それだけでなく、メジャーなメディアでも、なぜかCIA秘密資金報道は終息に向かっていった。

児玉の一〇億円は「所得」か

三月一三日、児玉は外国為替法違反と脱税で起訴される。起訴状は以下のとおりだった。

外国為替法違反について
児玉誉士夫はロッキード社とL1011型航空機販売に関するコンサルタント契約及び追加報酬契約を結んでいたが、クラッターから七三年五月二四日ごろから同年六月一二日ごろまでに三回計四億円、同年六月一四日ごろから一二月一二日ごろまでに三回計八五〇〇万円、七四年二月二五日ごろから同年一二月一九日までに計三回七一〇〇万円、さらに七五年三月四日ごろから同月二九日ごろまでに計四回計二億九九五〇万円、このほか、七六年一月二九日ごろ、秘書太刀川恒夫を介して八〇〇〇万余円、以上合計一四回にわたり総額九億三五五〇万円の日本円を受領した。それぞれが、日本銀行の許可を要する場合に該当するが、児玉は本件行為を秘匿するために所定の許可を受けなかった。

脱税について

児玉は、自己の所得税を免れようと企て、ロッキード・エアクラフト・コーポレーションとの間に締結したマーケティング・コンサルタント契約等に基づき、同社から受領したコンサルタント報酬等を除外するなどの方法により、所得を秘匿したうえ、七二年分の実際総所得が一一億八五二二万九三八五円あったにもかかわらず、七三年三月一四日玉川税務署において、同税務署長に対し、総所得金額が四三二二万九三八五円で、これに対する所得税額が八五二二四〇〇円である旨の虚偽の所得確定申告書を提出し、不正行為により、同年分の正規の所得税額八億六二二六万九九〇〇円と申告税額との差額八億五三七四万七五〇〇円を免れた。

（七六年五月一〇日、六月四日、九月三〇日、七七年一月二一日付各起訴状公訴事実の総括書）

児玉の怒声が聞こえてきそうな訴状だ。これにより検察は、ロッキード社から児玉に入った秘密資金をすべて「所得」とみなしていることが確認された。

そのなかには、児玉に渡らなかったにもかかわらず、児玉が領収証を書いている六億円のドル建て小切手も含まれていた。証券取引委員会はロッキード社の資金の流れが児玉の賄賂になるところで追跡をやめているが、実はそこで止まらず、福田による児玉名義の領収証を乱発するという操作によって、ニクソンの再選の選挙資金に化けていたとも考えられる。

児玉自身もロッキード社からコンサルタント料をもらったこと、その他の工作費をもらったことは認めた。だが、領収証に関しては、ロッキード社がしつこく求めるので、相手側に渡すことを承諾したが、自分は領収証の作成にはかかわっておらず、それについても詳細についても知らないといっているのは、すでに見たとおりだ。

しかし、児玉がこの金を、あるいはこの金の一部を、誰に渡したのか、どう使ったのかを、いいたくてもいえない以上、国税局に「所得」とみなされても仕方ないともいえる。かくして、児玉は巨額の脱税で起訴されることになった。

幕引き工作

七月二七日。この日、ロッキード事件全体のハイライトともいえる田中角栄逮捕劇があった。

この二ヵ月前の五月七日に田中が椎名副総裁と会談して三木退陣について合意して以降、三木おろしは本格化していた。そのため三木としては、灰色高官や周辺の関係者から外堀を埋めるのではなく、まずは本丸である田中本人の逮捕から始めるのは当然だっただろう。彼にすれば攻撃は最大の防御なのだ。

田中はすでに総理大臣の座を降りて一年半がすぎていたが、総理在任中に犯した罪で、自民党最大派閥の長が逮捕された衝撃は大きかった。ニクソンが大統領現職中に犯罪行為をし、それがために辞任したウォーターゲート事件には及ばないかもしれないが、日本の政治のトップが逮捕されたということで、日本国民に与えた衝撃はきわめて大きかった。

マスコミの関心が田中逮捕と、その後の捜査の行方に集まってしまうのはしかたなかった。それまでは「児玉隠し」、「中曾根隠し」、「P3C隠し」を嗅ぎまわって、ようやく端緒をつかみかけていたのだが、田中逮捕という大ネタが彼らの鼻先に突きつけられ、いっせいにそれに飛びついてしまった。

検察も他のルートは棚上げして、丸紅ルートと全日空ルートの解明に集中するようになった。前総理大臣を逮捕したのだから当然といえば当然だ。いきなり逮捕に踏み切っただけに、起訴するまでの時間も限られているので、二つのルートに全力を注ぐことになった。

実際、八月一七日の閣議で稲葉はロッキード事件捜査の現状についておよそ次のように報告している。

1. 八月一六日に田中前首相を外国為替法違反と受託収賄の容疑で起訴し、丸紅の檜山ら三人についてはあらたに贈賄容疑で起訴した。これで丸紅ルートについては大きなヤマは越した。
2. 全日空ルートの事実関係の究明は順調に進んでおり、今後の措置はそんなに長くかからない。

3．児玉ルートは児玉の病気が支障となり難航しており、九月にずれこみそうだがあらゆる方法を講じて真相解明に努力する。

（『朝日新聞』八月一七日付夕刊から）

注目すべきは、このような報告をした稲葉を、反主流派閣僚が問い詰めていることだ。田中派の小沢辰男環境庁長官は、児玉ルートの解明はどうなっているのかと質した。福田赳夫副総理はさらに突っ込んで「児玉ルートはいつまでかかるのか」と尋ねた。

稲葉が「いつまでとはいえない。あらゆる努力をして解明に努めるということで了解して欲しい」と答えても福田は満足せず、閣議が終わったあとなおも稲葉を数分引き止め、「あらゆる方法を講ずるとはどういうことか」、「難航している原因は何か」と食い下がった。

これに対して稲葉は「児玉は病気で口を割らないのが難航の原因だ。強制捜査、収監できないために手間取っている」と言い訳をしたという（『朝日新聞』八月一七日付夕刊）。

だが、稲葉の言動や行動からわかるように、児玉ルートから世論の注目をそらすこと、中曾根に累が及ばないようにすることこそ、自分の任務だと考えていたようだ。

三木政権の危機が中曾根・児玉隠しに結びついた

八月二四日には、田中派に加えて大平派、福田派、椎名派、水田（三喜男）派、船田派の反主流六派による「挙党体制確立協議会」(挙党協)が発足して、三木政権に対する反主流派の攻勢はいっそう強まった。田中逮捕によって、事件のもみ消しを図っているという反主流派への非難を気にする必要もなくなったため、もはや反主流派は主流派攻撃に手加減する必要がなくなった。

ところが、ここで妙なメカニズムが働いた。つまり、反主流派の攻勢が強まれば強まるほど、主流派の三木・中曾根連合はいっそう守りを固めて、児玉ルート隠しをし、中曾根をかばおうとしたのだ。

九月二日の『朝日新聞』の「児玉ルートもみ消し説」というコラムでは、浜田幸一衆議院議員が反主流派の政務次官数人の辞表を取りまとめて提出していた事実を明らかにしている。これは、三木派の会合で行政管理庁政務次官を務める近藤鉄雄衆議院議員の発言を取り上げたもので、この発言のなかで近藤は浜田を指して「彼は児玉誉士夫や小佐野賢治の弟子スジの男だ。ロ事件捜査の次のヤマである児玉ルートのもみ消しがねらい。彼におどされて辞表を渡した次官も三、四人はいる」と非難した。浜田は中曾根派ではなかったが、児玉と小佐野とは関係が深かったので、児玉ルートもみ消しに動くのは理解できた。

一〇月一五日、衆議院ロッキード問題に関する調査特別委員会で稲葉法相は中間報告を行ったが、その内容はすでに新聞発表されている起訴事実の羅列だった。覇権争奪と延命をめぐる派閥の取引が透けて見えるようなものだった。したがって、この報告のあと、稲葉と社会党議員横路孝弘のあいだで、次のような応酬が交わされた。

横路委員　（前略）児玉と小佐野の関係、小佐野のオの字もこの報告書に出てこないじゃありませんか。（中略）特にＰＸＬ（次期哨戒機）の問題。このＰＸＬの問題はわずか一行で片づけられている。（中略）各外国のロッキード事件を見てみると、民間航空機トライスターの問題よりはロッキードの軍用機の問題があちらの国でもこちらの国でも問題になっていて、これが本流じゃありませんか。その問題がどうして日本の場合には――私は、一体刑事捜査の対象にしたのかどうか、それさえ疑わしい報告書だということを指摘せざるを得ないわけであります。（後略）

稲葉国務大臣　諸外国の例と比べてこの中間報告は不十分であると仰せられました。そのとおりであります。それは、捜査が全部終わった諸外国と捜査の終わってない途中の報告とは十分、不十分の差があることは当然じゃありませんか、そんなことは。それについて途中であれこれ文句をつけられてもこっちも困るんであります。（後略）

一〇月三一日、最高検察庁の高橋正八次長検事が定年退職したが、彼は「児玉ルートやり遂げたかった」というコメントを残して、霞ヶ関をあとにした。

総選挙、そして児玉ルート捜査打ち切りへ

このあと、日本政治は年末の第三四回衆議院総選挙一色になった。自民党がこの選挙で議席を失うのは、誰の目にも明らかだった。そして、三木がその責任を負って総理の座から降りるのも既定路線と思われていた。

稲葉がロッキード事件でマスコミの矢面に立たされるのも、この一〇月の中間報告が最後となった。彼は年末のロッキード問題に関する調査特別委員会の翌年への引継ぎに少し顔を出したものの、その後はこの件とは関係がなくなった。事実上の幕引きといえる。

一二月五日、総選挙が行われ、自民党は改選前より一六議席減らした。ロッキード事件という大スキャンダルのあとにしては、この数字は悪くないと思えるが、三木はやはり詰め腹を切らされた。三木のあとに総理大臣になったのは、三木おろしの一翼を担っていた福田赳夫だった。

翌年七七年一月二一日、東京地方検察庁は小佐野賢治と児玉誉士夫を起訴すると同時に、これによって約一年にわたるロッキード捜査に終止符を打つことを決めた。ただし、捜査本部を縮小した「専従班」は残し、公判対策にあたらせることになった。

簡単にいえば、これ以上捜査は行わず、それまでに入手した捜査資料をもとに起訴し、裁判に臨むということだ。児玉ルートに関して言えば、病気を理由に十分な尋問を行っていないのだから、あくまでもロッキード社から児玉への資金の「入り」について、つまり外国為替法違

反と脱税についてのみ起訴し、児玉から政治家や官僚や企業幹部に対する贈賄、つまり「出」のほうは問題にしないことを意味した。これは「逆国策捜査」の最たるものだ。これによって誰が助かったかは、いうまでもない。

二月二四日、警察と検察のロッキード事件捜査終了を受けて、福田一法務大臣が衆議院ロッキード問題に関する調査特別委員会で「ロッキード事件の捜査処理に関する法務大臣の報告」をおこなった。これはロッキード問題に関する、新政権の姿勢を明らかにしたものといっていい。

この報告のなかで、福田は児玉の一七億円にものぼるロッキード社からの資金の使途についてはほぼ解明できた、と大見得を切った。だが、その詳細は公判で明らかにするとした。そのうえで、「これまでの事件処理以外に犯罪容疑は認められない」として、児玉ルートに関する刑事訴追はこれ以上行わないという態度を示した。しかも次期哨戒機に関しては「いわゆるPXLの選定問題を含めて一月二一日までに処理を終えた以外に犯罪容疑を認める資料は得られなかった」として、これ以上の立件は不可能だとした。なにをかいわんや、だ。

三月一四日の参議院ロッキード問題に関する調査特別委員会でも、安原美穂《よしほ》刑事局長が児玉に渡ったとされる一七億円の使途についてほぼ解明できたという福田法務大臣の前言を繰り返したが、「調査当局の報告によれば国会議員に金が渡っている事実はない」という驚くべき「新事実」も明らかにした。

これには共産党の小巻敏雄議員が「刑法の適用をまぬかれても（国会議員が）深く関わり合った事実がある」と反論して捜査資料の提供を要求したが、「検察として犯罪容疑がないといっているのだから、提出すべき資料もない」とこれをはねつけた。

これによって、警察と検察だけでなく、政府と国会でもロッキード事件は幕引きが行われることになった。これ以降の児玉・小佐野ルートの公判は、外国為替法違反と脱税と偽証という罪状をめぐって展開する。

中曾根と児玉の弁明

四月一三日、中曾根の衆議院ロッキード問題に関する調査特別委員会への証人喚問が実現した。彼は「コーチャン回想録に書かれていることについて」、「エバリー会談（日米通商会議の翌日の七月二九日）について」、「次期哨戒機国産白紙還元について」、「児玉との関係について」、「ジライン事件（児玉が関わったとされる海運会社の乗っ取り事件）について」など、野党議員から厳しい質問を浴びせられた。

これに対して中曾根は、捜査当局の発表や、法務大臣による報告を盾にして、すべてを否定した。むしろ捜査当局の発表や法務大臣の報告などを覆すような「資料の根拠を明確にしないまま質問するのは言語道断だ」として、質問に立った野党議員に食ってかかりさえした。野党側も、公判を控えているという理由で捜査当局が野党に捜査資料へのアクセスを禁じているために、決め手を欠いていた。

しかも、一月二一日で検察側のロッキード捜査は打ち切られ、法務大臣が「これまでの事件処理以外に犯罪容疑は認められない」として既成事実ができていたことは、中曽根にきわめて有利に働いた。

検察がそれまで処理した事件以外には犯罪容疑はないという以上、中曽根はそれらの事件で名前があげられていないのだから、犯罪容疑者としてシロなのだ。だから、いかに国会で疑惑を追及されようと、道義的にはともかく、法的には無罪だということになる。ここには「逆国策捜査」とそれによる既成事実化とのコンビネーションがみられる。このように無罪が先に確定していれば、国会での証人喚問に緊張感が失われるのはいたしかたなかった。

一方、児玉も六月には自分の弁護のために法廷に立ち、おおよそ次のように主張した。

1. 起訴状記載の脱税はない。すべての所得申告をしたつもりで、脱税容疑の起訴はまったく心外だ。外国為替法違反についても、コンサルタント料の受領は認めたが、大半を占める航空機販売手数料については受領していない。

2. 五五年ころからロッキード社を知るようになり、六九年ころ福田太郎氏に勧められて顧問の契約書に署名し、七五年秋ころその顧問契約を解約した。
契約書に署名したのは、顧問の契約書二回と解約書一回の計三回で、その他は署名も押印もしていない。領収証も一切作成していない。領収証があるとすればすべて無断で作成されたものだ。

3．私がロッキード社から受け取ったのは、六三年から六八年の年間一五〇〇万円と、六九年から七六年の五〇〇〇万円だけだ。

4．ロッキード社の航空機売り込みに関して、誰にも一切働きかけていないし、現金も渡していない。

私とロッキード社との関係が公表されて以来、身に覚えのないことで追及を受け、莫大な金銭上の追徴を受けた。国税当局によって全財産を押さえられ、検察当局からも一年半にわたる取り調べを受けた。しかし、私は一言の弁解もできなかった。裁判所はかならず真相を明らかにしてくれると思う。

この公判で検察は、コーチャンやクラッターの嘱託尋問、福田の供述などをたよりに、『ロッキード売り込み作戦』などで知られていたことを裏付けた。児玉がコーチャンに対して笹川や小佐野を紹介した事実も明らかにされた。

しかし、灰色高官の名前はついに出てこず、『ロッキード売り込み作戦』にある、「陰謀」を覆すために児玉が中曾根にした電話のこともすっかり抜け落ちていた。

また、検察は児玉が田中と同額の五億円の工作費を受け取ったとしながらも、その行方を検察当局は「つかめなかった」としている。これまでは、児玉に渡った一七億円の使途の大半は解明したといいつづけてきたが、そのうちの五億円についてはわからないと前言を翻したことになる。

しかも、この一週間後の七七年六月九日に伊藤栄樹刑事局長は、公判で明らかになった児玉のF－104工作に関して「（昭和）三〇年代のことでもあり、詳細をつまびらかにすることができなかったかもしれない」と断ったうえで、この件に関して贈収賄罪の確認ができなかったと発言した。これをフォローするように三原朝雄防衛庁長官も「防衛庁としては純防衛的立場で決定したもので児玉の介在によって決定したのではないと信じている」と述べた。

贈収賄罪の線は完全にもみ消された。

追い詰められていく児玉

その一方で、児玉はいよいよ窮地に立たされていた。七七年の九月八日、児玉と頻繁に取り引きがあった北海道拓殖銀行元築地支店長南善一のメモが法廷で明らかにされたのだ。その内容は、七二年一〇月末から一一月初めにかけて、たしかに数億の金を児玉がこの銀行に預け入れていたことを示すものだった。

七二年一〇月三〇日現金で二億五〇〇〇万預かった。

一一月一日現金で六八〇〇万円預かった。
二日現金一〇〇〇万円、額面二〇〇万円の小切手三一枚、五〇〇万円の小切手二枚預かった。

これによって、たしかに児玉には巨額の現金や小切手が渡っていたことが証明された。ただし、児玉が発行した領収証によれば、七二年九月二二日から一一月一九日の間に一七回にわたって総額一〇億三〇〇〇万円の金額を受け取っていることになっているので、ごく一部でしかないといえる。

あとの七億円ほどは、カラ領収証の発行によってマネーロンダリングされてニクソンに還流したか、政府高官や官僚にばら撒いたということになるので、少なくとも所得ではないということだ。

翌年の七八年五月三〇日の公判で児玉側は次のように反論した。

1. クラッターからロッキード社の金を使い込んだのでカラ領収証を作ってくれとたのまれ、福田氏に指示して作らせたことがある。
2. ロッキード社からは盆暮れに顧問料をもらっていたが額面通り二五〇〇万円ではなく、五〇〇万円ほど不足していることが数回あった。

3．領収証は偽造。使われた印鑑は福田氏が作ったもので、保管も福田氏がしていた。
4．ロッキード社からは、いわれているほど多くの金は受け取っていない。

当時はマスコミが空前のバッシングをしていたので、児玉の主張に真摯に耳を傾ける人はほとんどいなかったが、前にみたように、日本では使われていないゴム印の母型のことなど、この反論を裏付ける証拠はあがっている。これは福田がロッキード社のためにゴム印を勝手に使って領収証を乱発し、マネーロンダリングしたことを示している。だから、児玉は、検察側が主張するような額の金は受け取っていないのだ。

にもかかわらず、この公判のすぐあとの七八年六月七日、検察は児玉を告発して以来の税額が、本税二二億円、加算税六億五〇〇〇万円、延滞税七〇〇〇万円、総額三〇億円、そのうち徴税分が一〇億円で、差し引き二〇億円が滞納額になると発表した。

福田尋問調書とコーチャン尋問調書

七月一三日、検察側は児玉側の主張を突き崩すために、新たなカードを切り始めた。福田太郎の調書の内容を明らかにし始めたのだ。

この福田調書は全体として児玉にとって不利なものだったが、なかには有利な点もあった。たとえば、クラッターが契約や金の支払いの際に、児玉に署名のほかにわざわざゴム印の押印を求めていた事実だ。

福田はなぜクラッターがそんなことを求めたのかわからないとしている。児玉が署名したならばゴム印はいらないはずだ。それなのにわざわざ署名とゴム印の両方を求めたのは、それ以後勝手にゴム印を使ってカラ領収証を発行するためだったと推察できる。したがって、この部分は児玉の「ロッキード社が勝手にカラ領収証を発行した」という主張を裏付けている。

また、福田調書のなかの「こうなったら、税金分くらいはロッキード社が負担すべきだ」と述べたとされる児玉の言葉は、ゴム印を使ってカラ領収証を大量に作り、自分が受け取ったことになっている金額、つまり児玉が申告すべき所得額をかなり水増ししたのだから、それにかけられる税金はロッキード社が支払うべきだと児玉は思っていたと解釈できる。これもカラ領収証に書かれている額は巨額だが、児玉の「所得」はそれほど多くなかったことを証明していると考えられる。

一方、福田調書は、警察に紛失届けを出した小切手での六億円に関しては、その後、七三年六月上旬にロッキード社からしっかり五億円弱を受け取っていること、保全経済会の伊藤斗福のときのように、スケープゴートをつくって罪を逃れようとしていたこと、印鑑や書類を処分するなど証拠隠滅を図っていたことなど、児玉にとってかなりダメージを与える事実も暴露されている。

一〇月二六日までには、これに例のコーチャン尋問調書が加わり、田中を政治的に葬りたい三木主導の「国策捜査」のとばっちりによって、児玉はいよいよ追い込まれることになった。

1．支払いのたびに「クラッター・メモ」に記録し、金は常に児玉の自宅で渡した。メモの特別勘定には児玉へのすべての支払いが記録され、他に児玉への支払いはない。総額は三〇億円弱である。

2．支払いのつど領収証をとり、ロッキード社は国税庁に提出した。クラッター・メモの「R」は領収証受け取りの記録だ。交付金額と異なる額の領収証を受け取ったことはない。

3．児玉は変化する情報を完全に知らせてくれる、日本における国務省だった。小佐野の抱き込みを児玉と相談し、五億円の要求を認めた。「陰謀」を中曾根に電話してくれた。児玉とは販売戦略を詳細に話し合った。

要するに、コーチャンは、クラッターはたしかに領収証にある金額を児玉に渡していて、クラッターは金を渡すつど「クラッター・メモ」にそのことを記録している、したがって、証券取引委員会に提出した領収証は、児玉がいうようなカラ領収証ではなかったと主張している。

しかし、会社のためにマネーロンダリングしようという人間は、カラ領収証を書かせるたびにメモくらいとっておくだろう。だから、メモがあるということは、児玉に記録されている金額を払った証明にはならない。したがって児玉に総額三〇億円を支払ったというのも疑わしい。

一方、コーチャン嘱託尋問調書からは再伝聞だとして削除された部分もあった。これは九月二一日に日本側に明らかにされたものだった。

・中曾根が状況を直したらしい（児玉→福田→コーチャン）
・中曾根氏に電話して彼に対して私（コーチャン）が前の証言で誤解と描写したものを直してくれるように頼んだ（児玉→福田→コーチャン）
・彼（中曾根）が金曜日の午前中に、まず第一にこれに関係したたくさんの人たちに会ってみる、そして事情を彼が調べてみてすでに提案されていることについて誤りを彼が指摘できるかどうかみてみる（児玉→コーチャン）
・中曾根氏がもしそのような決定があったとすれば、それに関係したと思われる人たち何人かにあってみようといった（小佐野→コーチャン）
・それ（政府決定を直すこと）を田中氏に話をした（中曾根→児玉、福田→コーチャン）

いずれもコーチャンが直接聞いたのではなく、あいだに入った人からの伝聞だとして削除されたものだが、面白いことに収賄容疑ならば、ほとんどが中曾根にとって致命的な証言だ。だが、児玉の容疑は前述のように外国為替法違反と脱税だったので、法的にはなんの意味もなかった。これは「逆国策捜査」のウルトラCだ。ただし、コーチャンを免責にしておいて、その尋問調書を証拠採用したのは「国策捜査」のウルトラCだ。

このコーチャン嘱託尋問調書はロッキード公判でも威力を発揮する。一〇月五日のロッキード公判ではこの調書に基づいて、五八年ころの第一次次期主力戦闘機機種選定戦争のときの事実も明らかにした。つまり、ロッキード社は五七年ころからロッキード社の子会社LAIのハル社長を滞日させ、F－104戦闘機を売り込んでいた。これにともない、五八年四月ごろハルは福田太郎の紹介と通訳で児玉と会い、売り込み協力を頼んだ。児玉は契約書も一切作らず、秘密コンサルタントになることを引き受ける。最終的に五九年一一月に採用が決定し、児玉は運動資金として数回にわたり五〇〇万円ずつ、のちには謝礼として数回各三〇〇万円を受け取ったというものだった。

だが、これらはすでに時効を迎えていたので児玉にとって実害こそなかったものの、イメージはますます悪くなった。

中曾根の怪気炎

一方、コーチャン嘱託尋問調書で疑惑が深まっているさなかにもかかわらず、中曾根とその取り巻きは、七八年一〇月二六日、東京・芝にある東京プリンスホテルで開かれた総裁公選出陣前夜祭を兼ねた「新しい保守の論理出版記念会」で、怪気炎をあげていた。翌日の『朝日新聞』はそれを次のように伝えている。

中曾根　日本語を知らないアメリカ人が錯覚したか、なにかの目的で利用されたのだ。ああいう事実はまったくない。

荒船清十郎行政管理庁長官　私はロッキード事件の予算委員長で証人喚問にコーチャン、クラッター両氏を六回も呼んだが、彼らが命の続く限り日本へは行かない、と喚問を拒否した。免責で調べたら、責任のない人がデタラメをいったことだ。彼らのデタラメで内閣がつぶれることもある。（嘱託尋問調書に中曾根の名前が含まれていることについて）中曾根氏の中傷のため何らかの意図があって、言ったことだ。

五島昇日本商工会議所副会頭　ロッキード事件でケチをつけられても中曾根君は真っ向から立ち向かっている。この勢いで彼に伸びてほしい。

稲葉修　謀略を恐れることなく正々堂々と中曾根候補は戦え。

ロッキード事件発覚のとき、中曾根派幹部の稲葉が法務大臣だったことは前にも見たが、衆議院で証人喚問を行った予算委員会委員長の荒船までがコーチャン証言をデタラメといい、それは中曾根を中傷する意図からなされたものだと断言している。

荒船の場合は、ロッキード事件のあとで中曾根を担ぐようになったのだろうが、それにしても、どんなことを考えて証人喚問を取り仕切っていたのか想像がつく。どうりで田中が集中砲火を浴びているのに、中曾根がターゲットにされなかったわけだ。

三木総理大臣も、法務大臣も、衆議院予算委員会も、検察も、みんなで中曾根を火の粉から守り続けたということだ。彼らはうすうすアメリカ側の意図に気づいていたのかもしれない。

ただし、ここで断っておくが、中曾根がトライスターはともかくP3Cの売り込みにまで関与していたかどうか筆者には判断できない。自主防衛の立場から、それには積極的でなかったと思いたい。だが、修正四号契約書が偽造されたものでないとすれば（偽造の可能性は依然としてある）、児玉がこの哨戒機の売り込みをやっていたのを中曾根が傍観していたのは問題だ。あくまで仮定の話だが。

そしてP3Cは輸入された

実は、児玉の裁判と同時並行で、驚くべき事態が進行していた。さかのぼること一年前の七七年八月二〇日、防衛庁はロッキード社から同社が前年の七六年八月三一日をもって児玉とのコンサルタント契約を破棄したという通告を受けた。これは防衛庁がこの契約が好ましくないという意味を込めて同社に念を押していたことを示している。

裏を返せば、次期哨戒機選定のことはしばらく棚上げしていたが、田中逮捕のあと少し沈静化してきたので、機種選定を進めたいということだ。無論、最有力候補はロッキード社のP3Cだった。だから児玉との関係が切れたことを通告させているのだ。

これは本末転倒もはなはだしい。ロッキード社が児玉を使って不法行為をしたのだから、切るなら児玉に命じたロッキード社のほうだろう。だが、防衛庁は児玉と手を切れば、ロッキード社を許すという。開いた口がふさがらない。

ロッキード社が児玉との関係を断ったことを確認したのちの七七年八月二三日、防衛庁はP3Cの導入を内定した。そして、早くも翌年には調達が開始された。アメリカはもっとも困難な工作を最終的に成功させた。

七八年にはダグラス・グラマン事件が発覚するのだが、ロッキード事件のときと同じく、スキャンダルがマスメディアを賑わせながらも、中期業務見積りによる防衛力整備計画はそれに妨げられることなく進行していた。

これは従来の防衛力整備計画が、装備品の調達に関しては五年度固定方式だったものを改め、七七年度以降は防衛力整備計画と装備調達に関わる中期業務見積りとを一体化していくというものだ。装備品の調達が固定方式ではなくなったため、アメリカは多年度にわたって一定数の装備を調達するよう日本に圧力をかけた。要するにアメリカから数年にわたって一定数の戦闘機と哨戒機と装備を買い続けろということだ。しかも、この中期業務見積りが明らかになると、アメリカはすでに決まっている購入計画を前倒しさせ、かつ日本政府が防衛費の上限と定めていたGNPの一パーセントの枠を超えて、早期に大量に装備を調達するよう執拗に日本政府に圧力をかけつづけた。

中曾根は「MOMIKESU」よう依頼し、それをしてもらったためなのか、別の風を受けて舞い上がろうとしたのか、抵抗した様子はない。

これ以後八〇年まで、この中期業務見積りの早期達成（つまりアメリカからの国防調達の前倒し）が日米間の政治交渉の課題とされていく。そして、八〇年七月一七日に総理大臣になった鈴木善幸は、この交渉を進めていくうちに日米同盟という考え方を表明するようになる。鈴木はシグ・片山が証人喚問を受けたときに、彼の知り合いとして何度か名前をあげられている。

このように児玉をスケープゴートにしながらも、アメリカはそれまでにもまして武器を大量に輸入させようと日本政府に迫り続けた。それによってロッキード社やマクダネル・ダグラスを救い、国防産業を守ろうとした。

児玉裁判の陰で進められていた日米同盟

この中期業務見積り期間中に、大きな変化が起こっていた。つまり、日米安保から日米同盟への転換だ。日本に戦争放棄の憲法を与える代わりに　アメリカが日本の防衛を肩代わりするという日米安保の基本理念はこの間に徐々に変質し、極東という地域を越えて世界中のどこへでも自衛隊を送り、アメリカの軍事行動を支援する日米同盟の色彩を強めていた。自民党政権は、これを国会での議論も承認もなしに、なしくずしに行っていたのだ。しかも、このような過程は、児玉の公判と並行して進行していた。それを象徴的に示すのが、八一年三月一三日の

『朝日新聞』の記事だ。

この日の朝刊の第一面は、前日の三月一二日に児玉に対する外国為替法違反と脱税の論告求刑が行われたことを伝えていた。記事のなかで検察は「児玉が巨額の報酬をロッキード社からもらっていることを隠すため、外国為替法を無視し、脱税を意図していた。その犯行は大規模かつ悪質で、本人は反省もしていない」と述べ、懲役三年六ヵ月、罰金七億円を求刑した。

この記事のまさに隣には、同じく三月一二日に防衛庁がP3CとF15を前倒しで発注したという記事があった。要約すると、およそ次のように述べている。

防衛庁は昭和五十三年度中期業務見積り（八〇年―八四年度主要兵器購入計画）を早期に達成するため、F15とP3Cをもともとの発注予定分に加えて、八四年度発注予定分の全部または一部を八二年に前倒しして発注するよう予算を要求する。

これはアメリカ側が日本に繰り返し求めてきている「日本列島と周辺海域の防衛責任分担」を果たすためだ。極東ソ連軍に配備された超音速長距離爆撃機バックファイアーが太平洋に展開しているアメリカ空母機動部隊の防空可能圏の外から空母へのミサイル攻撃を仕掛ける能力を持っていること、ソ連太平洋艦隊の主役である潜水艦、なかでも原子力潜水艦の能力が高まっていることに日本は対処せよというのだ。

日米安保が適応される範囲は「極東地域」とされているが、アメリカはこれを拡大解釈し、範囲を広げようとしていた。F15（一機、八〇年当時の価格で、八四億四九〇〇万円）は、バックファイアーに対する迎撃能力がある。海上自衛隊が持っているP２Jは原子力潜水艦をとらえる能力に劣っているが、P３C（一機九六億二〇〇〇万円）なら対応できる。だからこれらをアメリカから買って、防衛分担を果たせというのだ。

ウラジオストックを基地とするソ連潜水艦をP３Cで追尾し、その動きを把握するということは、冷戦期のアメリカにとって軍事的にきわめて重要な意味を持っていた。したがって、P３Cを大量に買い込んで、日本がこの方面で防衛責任分担を果たす決意をしたことは、日本が日米安保から日米同盟へ舵を切る重要な転換点だったのだ。

八一年には最初のP３Cが日本に届けられた。このたち日本は、太平洋地域でアメリカにとって欠くことのできないパートナーとなっていく。世界の七つの海に海軍力を展開させているアメリカですらP３Cの保有数は二〇〇機ほどに過ぎないのに、日本は四方を海に囲まれているとはいえ、九七年までに約一〇〇機も配備したという事実がそれを証明している。

最初のP３Cが日本に輸入され、実戦配備された八二年は新しい日米同盟関係が始まった年だが、その発端はP３Cの輸入を決定した七二年の田中・キッシンジャー会談とハワイ会談にあったのだ。

結局アメリカはすべて手に入れた

これらの会談での密約によって、四次防のうち、国産の戦闘機や哨戒機や装備で防衛力を高めるという部分は後退し、替わりにアメリカ製の哨戒機と戦闘機と装備を輸入することになり、日本はアメリカの太平洋戦略のパーツとして、その全体計画のなかにはめ込まれていく。

前に見たように、中曾根は六九年には「七〇年代は日本の自主防衛を主力とし、補充的に集団安全保障に頼るように方針を転換すべきだ」と唱えていた。そして、「一九七五年ごろ日米両国の新しい親善関係を樹立するため、現行の日米安保条約をいったん廃棄すべきだ」とも主張していた。中曾根としてみれば、七〇年代のあいだに自主防衛力を築き上げ、安保を補充的なものにし、八〇年の安保改定の年でこれを破棄したかったことだろう。

ロッキード事件は、これを後退させた。

日本は、防衛装備の国産化をやめ、アメリカから一〇〇機ものP3Cを買い、F15も次期主力戦闘機として導入を決めた。だが、それはアメリカのいう防衛責任分担を果たすためで、自主防衛力を持ち、安保を補充的なものにするためではなかった。少なくとも、駐留アメリカ軍が撤退する見込みが立つどころか、日本にあるアメリカの基地の数そのものが減少してはいないのだから、そういえる。かろうじて、P3Cの後継機を国産機とすることになったことに、多少の救いが見出せる。

このように、アメリカの不始末から起こったロッキード事件は、日本政界の複雑な動きのなかでいろいろな過程を経るうちに、不思議なことに、巨額の防衛装備の輸入を日本に迫るアメリカ側に最大限に利用され、中曾根と児玉の自主防衛論を後退させる結果に終わった。まことに奇妙な逆転だといえる。
児玉は敗れた。アメリカとついたり、離れたり、同じ目的を目指したり、裏をかいたりしたが、結局は絡め取られて、虜にされた。塀の中には落ちなかったが、事実上囚人も同然の軟禁状態に置かれた。
だが、今度は『われ敗れたり』は書けなかった。ある側近によると、最晩年は、本当に脳梗塞の状態だったという。

敗北と勝利、そして死

八一年一一月五日、判決の日がきた。児玉は病気のために出席しなかった。したがって、判決の言い渡しはできなかった。『朝日新聞』はその様子を次のように描写している。

「児玉の判決は、期日を延期します。日時は追って……」と口を切った半谷（恭一）裁判長は、かたわらに置いた判決書を重たげに持ち上げ、「六百ページもあるんですよ。言い渡しが来る日までこれはこのままです」。傍聴席に軽く笑いかけた。つられるかのように、張りつめた空気の傍聴席から小さな笑いがもれた。

児玉は負けたのだが、このように負けを直接宣告されなかった。贈賄罪で有罪になるべきところ、外国為替法違反と脱税という経済犯罪で有罪になった。だが、その一部はでっち上げだったといえる。うまく逃れたところと、逃れきれないところがあった。すっきりしない、負けだった。小佐野と太刀川も、それぞれ偽証罪と外国為替法違反容疑での有罪だった（ただし小佐野は控訴中に死亡したため、罰は確定していない）。

一方、中曾根は、八二年一一月二七日、ついに総理大臣になった。トライスター売り込みでは主役だった中曾根が、起訴もされず無傷で切り抜けたこと自体驚嘆すべきことだが、そのあと総理大臣にまでなるとは脱帽だ。

児玉はようやく子飼いの政治家を総理大臣に持つことができた。にもかかわらず、鳩山政権のときと違って、もはや児玉は政治プロデューサーとして力を振るうことはできなかった。

中曾根はロッキード事件や児玉のことでさまざまな悪評が立っても一向に気にかけず、田中派とその他の派閥のあいだでバランスをとりながら、五年の長きにわたって政権を維持した。この中曾根政権の間に日米安保はいよいよ日米同盟への傾斜を強めていった。

中曾根は「自主防衛」を諦めたようにみえる。八三年一月一八日、中曾根は『ワシントン・ポスト』紙の単独インタヴューに答えて、「日本列島全体あるいは日本本土が不沈空母のようにソ連のバックファイアー爆撃機の侵入に対する巨大な防衛とりでを備えなければならない」という発言をしたと伝わっている。日本単独の防衛力では「不沈空母」にならないのだから、安保を継続し、アメリカ軍に基地を提供し続けようと考えていることは明らかだ。アメリカに対してもやはり風見鶏だったのだろうか。

　中曾根政権が続いていた八三年四月二八日、東京地方裁判所は、脳梗塞による後遺症が重く、弁護人の協力を得ても判決を理解することは困難として、児玉の裁判に関わる公判手続きを停止した。

　翌八四年一月、児玉は脳梗塞による急性心不全によって一六日容態が急変し、一七日に東京女子医大病院で息を引き取った。享年七二だった。これを受けて一月二五日、東京地方裁判所は児玉に対する公訴を棄却した。

　児玉の葬儀に政治家はほとんど出席しなかったが、例外は源田実参議院議員だった。真珠湾攻撃を指揮した参謀は、海軍航空本部のために力を尽くした児玉にしかるべき礼を払った。

　児玉は自分が死ぬときに、自分が「培養」し、ロッキード事件のときは庇い通した中曾根が、日本の政治のトップに君臨しているということを喜び、誇りに思っただろうか。その彼の「不沈空母」発言をどう見ていただろうか。「自主防衛」がますます遠ざかっていくのを、どのように思っていただろうか。

エピローグ

児玉への挽歌

児玉が生きているうちに「自主防衛」が実現することはなかった。アメリカ駐留軍は四五年の日本の敗戦以来、ずっと日本に居すわっている。これまでの戦後の指導的な政治家と児玉はこの状態を変えようとしてきた。もっとも長く、熱心にこの課題に取り組んできたのは案外、児玉だったのかもしれない。

そう考えると、ロッキード事件とその後の塀の外の「囚人」の状態は、児玉にとって、二度目の敗戦といえる。一度目は日本がアメリカと戦い、それに敗れて占領を受けたときだ。

一度目の敗戦のときは、いろいろな理由をつけられて塀の中に留め置かれたが、そこから解き放たれたのちは、したたかにアメリカを利用することで大物政治プロデューサーにのし上がった。彼はG－2、CIC、OSI、CIAと奇妙な協力・共生・競合関係にあった。それは愛憎が入り混じるアムビヴァレントなものだった。そして、戦後の長い間に、日本の政治家がそうなったように、彼もまたアメリカのスキームに絡めとられていった。気がついたときは、利用したつもりが利用されていた。それが、児玉が最後に敗北した理由だった。われをなくしてしまったのだ。

児玉が最晩年に『われ敗れたり』を書いたとするならば、それはどのようなものになっていただろうか。最初のものと同じように、どこかユーモアがありながらも、シニカルで、憂国の気持ちが伝わるようなものになっただろうか。それとも悲憤と悔悟に満ちたものになっていただろうか。

振り返ってみると、児玉の人生の絶頂は、自分が苦労して「培養した」鳩山一郎が総理大臣になり、衆参両議院本会議で「自主防衛論」演説をしたときではなかっただろうか。ところが、その後鳩山は「自主防衛論」を置き去りにして、ソ連との国交回復に突き進んだ。今日では、「自主防衛」どころか防衛そのものの劣化が進んでいる。

重光葵と鳩山によって棚上げされた北方領土問題はその後も解決されず、返還されるどころか、メドヴェージェフ大統領が自国の領土と称して視察するほどロシア化されている。東シナ海のガス田春暁は勝手に掘削され、尖閣列島は中国の「漁船」や「漁業監視船」に取り囲まれている。児玉がなかにはいって双方とも領有権を主張しないとした竹島には、韓国軍の監視所が設けられ現職大統領が視察した。鳩山一郎の孫、由紀夫は、日本の最高権力者である総理大臣の地位に就きながら、日本の領土にある一基地である普天間を沖縄県外に移設できずに総理大臣を辞任した。

どれだけ血税を注ぎ込んでも、どれだけ防衛装備をアメリカから買っても、政治がしっかりしていなければ、国土と主権は守れないということだ。今、日本に必要なのは、政治プロデューサーではないだろうか。児玉のありようを否定してもかまわないが、政治プロデューサーの必要性を否定することはできない。

その政治プロデューサーとして児玉に比肩する人物を挙げるとすれば、岸信介しかいないだろう。だが、児玉が表社会と裏社会を動かすことができたのに対し、岸が陰で糸を引いて操っていたのは表社会の企業や官僚や政治家だった。それに児玉は最初から表にはでず、舞台裏で黒子に徹してきたが、岸は商工大臣や総理大臣になり、政治の表舞台に立った後に、舞台裏に回ったのだ。そもそも、特務機関長あがりの児玉に比肩できる人物が、安保改定を成し遂げた元総理大臣の岸しかいないということ自体が、児玉の稀代の政治プロデューサーとしての存在の大きさを物語っている。

東北の没落士族の家に生まれ、惨めな少年時代を過ごした児玉は、その後それまでは想像もできなかった軍や政治の大物とめぐり合い、昭和の政治をプロデュースする大物に成長していった。GHQ、国務省、CIAとわたり合い、裏方とはいえ一つの時代を動かしてきた。

児玉の死を報じた『朝日新聞』の八四年一月一八日の記事は、彼の死によって戦後の一つの時代が終わったと述べた。その時代とは昭和だろう。昭和天皇が崩御されるまで五年を残していたが、児玉の一生はあらゆる意味で昭和そのものだった。

（文中敬称略）

主な引用・参考文献

【第一次資料】

・国立国会図書館憲政資料室
鮎川義介関係文書３８２．１
野村吉三郎関係文書７９２

・ウェブ上資料
University of Wisconsin Digital Collections,
http://digicoll.library.wisc.edu/FRUS/FRUSHome.html
U.S. Department of State, Office of the Historian
http://history.state.gov/
University of Maryland Libraries, English-Language Materials in the Gordon W. Prange Collection
http://lib.guides. umd. edu/content.php ?pid=223158&sid=1851840
Foreign Relations of the United States, 1964–1968, Volume XXIX, Part 2, Japan, Document 1
http://history.state.gov/historicaldocuments/frus1964-68v29p2/d1

・アメリカ第二公文書館
RG 331, Supreme Commander for the Allied Powers, Legal Section, Administrative Division, Japanese POW Numerical File 1945–51, box 1138, UD 1215

RG 331, Supreme Commander for the Allied Powers, Legal Section, Administrative Division, Japanese POW 201 File 1945–52, box 1178, UD 1221
RG 331, Supreme Commander for the Allied Powers, Legal Section, Legislation and Justice Division, Miscellaneous File 1945–52, box 1521, UD 1319
RG 331, Supreme Commander for the Allied Powers, Government Section, Central File Branch Miscellaneous Files 1945–51, box 2147, UD 1381
RG 331, Supreme Commander for the Allied Powers, Government Section, Central File Branch Biographical File 1945–52, box 2275G, UD 1400
RG263, Second Release of Name Files Under the Nazi War Crimes and Japanese Imperial Government Disclosure Acts, 1946–2003, ZZ–18, Kodama Yoshio, box 67, 22–19, Subject Files, box 19, NARA, Archive II（College Park）
Sugamo Prison Records（1945–1952）Records of the U.S. Eighth Army, RG 338 Records of U.S. Army Commands, 1942–NARA, Box 26, folder 18

・スタンフォード大学ハーバート・フーバー研究所
Eugene Hoffman Dooman Papers, folder 1, Herbert Hoover Institute, Stanford University.
粟屋憲太郎、吉田裕編、『国際検察局（ＩＰＳ）尋問調書』、日本図書センター、一九九三年

・ダグラス・マッカーサー記念館アーカイヴズ
MacArthur Memorial Archives and Library, Personal Correspondence, Correspondences from Japanese and Koreans, 1941–51, A-Kz. Box. 166.

【第二次資料】

朝日新聞東京本社社会部、『ロッキード事件　疑獄と人間』、朝日新聞社、一九七六年
芦田均、『芦田均日記』、岩波書店、一九八六年
有馬哲夫、『日本テレビとＣＩＡ』、新潮社、二〇〇六年
有馬哲夫、『昭和史を動かしたアメリカ情報機関』、平凡社新書、二〇〇九年
有馬哲夫、『アレン・ダレス』、講談社、二〇〇九年
有馬哲夫、『ＣＩＡと戦後日本』、平凡社新書、二〇一〇年
有馬哲夫、『大本営参謀は戦後何と戦ったのか』、新潮新書、二〇一〇年
粟屋憲太郎他編、『東京裁判資料・田中隆吉尋問調書』、大月書店、一九九四年
石橋湛一・伊藤隆編、『石橋湛山日記（上・下）』、みすず書房、二〇〇一年
石原莞爾、『最終戦争論・戦争史大観』、中公文庫、一九九三年
伊藤隆・季武嘉也編、『鳩山一郎・薫日記（上・下）』、中央公論新社、一九九九年／二〇〇五年
井上清、『宇垣一成』、朝日新聞社、一九七五年
猪野健治、『児玉誉士夫の虚像と実像——現代の黒幕』、創魂出版、一九七〇年
猪俣浩三、『占領軍の犯罪』、図書出版社、一九七九年
岩川隆、『巨魁——岸信介研究』、ちくま文庫、二〇〇六年
岩川隆、『日本の地下人脈——戦後をつくった陰の男たち』、祥伝社文庫、二〇〇七年
Ｃ・Ａ・ウィロビー、大井篤訳、『マッカーサー戦記（上・下）』、朝日ソノラマ、一九八八年
Ｃ・Ａ・ウィロビー、延禎監訳、『知られざる日本占領——ウィロビー回顧録』、番町書房、一九七三年

生出寿、『「政治家」辻政信の最後——失踪「元大本営参謀」波瀾の生涯』、光人社、一九九〇年
大嶽秀夫、『再軍備とナショナリズム——戦後日本の防衛観』、講談社学術文庫、二〇〇五年
大野伴睦、『大野伴睦回想録』、弘文堂、一九六二年
大森実、『戦後秘史1　崩壊の歯車』、講談社、一九七五年
大森実、『戦後秘史7　謀略と冷戦の十字路』、講談社、一九七六年
大森実、『戦後秘史10　大宰相の虚像』、講談社、一九七六年
大森実、『激動の現代史五十年——国際事件記者が抉る世界の内幕』、小学館、二〇〇四年
岡崎勝男、『戦後二十年の遍歴』、中公文庫、一九九九年
門田隆将、『この命、義に捧ぐ——台湾を救った陸軍中将根本博の奇跡』、集英社、二〇一〇年
岸信介、矢次一夫、伊藤隆、『岸信介の回想』、文藝春秋、一九八一年
岸信介、『岸信介回顧録——保守合同と安保改定』、廣済堂出版、一九八三年
A・C・コーチャン、村上吉男訳、『ロッキード売り込み作戦——東京の70日間』、朝日新聞社、一九七六年
河野一郎、『今だから話そう』、春陽堂書店、一九五八年
河野一郎、『河野一郎自伝』、徳間書店、一九六五年
児玉誉士夫、『悪政・銃声・乱世』、廣済堂出版、一九七四年
児玉誉士夫、『獄中獄外』、廣済堂出版、一九七四年
児玉誉士夫、『われかく戦えり』、廣済堂出版、一九七五年
児玉誉士夫、『風雲（上・中・下）』、日本及日本人社、一九七二年
重光葵、『続　重光葵手記』、中央公論社、一九八八年
ハワード・B・ションバーガー、袖井林二郎訳、『ジャパニーズ・コネクション——海運王K・スガハラ外伝』、文藝春

秋、一九九五年
ハワード・B・ションバーガー、宮崎章訳、『占領1945〜1952——戦後日本をつくりあげた8人のアメリカ人』、時事通信社、一九九四年
城内康伸、『猛牛《ファンソ》と呼ばれた男——「東声会」町井久之の戦後史』、新潮社、二〇〇九年
週刊新潮編集部編、『マッカーサーの日本（上・下）』、新潮文庫、一九八三年
澄田睞四郎『私のあしあと』、私家版、一九八〇年
住本利男、『占領秘録』、中公文庫、一九八八年
高山信武、『服部卓四郎と辻政信』、芙蓉書房、一九八〇年
竹前栄治、『GHQ』、岩波新書、一九八三年
竹前栄治、『日本占領——GHQ高官の証言』、中央公論社、一九八八年
竹前栄治、天川晃、『日本占領秘史（上）』、朝日新聞社、一九七七年
立花隆、『巨悪vs言論——田中ロッキードから自民党分裂まで（上・下）』、文春文庫、二〇〇三年
立花隆、『田中角栄研究全記録（上・下）』、講談社文庫、一九八二年
田中明彦、『安全保障——戦後50年の模索』、読売新聞社、一九九七年
田中隆吉、『日本軍閥暗闘史』、中公文庫、一九八八年
田中隆吉、『裁かれる歴史——敗戦秘話』、長崎出版、一九八五年
ロー・ダニエル、『竹島密約』、草思社、二〇〇八年
辻政信、『潜行三千里』、毎日ワンズ、二〇一〇年
徳本栄一郎、『角栄失脚——歪められた真実』、光文社、二〇〇四年
中島琢磨、「中曾根康弘防衛庁長官の安全保障構想——自主防衛と日米安全保障体制の関係を中心に」、『九大法学』、第

八四号、二〇〇二年
中曾根康弘、『政治と人生――中曾根康弘回顧録』、講談社、一九九二年
中曾根康弘、『天地有情――五十年の戦後政治を語る』、文藝春秋、一九九六年
中村祐悦、『白団――台湾軍をつくった日本軍将校たち』、芙蓉選書、二〇〇六年
野山秀雄、『私の歩んできた道』、文芸社、二〇〇六年
野村忠、『追憶野村吉三郎』、野村忠、一九六五年
秦郁彦、『史録 日本再軍備』、文藝春秋、一九七六年
秦郁彦、『昭和史の軍人たち』、文春文庫、一九八七年
秦郁彦、『昭和史の謎を追う（上・下）』、文春文庫、一九九九年
秦郁彦、袖井林二郎、『日本占領秘史（下）』、朝日新聞社、一九七七年
服部卓四郎、『大東亜戦争全史（全八巻）』、鱒書房、一九五六年
平野貞夫、『ロッキード事件「葬られた真実」』、講談社、二〇〇六年
毎日新聞政治部編、『黒幕・児玉誉士夫――自民党にからまりつく不気味な影』、エール出版社、一九七六年
毎日新聞社編『日本を震撼させた200日』毎日新聞社、一九七六年
毎日新聞社会部編、『構造汚職――ロッキード疑獄の人間模様』、国際商業出版、一九七七年
毎日新聞社会部、『毎日新聞ロッキード取材全行動』、講談社、一九七七年
増田弘、『自衛隊の誕生――日本の再軍備とアメリカ』、中公新書、二〇〇四年
松尾尊兊、『本倉』、みすず書房、一九八三年
D・マッカーサー、津島一夫訳、『マッカーサー大戦回顧録（上・下）』、中公文庫、二〇〇三年
三鬼陽之助、『三鬼陽之助の財界人備忘録――この経営者の急所を語る』、第一企画出版、一九九一年

三田和夫、『読売・梁山泊の記者《ぶんや》たち』、紀尾井書房、一九九一年
御手洗辰雄、『三木武吉傳――民衆政治家の生涯』、四季社、一九五八年
宮澤喜一、『東京―ワシントンの密談――シリーズ戦後史の証言』、中公文庫、一九九九年
宮澤喜一、『戦後政治の証言』、読売新聞社、一九九一年
武藤章、『比島から巣鴨へ――日本軍部の歩んだ道と一軍人の運命』、中公文庫、二〇〇八年
室伏哲郎、『実録日本汚職史』、ちくま文庫、一九八八年
山田栄三、『正伝佐藤栄作（上・下）』、新潮社、一九八八年
山本常雄、『阿片と大砲――陸軍昭和通商の七年』、PMC出版、一九八五年
吉田茂記念事業財団編、『吉田茂書翰』、中央公論社、一九九四年
読売新聞戦後史班編、『「再軍備」の軌跡――昭和戦後史』、読売新聞社、一九八一年
ティム・ワイナー、藤田博司・山田侑平・佐藤信行訳、『CIA秘録――その誕生から今日まで（上・下）』、文藝春秋、二〇〇八年
古沢襄、「四十六年前の右翼襲撃事件」http://blog.kajika.net/?eid=338491
Roberts, John G., *Mitsui: Three Centuries of Japanese Business*, Weatherhill, 1989.
Hunt, Howard. E, *Under Cover*, Berkley Publishing Corporation, 1974.
Peter Dale Scott, Jonathan Marshall, *Cocaine Politics: Drugs, Armies, and the CIA in Central America*, Univ. of California Pr., 1991.
Jonathan Marshall, *Drug Wars: Corruption, Counterinsurgency and Covert Operations in the Third World*, Eclipse Book, 1991.
Martin, Bernd, *Japan and Germany in the Modern World*, Berghahn Books, 1995.

Simpson, Christopher (ed.), *Universities and Empire*, The New Press, 1998.
Science of Coercion, Oxford Univ. Pr., 1993.

・映像資料
NHKスペシャル、『シリーズ 日本と朝鮮半島 第5回 日韓関係はこうして築かれた』、二〇一〇年八月一日放送

あとがき

私たちは自分の父のなにを知っているだろうか。

児玉誉士夫の三男守弘氏にインタヴューしてそう思った。彼の知っている児玉は、いつも庭の草取りをしていて、家に遊びに来た友達に使用人と間違われたり、何時間でも無心に釣り糸をたれる人だった。覚えている言葉も「母のいいつけに背《そむ》くな」、「お前はサラリーマンになれ」くらいだそうだ。

私は、氏がとくに隠し立てしているとは思わなかった。私自身、父のことをほとんど知らないからだ。

私の父は満州開拓団に入り、ソ連の満州侵攻ののち、シベリアに抑留されている。大変な経験をしているのだが、こういったことをほとんど私に語らなかった。満州に行き、ソ連兵に捕まり、シベリアで死にそうになった。それだけだ。

たまに、私がシベリア抑留問題についてのテレビ報道か何かを見て興味を持った折などに聞いても、「いってもわからないさ」というだけだった。戦争のような体験は言葉にならないし、伝える気にもならないのだろう。

児玉の場合は、戦争は死ぬまで続いていたのだ。

それでも、守弘氏は、世田谷区等々力の家に落ち着くまで、住所が東京都内のあちらこちらを転々としていたこと、それらのほとんどが借家だったこと、大西瀧治郎中将の養子にならないかといわれたこと、そして彼の父がロッキード事件の五年ほど前に倒れていたことなど、筆者が初めて聞くことも教えてくれた。

しかし、やはり彼が知っている父は、一般の日本人が知っている人間とはかなり違っていた。つまり、おとなしく、無口で、素朴で、ごく平凡で、普通の人間だった。

児玉誉士夫を作ったのは、昭和という激動の時代であり、そこでかれがめぐり合った事件や人間だったのだ。それが化学反応を起こした結果、私たちが知っている、そして守弘氏が知らない、児玉誉士夫という人物が生まれたのだ。


今回もいろいろな人々のお世話になった。本書の原稿はもともと二倍以上あったが、三回にわたって大幅に削除し、こまかい修正を加えたあと現在のものとなった。時間も最初に原稿を編集の方に見せてから、もう五年以上もたっている。とくに編集をしていただいた新書編集部の島津久典氏には、原稿の量の倍になろうかという資料を用意していただいた。全部は反映できなかったが、かなり思い込みや不正確さを正すことができた。校閲部をはじめとする校正の方の努力にはいつも感謝している。私の気まぐれやわがままに根気よく付き合っていただいた飯窪成幸ノンフィクション局長にも御礼を申し上げたい。
本書を昭和二年生まれの亡き父良一に捧げる。

二〇一三年一月

有馬哲夫

有馬哲夫（ありま　てつお）

早稲田大学教授（メディア論）。1953年生まれ。早稲田大学第一文学部卒業、東北大学大学院文学研究科博士課程単位取得。1993年ミズーリ大学客員教授、2005年メリーランド大学客員研究員。主著に『原発と原爆』（文春新書）、『原発・正力・CIA』（新潮新書）、『アレン・ダレス　原爆・天皇制・終戦をめぐる暗闘』（講談社）、『CIAと戦後日本　保守合同・北方領土・再軍備』（平凡社新書）、『大本営参謀は戦後何と戦ったのか』（新潮新書）などがある。

文春新書

904

児玉誉士夫《こだまよしお》 巨魁《きょかい》の昭和史《しょうわし》

2013年（平成25年）2月20日　第1刷発行
2013年（平成25年）3月10日　第2刷発行

著者　有馬哲夫
発行者　飯窪成幸
発行所　株式会社 文藝春秋

〒102-8008　東京都千代田区紀尾井町3-23
電話（03）3265-1211（代表）

印刷所　理想社
付物印刷　大日本印刷
製本所　大口製本

定価はカバーに表示してあります。
万一、落丁・乱丁の場合は小社製作部宛お送り下さい。
送料小社負担でお取替え致します。

ISBN978-4-16-660904-8

◆日本の歴史

（2012. 11）A

文春新書好評既刊

有馬哲夫
原発と原爆
「日・米・英」核武装の暗闘

ヒロシマに原発設置、そして日本核武装の可能性が、戦後史の闇から浮かび上がる。秘密文書が語る実態と、うごめく日米実力者らの暗闘

873

グループ一九八四年
日本の自殺

1975年に発表された1本の論文が波紋を広げている。朝日新聞主筆も瞠目したその衝撃論文は日本の内部崩壊を予言したものだった

863

伊藤之雄《ゆきお》
山県有朋
愚直な権力者の生涯

陸軍と官僚を支配下において山県閥をつくり、みんなに憎まれて世を去った元老・山県有朋は、日本の近代にとって本当に害悪だったのか

684

辺見じゅん・保阪正康
よみがえる昭和天皇
御製で読み解く87年

激動の時代を生きた昭和天皇の懊悩を明かす貴重な資料——それは御製。昭和史を知り尽くす歌人と作家が、語り尽くした30時間！

845

松本清張
対談 昭和史発掘

軍人支配、敗戦、経済復興。昭和50年を機に、ライフワーク「昭和史発掘」に城山三郎、五味川純平、鶴見俊輔の3氏と再チャレンジ

677

文藝春秋刊